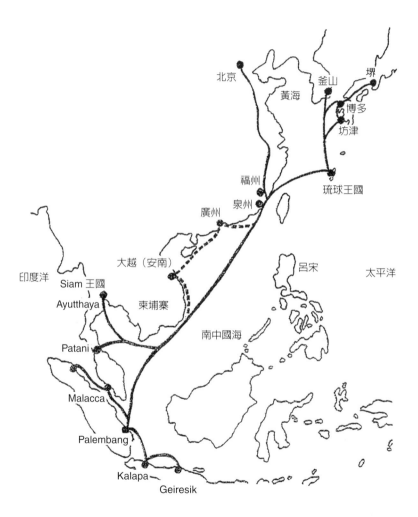

圖 1-1：近世東亞貿易網絡中的琉球王國（筆者繪製）

圖 1-2：琉球人漂流臺灣遇害者之墓（2015 年筆者拍攝）

圖 1-3：天妃小學校（2015 年筆者拍攝）
備註：天妃尋常高等小學校 1889 年設於那霸市天妃町。參見那霸市企畫部市史編輯室編，《那霸百年のあゆみ 1879～1979》（沖繩：那霸市企畫部市史編輯室，1980），頁 211。

圖 1-4：首里城正殿（沈玉慧提供）

圖 1-5：波上宮神社（2015 年筆者拍攝）

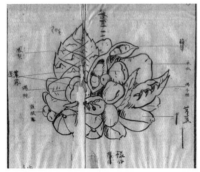

圖 1-6：臺灣專賣局 1920 年贈送久邇宮邦彥王臺灣樟腦雕刻品

備註：專賣局用臺灣上等樟腦雕刻的臺灣水果模型：鳳梨、蓮霧、楊桃、龍眼、芒果、蘋婆、木瓜、佛手柑、香蕉。

資料來源：〈臺灣總督府專賣局公文類纂〉，第 2278 號，〈久邇宮殿下奉迎委員會規程〉。（國史館臺灣文獻館提供）

海軍少將（衆議員議員）
從四位勳二等功五級 漢那憲和
東京市小石川區丸山町四十三

君は明治十年九月六日を以て那覇市に生る大正十年三月東宮殿下（今上陛下）御渡歐の時光榮ある御召艦香取艦長として供奉し鵬程萬里の航海を一路平安無事に殿下を奉じて歸朝し重大の使命を果したるは三歳の童子も知るところ、併せて是れ本縣の名譽とする所なり。明治二十九年海軍兵學校に入學し三十二年に海軍少尉候補生を振り出しに累進して大正十二年海軍少將に任ぜらる、明治三十七八年日露戰役には音羽航海長として日本海々戰に參加し武名を馳せ官命により世界各國を巡遊すること數回、昭和二年勳功により勳二等を賜ふ。昭和三年第一回普選により縣選出代議士に當選現在に至る。君は資性豪毅果斷裡に温厚の徳を備ふ。趣味讀書旅行。

【家庭】妻まさ子さん（明二五）、長女幸子さん（大四）、次女喜子さん（大九）、三女百合子さん（大十四）、四女綠さん（昭四）

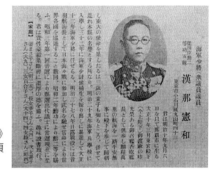

圖 1-7：香取艦艦長漢那憲和肖像

資料來源：高瀨朝光編輯，《沖繩縣人事錄》（那霸：沖繩朝日新聞社，1937），頁 114。

沖繩縣諭告第壹號

時維大正十年三月六日正に沖繩縣民の永世忘るへからさるの日なり畏くも

皇太子殿下には遠路御外遊の途次御疲勞の時からにも拘はせられす特に本縣の事情を御視察の御志にて御召艦を中城灣に假泊せしめられ親しく行啓遊されたるなり遠く帝都を離れて大洋中に御在せる邊陬の本縣に於て圖らすも空前の御事に遭遇し恐多くも面のあり

右諭告す

大正十年三月八日

沖繩縣知事 川越壯介

川平の村醫問題に就て

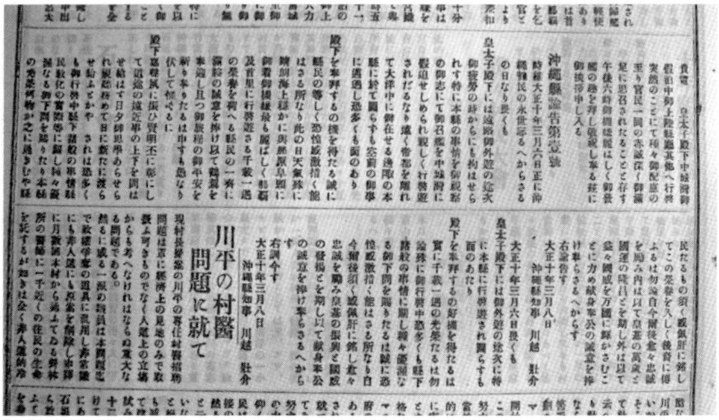

圖 1-8：沖繩縣諭告第壹號

資料來源：《八重山新報》，1921 年 3 月 21 日，第 6 號。

圖 1-9：裕仁皇太子訪問沖繩新聞報導
資料來源：《八重山新報》，1921 年 3 月 11 日，第 5 號。

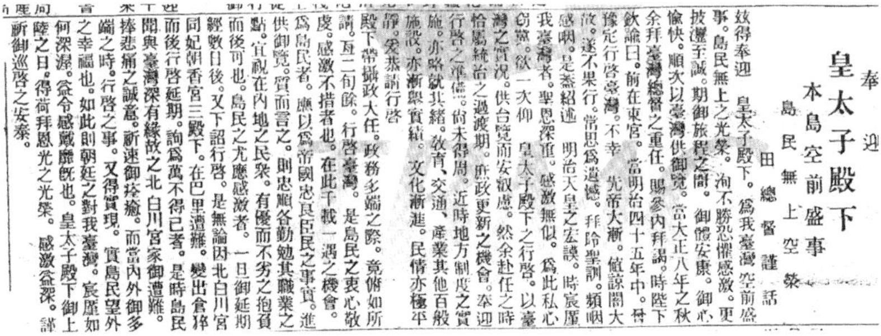

圖 1-10：田總督對奉迎皇太子發表談話
資料來源：《臺灣日日新報》，1923 年 4 月 17 日，漢文版 5。（電子版，漢珍數位圖書股份有限公司授權）

圖 1-11：臺灣奉迎皇太子新聞
資料來源：〈奉迎提燈行列盛況〉，《臺灣日日新報》，1923 年 4 月 18 日，漢文版 6。（電子版，漢珍數位圖書股份有限公司授權）

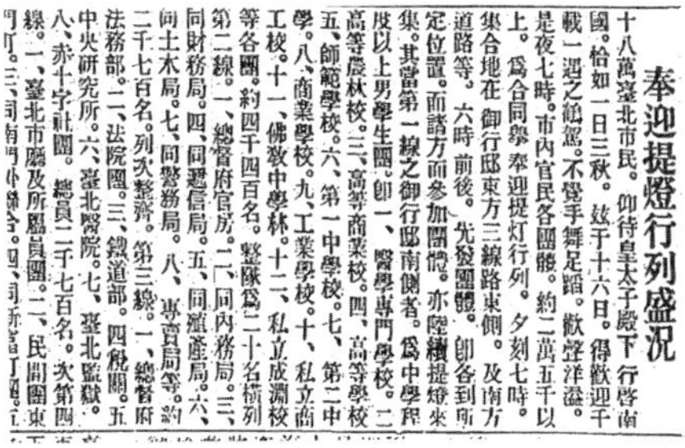

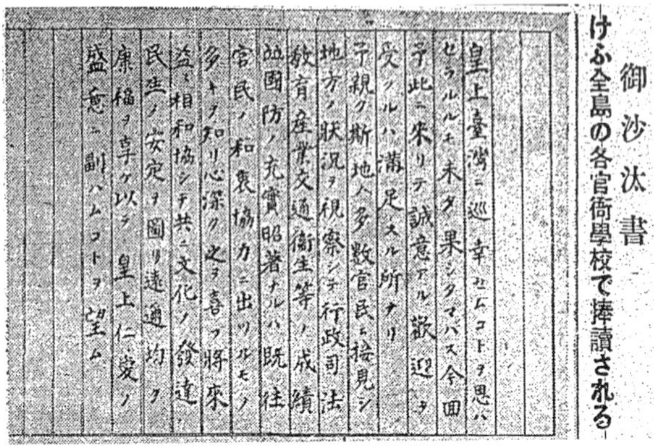

御沙汰書

けふ全島の各官衙學校で捧讀される

皇上臺灣ニ巡幸セムコトヲ思ハセラルルモ未タ果シタマハス今回予此ニ來リテ誠意アル歡迎ヲ受ケシハ滿足スル所ナリ
予親ク斯地ハ多数官民ニ接見シ地方ノ狀況ヲ視察シテ行政司法教育産業交通衞生等ノ成績並國防ノ充實昭著ナルハ既往官民ノ和衷協力ニ出ツルモノ多キヲ知リ心深ク之ヲ喜フ將來益々相和協シテ共ニ文化ノ發達民生ノ安定ヲ圖リ遠邇均ク康福ヲ享ケ以テ皇上仁愛ノ盛意ニ副ハムコトヲ望ム

圖 1-12：全臺各官廳學校捧讀皇太子（昭和天皇）慰問信

資料來源：〈御沙汰書　けふ全島の各官衙學校で捧讀される〉，《臺灣日日新報》，1925 年 4 月 16 日，版 5。（電子版，漢珍數位圖書股份有限公司授權）

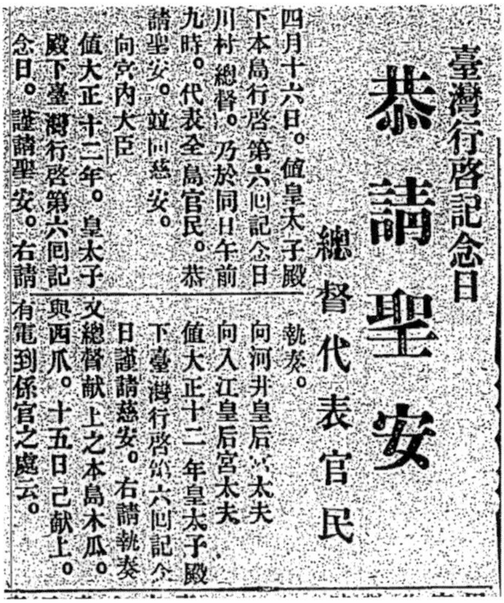

臺灣行啓記念日

恭請聖安

總督代表官民

四月十六日。值皇太子殿下本島行啓第六回記念日川村總督。乃於同日午前九時。代表全島官民。恭請聖安。並同慈安。
向宮內大臣
值大正十二年。皇太子殿下臺灣行啓第六回記念日。謹請聖安。右請執奏。
向河井皇后宮太夫
向入江皇后宮太夫
值大正十二年皇太子殿下臺灣行啓第六回記念日謹請慈安。右請執奏
又總督獻上之本島木瓜與西瓜。十五日已獻上。有電到係官之處云。

圖 1-13：臺灣行啓記念日恭請日皇聖安

資料來源：〈臺灣行啓記念日恭請聖安 總督代表官民〉，《臺灣日日新報》，1929 年 4 月 17 日，漢文版 6。（電子版，漢珍數位圖書股份有限公司授權）

圖 2-1：臺灣勸業共進會海報（一）
資料來源：臺灣勸業共進會協贊會編，《臺
　　　　灣勸業共進會協贊會報告書》（臺北：臺
　　　　灣勸業共進會協贊會，1916），插圖。

圖 2-2：臺灣勸業共進會海報（二）
資料來源：臺灣勸業共進會協贊會編，
　　　　《臺灣勸業共進會協贊會報告書》，
　　　　插圖。

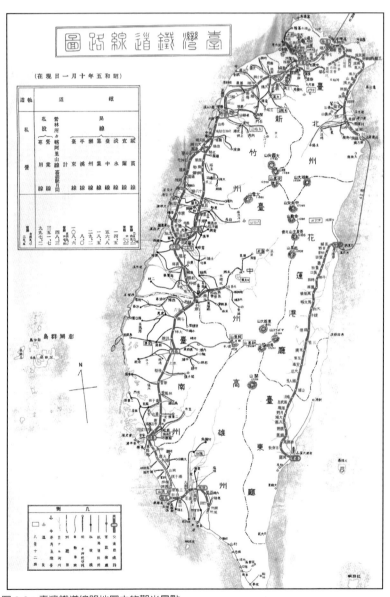

圖 2-3：臺灣鐵道線路地圖中的觀光景點
資料來源：臺灣總督府鐵道部，〈臺灣鐵道線路圖〉（臺北：臺灣總督府鐵道部，1930）。

圖 2-4：濱比嘉島（2015 年筆者拍攝）

圖 2-5：竹富島星砂濱（2011 年筆者拍攝）

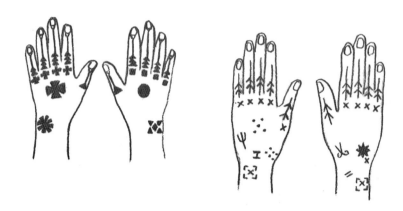

圖 2-6：琉球婦女刺青（筆者素描）
備註：原圖參見ラブ・オーシュリ、上原正稔編著、照屋善彦監修、上原正稔等譯，《青
　　　い目が見た大琉球》，頁 224。

圖 2-7：八重山竹富島民宅（2011 年筆者拍攝）

圖 2-8：首里城歡會門（2015 年筆者拍攝）

圖 2-9：琉球蘇鐵（2015 年筆者拍攝）

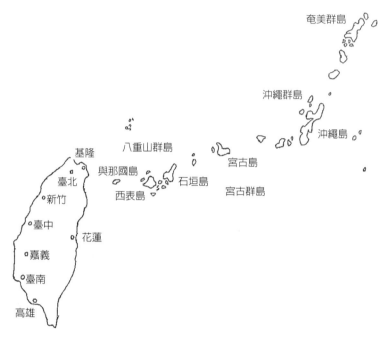

奄美群島

沖繩群島

沖繩島

八重山群島

基隆

與那國島

臺北

宮古島

新竹

石垣島

西表島

臺中

宮古群島

花蓮

嘉義

臺南

高雄

圖 2-10：沖繩、臺灣示意圖（筆者繪圖）

圖 2-11：琉球圓形墳墓（2015 年筆者拍攝）

圖 2-12：那霸市護國寺（2015 年筆者拍攝）

圖 2-13：琉球舞（1987 年筆者拍攝）

圖 2-14：沖繩孔子廟（2011 年筆者拍攝）

圖 2-15：識名園（2011 年筆者拍攝）

圖 3-1：社寮島（今和平島，2013 年筆者拍攝）

圖 3-2：夜光貝（2015 年筆者拍攝）

圖 3-3：琉球魚類（2015 年筆者拍攝）

八重山諸島

宮古諸島

池間島
伊良部島
水納島
下地島
多良間島
來間島
宮古島

鳩間島　小浜島
與那國島
西表島
石垣島
竹富島
新城島
黑島
波照間島

圖 3-4：沖繩島南端糸滿位置圖（筆者製圖）

奄美諸島

喜界島

大島

德之島

沖永良部島

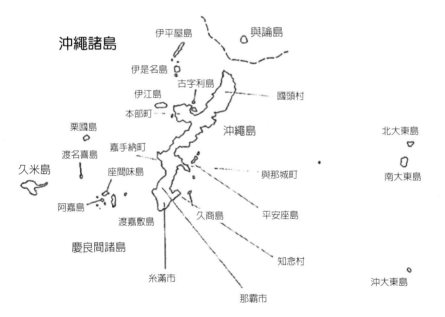

沖繩諸島

伊平屋島

與論島

伊是名島

古字利島

伊江島

國頭村

本部町

粟國島

沖繩島

北大東島

渡名喜島

嘉手納町

久米島

座間味島

與那城町

南大東島

阿嘉島

平安座島

渡嘉敷島

久商島

慶良間諸島

知念村

糸滿市

沖大東島

那霸市

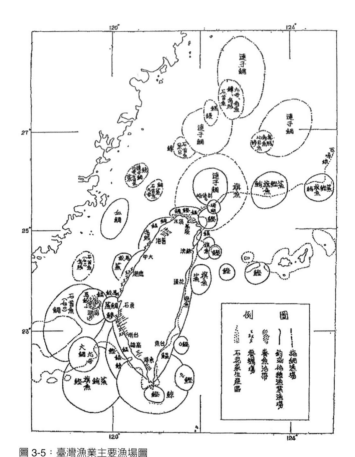

圖 3-5：臺灣漁業主要漁場圖

資料來源：基隆市文獻委員會，《基隆市志水產篇》（基隆：基隆市文獻委員會，1957），插圖。

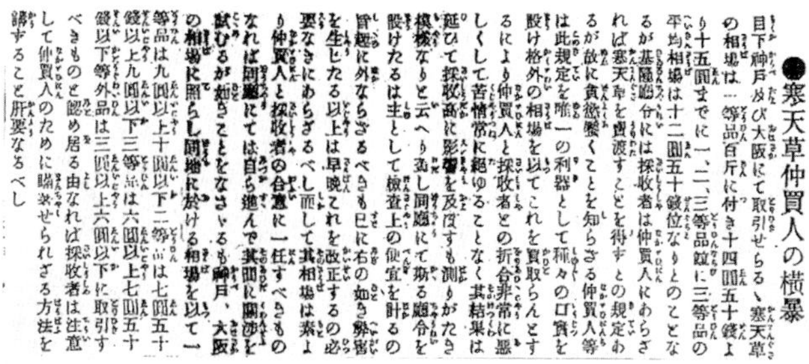

●寒天草仲買人の横暴

目下神戸及び大阪にて取引せらるゝ寒天草の相場は一等品百斤に付き十四圓五十錢より十五圓までに一、二、三等品竝に三等品の平均相場は十二圓五十錢位なりとのことなるが基隆廳令には採收者は仲買人にあらざれば寒天草を賣渡すことを得ずとの規定あるが故に貪慾飽くことを知らざる仲買人等は此規定を唯一の利器として種々の口實を設け格外の相場を以てこれを買取らんとするにより仲買人と採收者との折合非常に惡しくして苦情常に絶ゆることなく其結果は延ひて採收高に影響を及ぼすも測りがたき模樣なりと云へり蓋し同廳にて斯る廳令を設けたるは主として檢査上の便宜を計るの旨趣に外ならざるべきも已に右の如き弊害を生じたる以上は早晩これを改正するの必要なきにあらざるべし而して其相場は素より仲買人と採收者の合意に一任すべきものなれば同廳にては自ら進んで其間に關渉を試むるが如きことをなさゞるも神戸、大阪の相場に照らし同地に於ける相場を以て一等品は九圓以上十圓以下二等品は七圓五十錢以上九圓以下三等品は六圓以上七圓五十錢以下等外品は三圓以上六圓以下に取引すべきものと認め居る由なれば採收者は注意して仲買人のために瞞着せられざる方法を講ずること肝要なるべし

圖 3-6：寒天草仲介商新聞報導

資料來源：〈寒天草仲買人の横暴〉，《臺灣日日新報》，1909 年 7 月 28 日，版 3。（電子版，漢珍數位圖書股份有限公司授權）

圖 3-7：基隆社寮島地圖（筆者製圖）

圖 3-8：社寮島天后宮（2008 年筆者拍攝）

圖 3-9：基隆橋（今和平橋，2008 年筆者拍攝。原工程 1936 年竣工。）

圖 3-10：沖繩漁夫操舟捕魚
資料來源：〈一本刺（二）〉,《臺灣日日新報》,
1926 年 8 月 27 日,版 5。（電子版,漢珍
數位圖書股份有限公司授權）

圖 3-11：沖繩漁夫潛水刺魚
資料來源：〈一本刺（三）〉,《臺灣日日新報》,
1926 年 8 月 28 日,版 5。（電子版,漢珍
數位圖書股份有限公司授權）

圖 3-12：沖繩漁夫用魚叉戳魚
資料來源：〈一本刺（三）〉,《臺灣日日新報》,
1926 年 8 月 28 日,版 5。（電子版,漢珍
數位圖書股份有限公司授權）

琉球と臺灣白米

蘭貢米の內地に輸入せらるゝや琉球に於ては內地米より低廉なるにより蘭貢米は非常なる勢力を以て琉球に供給せられ一時は蘭貢米の天地なりしが其後は琉球臺灣間の航路開かれたると共に琉球人の石花菜採收に渡臺せるものが臺灣米の低廉にして美味なるを知りし為め同島への販路大に開け年々急激なる發展を爲し三十九年には二十萬餘斤なりしが本年に至りては實に一千二百七十二萬五千九百九十九斤の多額に上りたるが其の殆んど全部は白米の占むる所にして斯く白米の歡迎せらるゝ所以は同島に於ける精白費の割合に低廉ならざるにより本島白米が割合に低廉として供給せらるゝにありしに同島各所に仕向けたる四年間の統計を示すべし

名護	宮古	八重山	石垣	那覇		四十三年十月迄	四十二年	四十一年	四十年
						斤	斤	斤	斤

圖 4-1：臺米銷售沖繩新聞
資料來源：〈琉球と臺灣白米〉，《臺灣日日新報》，1910 年 11 月 27 日，版 5。（電子版，漢珍數位圖書股份有限公司授權）

米穀商（南洋商會主）
小松琢次郎
那覇市西本町一ノ一

君は明治六年十月十七日福岡縣筑紫郡太宰府町に生る。明治四十三年に來縣し、南洋商會を興し米穀商に從事して今日に至る。臺灣米は君によつて初めて本縣に移入されたるものであり、尚又大豆、豆粕類の直輸入も君によつて先鞭をつけられたるものなり。其他黑糖市場に於ても早くより三井物產名古屋支店と取引を開始し、三井物產をして黑糖に興味をもたせ遂に那覇市場進出に至らしめたるも君の努力に因るものであり、米穀取引市場進出に之を助長せしめたる其の功績員に甚大なるものといひ、黑糖に於ける大資本の進出を誘引し直接間接に之を助長せしめたる其の市場の改善といひ、黑糖に於ける君の努力の功績員に甚大なるものと謂ふべし。資性恬淡にして潤達、高風親しむべき紳士なり。然も身を持するに潔白、高風親しむべき紳士なり。趣味骨董。

【家庭】
長男重敏君（明四一）、次男琢磨君（明四四）、長女リュウ子さん（明三八生＝村田喜六氏夫人）、四男正勝君（大九）

圖 4-2：小松琢次郎簡歷
資料來源：高嶺朝光編輯，《沖繩縣人事錄》（那霸：沖繩朝日新聞社，1937），頁 151。

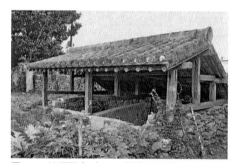

圖 4-3：沖繩豬舍（2011 年筆者拍攝）

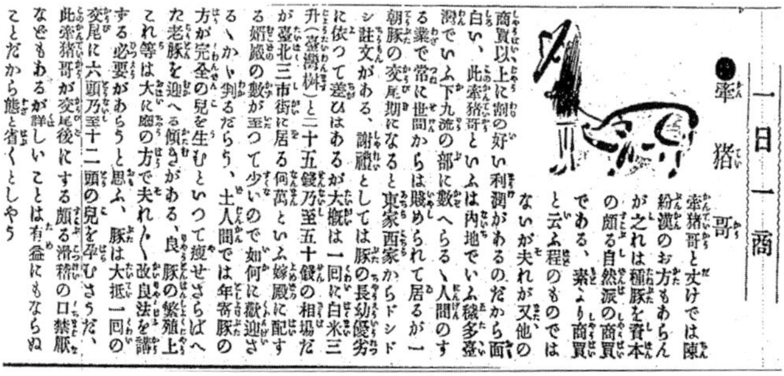

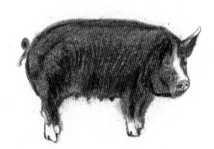

一日一商

●牽猪哥

牽猪哥と丈けでは陳紛漢のお方もあらんが之れは種豚を資本の頗る自然派の商買である、素より商買と云ふ程のものではないが夫れが又他の商買以上に割の好い利潤があるのだから面白い、此牽猪哥といふは内地でいふ穢多臺灣でいふ下九流の部に數へらるゝ人間のする業で常に世間からは賤められて居るが一朝豚の交尾期になると東家西家からドシドシ註文がある、謝禮としては豚の長幼優劣に依つて差ひはあるが大概は一回に白米三升(臺灣桝)と二十五錢乃至五十錢の相場だが臺北三市街に居る何萬といふ嫁殿に配する婿殿の數が至つて少いので如何に歡迎さるゝかゞ判るだらう、土人間では年寄豚の方が完全の兒を生むといつて痩せさらばへた老豚を迎へる傾きがある、良豚の繁殖上これ等は大に廳の方で夫れ〳〵改良法を講ずる必要があらうと思ふ、豚は大抵一回の交尾に六頭乃至十二頭の兒を孕むさうだ、此牽猪哥が交尾後にする頗る滑稽の口禁厭などもあるが詳しいことは有益にもならぬことだから態と省くとしやう

圖 4-4：臺灣牽豬哥

資料來源：〈一日一商 牽豬哥〉，《臺灣日日新報》，1909 年 3 月 17 日，版 7。（電子版，漢珍數位圖書股份有限公司授權）

圖 4-5：盤克夏種豬（筆者繪圖）

備註：原圖參見〈豬主題館 島上豬民〉，行政院農業委員會畜產試驗所資料庫：http://www.tlri.gov.tw/（2015 年 9 月 17 日瀏覽）

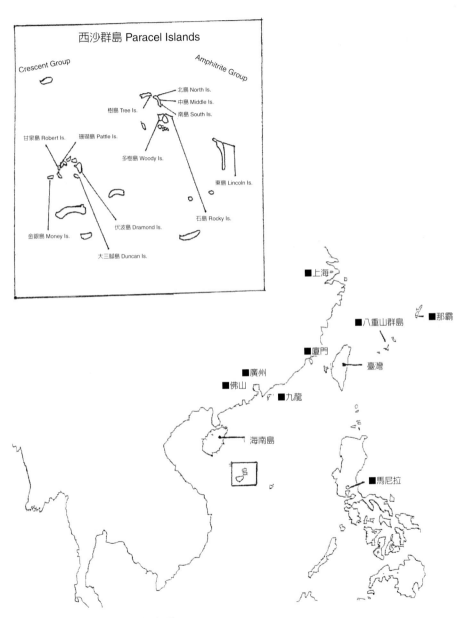

圖 5-1：西沙群島 示意圖（筆者繪圖）

圖 5-2：平田末治肖像
資料來源：〈臺灣人物誌〉。（電
　　　子版，漢珍數位圖書股份有
　　　限公司授權）

圖 5-3：加藤恭平肖像
資料來源：〈臺灣人物誌〉。（電
　　　子版，漢珍數位圖書股份
　　　有限公司授權）

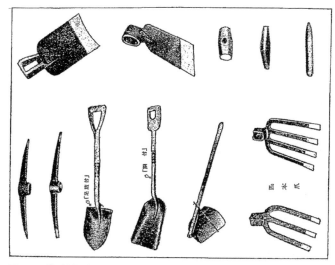

圖 5-4：燐礦採掘主要工具
資料來源：石川一郎，《化學肥料》，頁254。

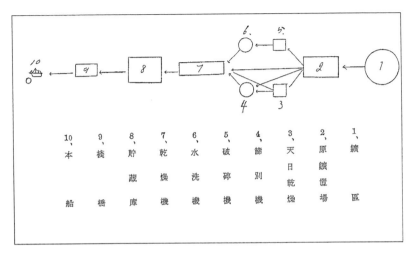

10、本船 　9、棧橋 　8、貯藏庫 　7、乾燥機 　6、水洗機 　5、破碎機 　4、篩別機 　3、天日乾燥 　2、原鑛堆場 　1、鑛區

圖 5-5：燐礦採掘作業流程
資料來源：石川一郎，《化學肥料》，頁 257。

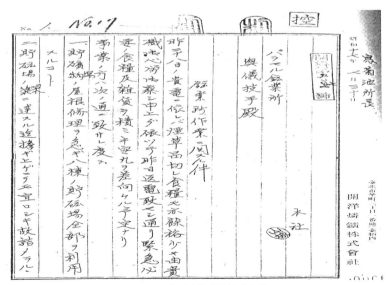

圖 5-6：開洋燐礦會社致西沙群島礦業所監督與儀技手文書
資料來源：昭和 17 年 7 月 30 日開燐高第 527 號，〈礦業所準備作業ニ關スル件〉，
　　　　　臺拓文書第 2676 號〈パラセル現地事業ニ關スル件〉。（國史館臺灣文獻館提供）

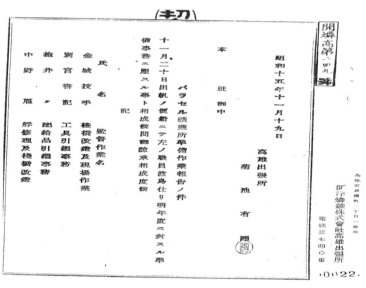

（切）

昭和十五年十一月十九日

本　社　御中

高雄出張所
菊　池　有

パラセル礦業所準備作業報告ノ件

備事務ニ服スル事ト相成候間御諒承相成度候

十一、二十日出帆ノ便船ニテ左ノ職員渡島仕リ明年度ニ対スル準

記

氏　名　　　監督作業名

金城技手　棧橋改造及現場作業

別宮書記　工具引継事務

抱井　〃　　配給品引継事務

中野　雇　　靜修理及棧橋改造

開洋燒鑛株式會社高雄出張所
電話三七四〇番

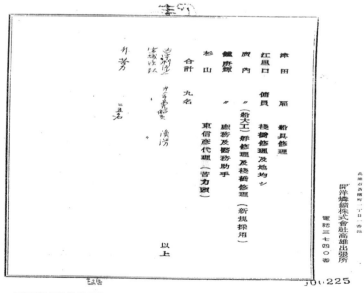

津田　雇　　船具修理

紅頭口　　備員　棧橋修理及地均シ

廣内　〃　　(船大工)靜修理及棧橋修理(新規採用)

杉山　〃　　廚務及醫務助手

鑪庶輝　〃　　東信彦代理(苦力頭)

合計　九名

以上

開洋燒鑛株式會社高雄出張所
電話三七四〇番

圖 5-7：西沙群島礦業所報告勞工職務

資料來源：昭和 15 年 11 月 19 日開燒高第 249 號，〈パラセル礦業所準備作業報告ノ件〉，臺拓文書第 2590 號〈現地施設ニ關スル件〉。（國史館臺灣文獻館提供）

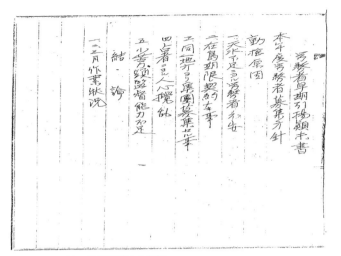

圖 5-8：臺籍勞工提前返臺始末報告

資料來源：昭和 16 年 4 月パラセル礦業所，〈勞務者早期引揚顚末書〉，臺拓文書第 2676 號〈パラセル現地事業ニ關スル件〉。（國史館臺灣文獻館提供）

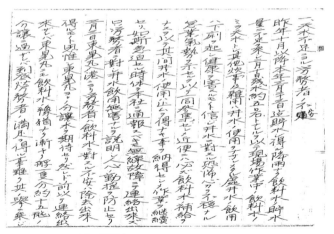

圖 5-9：臺籍勞工罷工原因之一

資料來源：昭和 16 年 4 月パラセル礦業所，〈勞務者早期引揚顚末書〉，臺拓文書第 2676 號〈パラセル現地事業ニ關スル件〉。（國史館臺灣文獻館提供）

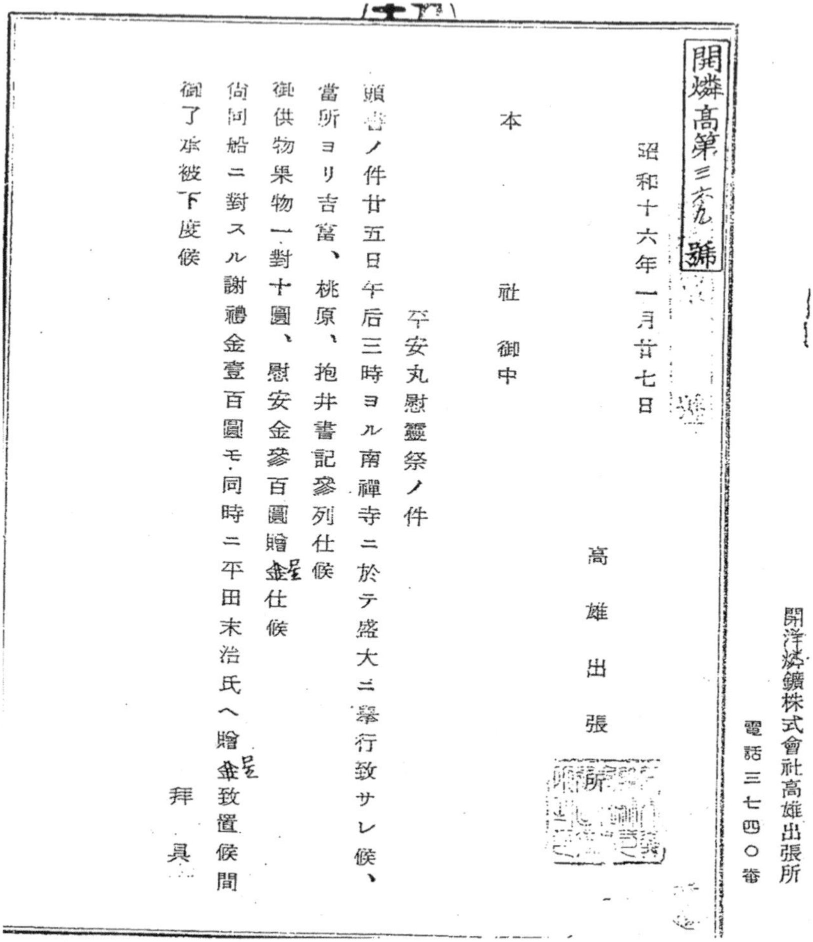
開洋燐鑛株式會社高雄出張所
電話三七四〇番

開燐高第三六九號

昭和十六年一月廿七日

高雄出張所

本社御中

平安丸慰靈祭ノ件

頭書ノ件廿五日午后三時ヨル南禪寺ニ於テ盛大ニ擧行致サレ候、當所ヨリ吉富、桃原、抱井書記參列仕候

御供物果物一對、十圓、慰安金參百圓贈呈仕候

尚同船ニ對スル謝禮金壹百圓モ同時ニ平田末治氏ヘ贈呈致置候間

御了承被下度候

拜具

圖 5-10：高雄出張所向本社報告慰靈祭事情

資料來源：昭和 16 年 1 月 27 日開燐高第 369 號，〈平安丸慰靈祭ノ件〉，臺拓文書第 2590 號〈現地施設ニ關スル件〉。（國史館臺灣文獻館提供）

圖 6-1：遠東最大的美軍航空基地嘉手納（2015 年筆者拍攝）

圖 6-2：沖繩嘉手納基地警告牌（2015 年筆者拍攝）

圖 6-4：方治顯彰碑（2015 年筆者拍攝）

圖 6-3：方治銅像（2015 年筆者攝於沖繩縣恩納村）

圖 6-5：國場組社長國場幸太郎簡歷
資料來源：高瀬朝光編輯，《沖繩縣人事錄》（那霸：沖繩朝日新聞社，1937），頁 145。

圖 6-6：國場組碎石場（2015 年筆者攝於沖繩縣國場町）

圖 6-7：國場幸太郎紀念館（2015 年筆者攝於沖繩縣國場町）

圖 6-8：國場組建造石油槽（2015 年筆者攝於沖繩縣平安座島）

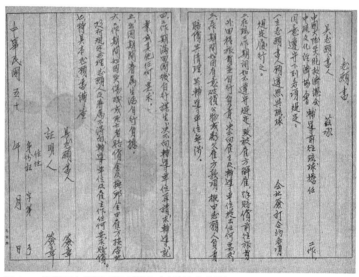

圖 6-9：臺灣工人赴沖工作志願書（中琉協會收藏）

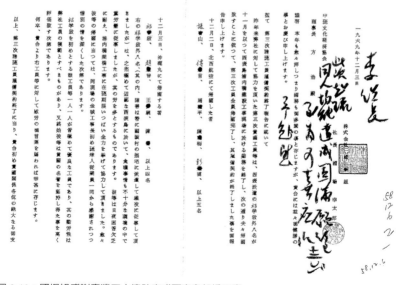

圖 6-10：國場組感謝臺灣工人協助完成西表島架橋工事
資料來源：〈國場組致中琉文化經濟協會函〉，1969 年 12 月 3 日。

臺灣沖繩交流史論集

朱德蘭◆著

財團法人曹永和文教基金會◆策劃

遠流出版公司◆出版

【臺灣史與海洋史】系列叢書緣起

財團法人曹永和文教基金會

　　財團法人曹永和文教基金會成立於 1999 年 7 月，其宗旨主要在與相關學術機關或文教單位合作，提倡並促進臺灣史與海洋史相關之學術研究，並且將研究成果推廣、普及。因此，有關臺灣史或海洋史之學術著作、國外優秀著作的譯述及史料編纂等相關書籍的出版，皆是本基金會的重要業務。

　　曹永和文教基金會成立以來，本於前述宗旨，多次補助出版與臺灣史或海洋史相關的學術著作、史料的編纂或外文學術著作的翻譯。諸如《東臺灣叢刊》、《臺灣重層近代化論文集》與其續集《跨界的臺灣史研究——與東亞史的交錯》、《曹永和先生八十壽慶論文集》、荷蘭萊登大學與中國廈門大學合作編輯之海外華人檔案資料《公案簿》第一輯、第二輯與第四輯、荷蘭萊登大學包樂史教授（Leonard Blussé）主編之《Around and about Formosa》、韓家寶先生（Pol Heyns）與鄭維中先生之《荷蘭時代臺灣相關史料——告令集、婚姻與洗禮登錄簿》。接受補助出版或由基金會出版的書籍，有不少作品已廣為學術界引用。本會也贊助相關的學會活動、邀請外國著名學者作系列演講，提供研究者交流的場域。諸如，1999 年 11 月與中央研究院合辦「東亞海洋史與臺灣島史座談會」，2000 年 3 月於臺灣大學舉辦日本東京大學東洋文化研究所濱下武志教授演講「談論從海洋與

　　陸地看亞洲」，2000 年 10 月與中央研究院及行政院文建會合辦「近代早期東亞史與臺灣島史國際學術研討會」。此外，爲了培養臺灣史及海洋史研究的人才，本會與中央研究院臺灣史研究所合辦「臺灣總督府公文類纂研讀班」之推廣活動。

　　爲了使相關學術論述能更爲普及，以便與更多讀者分享臺灣史和海洋史的研究成果，本基金會決定借重遠流出版公司專業的編輯、發行能力，雙方共同合作，出版【臺灣史與海洋史】系列書籍。每年度暫訂出版符合基金會宗旨之著作二至三冊，除了國內的學術研究成果之外，也支持翻譯出版外文學術著作或相關史料。本系列書籍於 2005年以許佩賢副教授之《殖民地臺灣的近代學校》，與陳國棟教授之《臺灣的山海經驗》、《東亞海域一千年》爲首；2007 年翻譯出版歐陽泰教授（Tonio Andrade）所著的《福爾摩沙如何變成臺灣府？》。同年又出版林玉茹研究員所著《殖民地的邊區：東臺灣的政治經濟發展》。2008 年出版陳翠蓮教授《臺灣人的抵抗與認同：1920-1950》及林正慧博士《六堆客家與清代屏東平原》。2010 年出版黃紹恆教授《臺灣經濟史中的臺灣總督府》。2011 年出版洪紹洋博士《近代臺灣造船業的技術轉移與學習》及曹永和院士手稿重編復刻本《近世臺灣鹿皮貿易考──青年曹永和的學術啓航》。2012 年翻譯出版《利邦上尉東印度航海歷險記──一位傭兵的日誌（1617-1627）》及出版葉淑貞教授《臺灣日治時代的租佃制度》，出版成果可謂豐碩。

　　冀盼【臺灣史與海洋史】系列書籍之出版，得以促使臺灣史與海洋史的研究更加蓬勃發展，並能借重遠流出版公司將此類研究成果推廣普及，豐富大眾的歷史認識。

推薦序一
學術交流成果的確認與邁向未來

　　今年十一月下旬，我的老朋友朱德蘭教授傳來了電子郵件，囑我為其即將出版的新書寫序，由其附寄的書名和目錄看來，書的內容是寫沖繩與臺灣的關係，可以想見是一本意味深遠的書，但因與我的研究專長不同，我想應該另請更適當的研究者寫序才對，想把這個想法回覆給朱教授。

　　就在躊躇之間，時間很快地到了十二月五日、六日，第十五回琉中歷史關係國際學術研討會（以下簡稱「中琉學會」）在琉球大學召開，朱德蘭教授也以論文發表者和主持人的雙重身分參與盛會，發表的論文正是本書第六章的一部分。研討會開始之前，承蒙朱教授惠賜本書全文複印本一冊，當下我立刻為其內容所吸引，即使我不是此一研究領域的專家，一讀之下，頗能感受其內容的有趣與深度，加上朱教授直接囑咐，也就沒有拒絕的理由，因此，才敢動筆撰寫這篇推薦序。

　　本書分為三部，每部是由內容互相關連的兩篇論文構成。在此未能詳細介紹各篇內容，深感抱歉。不過，不論哪一篇論文，都是以豐富資料（著作、新聞報導、雜誌、田野調查等）為基礎，展開精密的論證。

　　以下就本書內容舉出其優異成果的一部分，試著做一說明。例

如，收錄在第三部「勞務協助（1937～1969）」中的兩篇論文，這是前人研究少有成果的研究領域，由本論文最先解明的事項為數頗多。作者竭盡精力的資料收集、深刻且慎重的論證，令人印象深刻。此外，第五章解明了沖繩與臺灣的勞動者合力從事西沙群島燐礦採集事業。關於這件事情，一直以來，只見零星的記載，像本書這樣詳細的論證應該是第一次。本章以最近中國的海洋進出問題做事例，指出：關於西沙群島這個與南沙群島受到同等注目的群島，其問題實則與日本領有臺灣，日本敗戰後的臺灣地位問題互相糾結，是個極為複雜的課題。所謂「西沙群島做為臺灣的一部分因而為日本所領有」、「西沙群島是臺灣的一部分、臺灣是中國不可分割的領土，因此，西沙群島就是中國的領土」這樣的說法，臺灣政府當然反對。和釣魚臺問題一樣，西沙群島問題的背後也有很複雜的歷史糾葛，本章對於這個政治上的微妙課題做了深刻的論述。

　　至於第六章，論述了第二次大戰後，被置於美軍統治之下的沖繩，從臺灣引進為數眾多的勞動者來從事美軍基地建設工事。在沖繩，國場組等本地業者與美軍基地建設有關，沖繩的勞動者被動員而成為「軍作業者」（基地勞動者），這件事廣為人知；但是，以國場組為窗口，從臺灣引進大量的勞動者這件事卻不為一般人所知。還有，雖說統稱為「臺灣人勞動者」，但其中卻有臺灣籍勞動者之外的，其他的「義士」（韓戰時期以及韓戰之後，自朝鮮逃離共黨勢力，加入反共勢力的原共產黨軍人）、「義胞」（為追求自由而自大陸、香港等地而來的同胞）、「歸僑」（歸國華僑）等區別，我想這件事情更不為一般沖繩人所知。

　　沖繩與臺灣在第二次大戰之後的亞洲之中，究竟處於什麼位置？對於這個問題，本書以被稱為「冷戰時期」的戰後世界秩序為背景，描述了身處社會最基層的勞動者的動向，並且通過這些事例來加以解

明。有如在閱讀傳說故事一般，趣味盎然。另外，貫穿全書的、論述之時的慎重的細心考慮（例如：將勞動者的姓名，隱藏了其中一字），表現出作者重視人權以及謙虛的心，應可取得讀者的好感。

朱德蘭教授是擔任中央研究院人文社會科學研究中心研究員兼負副主任重責的研究者，其專門領域：海洋史、臺灣史、華僑史，是日本國立九州大學史學博士，迄今為止，著有《長崎華商貿易的史的研究》（東京：芙蓉書房，1997 年）、《臺灣總督府と慰安婦》（東京：明石書房，2005 年）、《臺灣慰安婦》（臺北：五南圖書出版公司，2015 年二版一刷）；又有主編資料解說《臺灣慰安婦關係資料集》2（東京：不二出版，2001 年）等多種著作。

朱德蘭教授說著流暢的日語，也有許多以日文寫成的著作和論文，做為一位知日派的研究者，朱教授有許多日本友人。朱教授是沖繩自 1980 年代初期開始與本地大學和研究機關學術交流的推進者，也是「中琉學會」（中琉歷史學術會議）發展及營運的中心成員，多年來，發揮了其卓越的領導能力，使得「中琉學會」時至今日，依然持續隆盛，這對沖繩而言，真是一位恩人。而我，做為一位從「中琉學會」設立的準備階段開始，就持續和朱教授經常意見交換的人，想在此向朱教授的盡力，表達敬意。

通過學術交流，沖繩得到了滋養，本書是對這樣的沖繩有著深刻的理解和愛護之情的結果。書中到處洋溢著作者對於沖繩的熱情與熱心，這是臺灣與沖繩學術交流值得紀念的成果。做為一部指示著今後雙方交流的可能性與方向的著作，毫無疑問地，它將會受到學術界長久的重視。本書不僅是一部值得向沖繩年輕研究者推薦，而且也值得向一般沖繩年輕人推薦的著作。因此，期待可以儘早見到本書日語版的出版。

最後，想對作者貼近沖繩的溫暖的心意表示感謝，同時，也祝願

今後的研究能有長足的進展。是爲序。

日本國立琉球大學名譽教授　上里賢一謹誌

2015 年 12 月 25 日

（臺灣國立勤益科技大學副教授童宏民翻譯）

推薦序二
第一本近現代臺灣沖繩關係史研究

　　本書是由第一章「日本皇室視察新領地」、第二章「觀光客在臺灣、沖繩的旅遊活動」、第三章「石花菜與社寮島沖繩人聚落」、第四章「臺灣米與沖繩豬貿易」、第五章「西沙群島的沖繩、臺灣勞工」、第六章「臺灣勞務輸出國場組」等六章所構成。各章所收錄的都是卓越的論文，其中，我對於第三章「石花菜與社寮島沖繩人聚落」、第五章「西沙群島的沖繩、臺灣勞工」、第六章「臺灣勞務輸出國場組」的主題投予特別關注。

　　首先是關於第三章「石花菜與社寮島沖繩人聚落」，當我還是臺灣大學歷史研究所學生時，曾經從師範大學王啓宗教授口中聽到社寮島（現在的和平島）的沖繩人聚落還有戶籍名簿存在。社寮島在基隆港附近，戰前有許多沖繩出身的漁民移居，形成了臺灣最大的沖繩聚落，這件事我從以前就已知道，到目前爲止，也曾多次與前往社寮島與戰後沒有歸國，而繼續在臺灣居留的沖繩縣出身者見面。戰後的中華民國政府維持其一貫的、不承認日本領有琉球的主權，因此，他們是以「琉僑」（在臺琉球人）的身分，而特別得到居留許可的人們。其中也有因爲無法證明自己曾經長期在臺灣居留，而被取消日本國籍，成爲無國籍狀態的人。這個臺灣最大的沖繩聚落的實態，因爲缺乏長期的調查與研究，而不爲人知。朱德蘭教授在「石花菜與社寮島

沖繩人聚落」這一章中，清楚地說明了：每年春、夏，石花菜成長期之際，會有數百名沖繩出身的漁民來到社寮島，潛水採集石花菜之事。沖繩出身的漁民，有的人只要錢一到手，就喝酒喝到天亮，甚至倒臥路邊。看到這種好像死去一般的樣子，基隆人就叫他們：「死琉球人」。這是從戰後仍然繼續留在社寮島的琉僑口中聽來的故事。另外，朱教授也清楚地說明了，社寮島沖繩人聚落並非完全是定住型聚落，根據「日據時期臺灣寄留戶籍資料」記載，同時也存在許多長期寄留者。像這樣，具體論及社寮島沖繩人聚落相關事物的論著，顯然，朱教授的著作是首見學術貢獻的作品。

再來是第五章「西沙群島的沖繩、臺灣勞工」，朱女士運用臺灣拓殖株式會社文書，將西沙群島燐礦石（過燐酸肥料的主要原料）開採有關的勞動條件、勞工人數以及薪水，還有其中的沖繩出身者的姓名明白地揭示出來，並且將開採數量，以表格的形式標示出具體的數值。燐礦石開採的勞動者是由開洋燐礦株式會社所雇用，其中存在著許多沖繩出身者，對於這件事我感到很驚訝，在此之前，我對這個事實完全無知。這些學術訊息，對我而言，是嶄新的見識。我想，對許多讀者而言，無疑地，也從本書得到了新知。對於開拓新研究領域的朱教授，我由衷地表達敬意。

至於第六章「臺灣勞務輸出國場組」指出：戰後由臺灣派遣到沖繩建築業「國場組」來的勞工，從事粗活是必要的，因此，以稱為「義士」、「義胞」、「歸國華僑」的男性為中心，這與鳳梨、甘蔗收穫時期，由臺灣派遣來的「季節勞工」以女性居多，有所不同。書中介紹國場組在臺代理人李雪峰先生是我多年來的熟人，但以李先生代理人的身分，處理因派遣勞務而引起的糾紛，表現得極為活躍，這件事，我也是看過本書才知道的。中琉文化經濟協會第一任理事長方治先生對於戰後臺灣與沖繩的經濟交流，的確有很大的功績。臺灣方

面，在臺灣海域追捕沖繩漁船之際，為尋求解決、援救之道而備極辛勞的也是方治先生，這件事我曾聽方治先生本人談過。在文化交流方面，像有三頭六臂一般活躍著，做為沖繩縣出身的學生的身分保證人，照顧過許多留學生的也是方治先生。在「臺灣勞務輸出國場組」這章中，朱教授利用保存在中琉文化經濟協會裡的記錄文書，很詳細地闡明了經由中琉文化經濟協會的仲介而實施的勞務輸出。中琉文化經濟協會在經濟交流上能夠成就實質功績，大概是因為方治先生是中國國民黨中央評議委員、總統府國策顧問的政治地位所使然。像這樣，將臺灣與沖繩的經濟交流，加以學術性地檢討，本書可算是首創。

　　中琉文化經濟協會也對到目前為止，所有在臺灣舉行的「中琉歷史關係國際學術會議」給予贊助。朱教授是中琉文化經濟協會的監事會召集人，同時兼任歷史委員會主任委員，研究專長是海洋史、臺灣史、華僑史等，但也對中琉關係史非常關心，曾經寫過多篇論文，特別是最近數年來，發表過多篇聚焦在近現代的論文。以中琉關係史的研究而言，關於前近代的研究論文，在數量上可說具有壓倒性，在這種狀況之下，像本書這樣，以近現代為對象，開拓了新的領域，朱教授的學術研究具有重大意義。關於近代臺灣與沖繩的論著也有些許，但像這樣，能夠通觀近現代臺灣與沖繩交流各面向的研究專書，本書可說是第一本。書中揭載了很多圖片和表格，是為了要讓讀者易懂，為了要讓讀者對於近現代臺灣與沖繩交流史能夠有具體的了解。這樣的細心安排，在書中可說是隨處可見，這也是本書的優點之一。

　　對我而言，這是一本充滿了我所懷念的臺灣往事的、寶貴的書。

日本國立琉球大學教授　赤嶺守謹誌

2015 年 12 月 31 日

作者序
歲月回眸——我與臺灣沖繩交流史研究

　　1982 年我在日本國立御茶水女子大學攻讀碩士學位期間，參加和田久德教授的「朝鮮、琉球交流史」研習課程，每周除了和五位學姐輪流做研習報告外，還到老師家一次，一同解讀《李朝實錄》中的琉球史料。1984 年在和田久德、岸本美緒兩位教授的指導下，完成論文〈明嘉靖年間（1522-1566 年）中國沿海地方に於ける略奪貿易の研究〉，通過口試，取得史學專攻碩士學位。1985 年進入中央研究院三民主義研究所（今中央研究院人文社會科學研究中心）工作，時值中琉歷史研究專家徐玉虎教授擔任學術訪沖團團長，我是他學生，應邀和中央研究院近代史研究所研究員張存武、王璽、臺灣大學教授李東華、臺灣師範大學教授吳靄華、臺北文獻委員會邱秀堂女士等，一行七人同赴那霸參加「中琉歷史文化關係學術文化研究會」，此一機緣引起了我對臺、沖交流史的興趣。

　　1985 年 9 月 29、30 日《琉球新報》刊登了拙著〈臺灣—沖繩學術交流之旅「沖繩訪問記」〉上、下篇，記錄 8 月 5 日至 9 日「中琉歷史文化關係學術文化研究會」的學術活動，其中，徐玉虎教授演講「清代琉球人漂流臺灣之研究」；我方訪問琉球大學、各研究機構、沖繩縣立圖書館及舉行史料交換儀式，受到當地文教界人士高度矚目。

　　而所謂史料交換，是指我方贈送日治時代《臺灣教育文獻》微卷六萬六千張，沖方贈送我們琉球大學我部政男教授在沖繩公文書館發現，世界諸國新聞報導「臺灣牡丹社事件」的複印資料。在沖訪問五天，承蒙時任浦添市公民館係長（股長）又吉盛清、臺灣大學博士生赤嶺守熱忱接待，帶領我們參觀平和祈念資料館、玉泉公園、守禮之門，及觀賞由佐藤先生總監的舞踊團表演「琉球舞」。

　　首次遊覽沖繩，充分享受了沖繩美麗的自然風光。沖繩萬里無雲的燦爛陽光，天空和大海蔚藍透明，相互輝映，白色沙灘和海面點綴著若隱若現的島礁，令我十分著迷。對於二戰末期美軍登陸沖繩，轟炸、破壞許多古蹟、文獻資料，戰後沖繩人不畏艱辛，努力復原建設，並到處收集散藏於各地的琉球（沖繩）資料，那種熱愛鄉土、重視先人資產，積極重建自身獨特歷史文化的精神，深感敬佩。

　　臺北中琉文化經濟協會（中琉協會）創立於 1958 年，創會理事長方治爲加強中琉友好情誼，促進民間經濟合作與文化交流關係，一直盡力推動雙方文教、新聞、藝術、體育等團體，及農林漁工商各界人士相互訪問活動。在學術交流方面，1985 年雙十節方治理事長組織「中華民國琉球友好訪問團」赴沖，與沖繩文教人士座談時，出席人士盼望有共同研究中琉歷史關係的機會，由於一致贊同在臺北、那霸兩地輪流舉辦中琉歷史關係研討會，訪問團回國後，中琉協會就立即成立文化委員會，敦聘文建會主任委員陳奇祿（中央研究院院士）、教育部次長施金池擔任主委及副主委，並由方治理事長、張希哲副理事長、陳奇祿主委擔任中琉歷史學術研討會籌備會召集人，臺灣大學歷史系教授陳捷先爲執行長，開始籌辦「第一屆中琉歷史關係國際學術會議」工作。

　　1986 年 11 月 23-24 日「第一屆中琉歷史關係國際學術會議」在國立中央圖書館大樓視聽資料室召開，與會學者國內有各大專院校從

事明清中琉歷史研究者，及中琉協會理監事會聘任為文化委員會者，一共三十八人，國外部分有沖繩、日本本土、韓國、美國、法國、澳洲等地學者二十九人，總計六十七人。論文篇數共二十四篇，包含：中文九篇、日文十三篇、韓文及英文各一篇。開幕當天到會學者、貴賓雲集，機關首長有：教育部長李煥（教育部次長施金池代表）、國史館館長朱匯森、政治大學校長陳治世、逢甲大學董事長高信、故宮博物院副院長昌彼得、歷史博物館館長陳癸淼、中央圖書館館長王振鵠。臺灣學者：梁嘉彬、曹永和、陳奇祿、張希哲、陳捷先、林衡道、徐玉虎、張存武、鄭樑生、吳靄華、黃寬重、劉寧顏、張啟雄、朱德蘭等；沖繩學者：島尻勝太郎、比嘉政夫、比嘉實、田名眞之、田里修、糸數兼治、高良倉吉、赤嶺守、知念勇、富島壯英、渡名喜明、照屋善彥、豐見山和行、眞榮平房昭等，共計一百餘人。

「第一屆中琉歷史關係國際學術會議」集合了各地從事中琉關係研究者的論文，國內及沖繩新聞界提供相當篇幅的新聞報導。1987年聯合報文化基金會國學文獻館轉交聯經出版公司印製七百本《第一屆中琉歷史關係國際學術會議論文集》。

1987 年 7 月 10-22 日我為收集中琉歷史資料，單獨赴沖做資料調查與收集工作。同年 8 月 12 日《琉球新報》刊登了拙作〈再訪沖繩記〉。我對琉球大學我部政男教授帶我參訪歷史古蹟，如：勝連、知念、垣花、玉城、具志川等著名城址、沖繩海洋博覽會紀念公園；時任沖繩縣立圖書館奉仕課長宮城保幫忙複製論文、圖片；比嘉實教授邀我到那霸高塔晚餐，在十七樓旋轉式餐廳眺望落日餘暉中的景物，三位先輩的親切厚誼，至今仍然銘感於心。

在朋友的引領下，另外見識了沖繩人的夜生活。沖繩文教人士喜歡在酒館裡一邊飲著泡盛酒，一邊聆賞三弦琴伴奏，藝者演唱琉球民謠，在酒意微醺中，時而隨著樂曲手舞足蹈，陶醉於渾然忘我的境界。

　　1987 年方治理事長聘我爲中琉協會文化委員會委員，沖繩同道遵循每兩年輪辦一次會議的約定，1988 年在那霸召開學術研討會。1988 年 10 月 12-14 日中琉協會新任理事長張希哲率領：宋文薰（中央研究院院士）、曹永和（中央研究院院士）、劉寧顏、陳捷先、徐先堯、徐玉虎、鄭樑生、莊吉發、吳靄華、莊伯和、簡瑞宏、張啓雄、朱德蘭、吳密察等十五名學者發表論文。中琉協會常務理事陳世文、李雪峰、祕書長谷玄生、祕書陳寶來也應邀列席。10 月 11 日我方抵達那霸機場時，沖繩「第二屆中琉歷史關係國際學術會議」實行委員會由沖繩國際大學校長高宮廣衛領頭，聚集文教界、政經界、僑界人士等共三十餘人前來機場歡迎。時任沖繩北部製糖會社社長仲田睦南、國場組祕書長渡嘉敷勇、沖繩中琉協會會長宮城人四郎也來機場接機，沒想到二三十年後，他們經營的會社成爲我的研究對象。

　　1990、1992 年第三、第四屆中琉歷史關係國際學術會議分別於臺北、那霸舉行。1994 年大陸學者首度加入，第五屆由福建師範大學與福州社會科學院與泉州海外交通史博物院在福州合辦。1996 年第六屆由北京中國第一歷史檔案館承辦。1998 年輪到臺北中琉協會接辦第七屆，新任理事長彭炳進聘我爲歷史研究委員會委員，協助召集人徐玉虎、執行祕書周光斗籌備會議工作。

　　2000 年中琉協會推選我爲監事兼歷史研究委員會主任委員，爲反映中琉歷史研究領域的研究成果，在新任理事長蔡雪泥熱心支持下，我將第一至第八屆中琉歷史關係國際學術會議論文集的中、日文摘要，及二百六十三篇論文目錄整理成冊，2002 年出版《中琉歷史關係國際學術會議論文集目錄要覽》（483 頁）。

　　中琉歷史關係國際學術會議是爲學者提供中琉、臺沖歷史跨學科研究，不同史料、多視角交會的討論平台。2000 年以降，我與琉球大學教授高良倉吉、赤嶺守；福建師範大學教授王耀華、謝必震及青

島海洋大學教授曲金良、修斌，成爲各地輪辦學術會議和編輯出版會
議論文集的負責人。統計 2000 到 2015 年爲止，分別在那霸、福州、
臺北、青島，輪流舉行了第八到第十五屆會議。客觀的說，在中外學
術界裡，似此鍥而不捨地聚集各地學者，圍繞著中琉歷史關係問題，
舉辦長達二十年國際學術研討會的情形十分罕見。

　　臺北中琉協會內設：文教、中琉歷史研究、經貿、農林水產業、
公關、青年、婦女、觀光、體育、原住民等委員會。由於許多委員與
沖繩各界人士交往頻繁，送往迎來及共推合作項目開銷浩大，協會經
費不足，而常仰賴理事長慷慨解囊，捐款補助。

　　對於承辦會議的我來說，最感到煩惱的是經費籌措和邀人發表論
文兩大問題。關於前者，中琉協會理監事結構轉型，若干成員不重視
中琉歷史學術會議學術交流活動，爲使學會活動能夠持續下去，和爲
減少協會經濟壓力，2004 年起我朝向個人服務機構中央研究院人文
社會科學研究中心申請補助。2005 年第十屆、2013 年第十四屆輪到
臺北主辦，皆因獲得中央研究院人文社會科學研究中心提供會議空
間、論文印刷費、行政資源，教育部、曹永和文教基金會、中琉協會
各補助部分費用，而得順利地舉行。

　　依例會議結束後，承辦方須將會議論文集結出版。然因以往論文
集沒有審查制度，收錄文章有好有壞，以致品質參差不齊。鑑於學術
出版品是促進人類社會發展的一項要素，因此在編輯第十屆會議論文
集時，率先組織編審委員會，嚴格要求作者修訂原稿，藉以提升研究
水平。

　　除此之外，我還主張每屆學術研討會應有一個研究主題，會議論
文集名稱亦然。此一提議得到赤嶺守教授、謝必震教授贊同，從近幾
年研究成果：陳碩炫、徐斌、謝必震主編《順風相送：中琉歷史與文
化──第十三屆中琉歷史關係國際學術會議論文集》（北京：海洋出

版社，2013 年）；辛德蘭（朱德蘭）、劉序楓、廖肇亨主編，《萬國津梁：東亞視域中的琉球──第十四屆中琉歷史關係國際學術會議》（臺北：中琉文化經濟協會，2015 年），及 2015 年 12 月 5-6 日琉球大學國際沖繩研究所主辦「第十五回琉中歷史關係國際學術會議──越境的東亞島嶼世界」（那霸：琉球大學 50 周年紀念館多目的廳），約可看出中琉關係學術活動不斷的向上成長。

　　再論研究人才方面，近一二十年中國大陸出土許多琉球文獻史料，福建師範大學更於 1997 年成立「中琉關係研究所」，開設中琉關係課程，培養一批碩士生、博士生，形成老、中、青三結合的中琉關係研究隊伍。相形之下，臺灣研究力量比較分散，由於老一輩凋零殆盡，選擇非主流的中琉關係研究者相當稀少，為了薪火相傳，我們中壯年學者頗需以身作則，努力發表論文，並鼓勵年輕人加入研究行列。

　　回顧我的研究成果，1990 年我到日本國立九州大學攻讀歷史學博士學位，1995 年學成歸國後，為修訂博士學位論文出版《長崎華商貿易史的研究》一書（東京：芙蓉書房，1997 年），及因應東亞社會高度關注的戰爭遺留問題，全心投入「臺灣慰安婦」研究，故有一段時日屬於中琉歷史研究的空白期。大體言之，早期個人研究集中於 15 至 19 世紀中琉關係研究，出版品有以下四篇：

　　1.〈十五世紀琉球的亞洲外交貿易〉，刊於琉中歷史關係國際學術會議論文集編集委員會編，《第二回琉中歷史關係國際學術會議論文集》（那霸：琉中歷史關係國際學術會議實行委員會，1989 年），頁 195-224。

　　2.〈1838 年與 1866 年的封舟貿易〉，刊於中琉歷史會議論文集編集委員會編，《第三屆中琉歷史關係國際學術會議論文集》（臺北：中琉文化經濟協會，1991 年），頁 135-162。

3.〈清乾隆期對中琉交流活動中違法問題的處置方式〉，收入中琉歷史會議論文集編集委員會編，《第七屆中琉歷史關係國際學術會議論文集》（臺北：中琉文化經濟協會，1999 年），頁 365-376。

4.〈從歷代寶案與清代中琉關係檔案看乾隆時期（1736-1795）中琉之間的海難事件〉，收入《人文及社會科學集刊》，第 11 卷第 2 期，1999 年，頁 203-231。

鑑於明清時代中琉關係重要文獻典藏於北京中國第一歷史檔案館、臺北故宮博物院、臺灣大學圖書館，資料豐富，內容廣泛，學者多以明清兩朝中琉關係為研究對象，近世臺灣、琉球從屬於中國，近代臺灣、沖繩雖被劃入日本版圖，臺、沖兩地距離很近，人來人往頻繁，地緣命運十分相似，但臺、沖歷史關係鮮少受到大家關注，為填補此一研究領域的不足，自 2005 年起到 2015 年為止，我由近代日本與臺、沖關係之視角出發，一共發表論文八篇：

1.〈臺灣拓殖株式會社文書中的八重山史料價值〉，福建師範大學中琉關係研究所編，《第九屆中琉歷史關係國際學術會議論文集》（北京：海洋出版社，2005 年），頁 303-320。

2.〈近代日本皇室的視察活動──沖繩與臺灣的比較研究（1891-1941）〉，中琉歷史會議論文集編集委員會，《第十屆琉中歷史關係國際學術會議論文集》（臺北：中琉文化經濟協會，2007 年），頁 241-280。

3.〈基隆社寮島的石花菜與琉球人村落（1895-1945）〉，琉中歷史關係國際學術會議論文集編集委員會編，《第十一回琉中歷史關係國際學術會議論文集》（那霸：琉中歷史關係國際學術會議實行委員會，2008 年），頁 217-248。

4.〈基隆社寮島の沖繩人集落（1895-1945）〉，上里賢一、高良倉吉、平良妙子編，《東アジアの文化と琉球・沖繩──琉球／沖繩・

日本・中國・越南》（東京：彩流社，2010年），頁49-77。

　　5.〈近代觀光客在臺灣與沖繩之間的旅遊活動（1895-1945）〉，曲金良、修斌編，《東亞海洋世界中的琉球和中・琉・日關係》，北京：北京圖書出版社，2010年，頁46-63。

　　6.〈基隆社寮島の沖繩人ネットワーク（1895 ～ 1905）〉，我部政明、石原昌英、山里勝己，《人の移動、融合、變容の人類史 沖繩の經驗と21世紀への提言》（東京：彩流社，2013年），頁53-74。

　　7.〈20世紀前半葉沖繩人・臺灣人在西沙群島的勞務活動〉，辛德蘭（朱德蘭）、劉序楓、廖肇亨主編，《萬國津梁─東亞視域中的琉球 第十四屆中琉歷史關係國際學術會議》（臺北：中琉文化經濟協會，2015年），頁255-299。

　　8.〈勞務外交：臺灣工員輸出沖繩之研究（1966-1972）〉，2015年12月5-6日琉球大學國際沖繩研究所主辦「第十五回琉中歷史關係國際學術會議──越境的東亞島嶼世界」（那霸：琉球大學50周年紀念館多目的廳）。

　　本書為呈現近十年來的研究成果，第一到第五章為重新修訂並增補舊著，第六章則屬於新著。本書分為：相互認識、經貿往來、勞務協助三大單元，每一單元既自成一體，也互有關聯，讀者可從全書的時間脈絡裡，深入了解近代臺、沖兩地在中、日兩國外交衝突下，族群、官民之間廣泛的接觸與交流實況。

　　本書得以順利完成，首先要感謝中央研究院圖書館、中琉協會、琉球大學圖書館、那霸市歷史博物館附屬圖書館提供寶貴的文獻資料；國史館臺灣文獻館授權，同意使用戰前臺灣專賣局及臺灣拓殖株式會社文書、漢珍數位圖書股份有限公司授權，同意使用其製作優質畫面的臺灣人物誌及《臺灣日日新報》數位資料。

　　其次，中琉協會歷屆理事長：方治、張希哲、彭炳進、蔡雪泥、

沈桂美、謝國棟、趙文瑜（敬稱略）及理監事多方指導，支持我推展臺沖學術交流活動；先師和田久德、徐玉虎及曹永和院士給予諸多啟發；亦師亦友的沖繩學者：我部政男（山梨學院大學法學部部長，退休）、宮城保（沖繩縣公文書館館長，退休）、又吉盛清（沖繩大學教授）指引迷津，點燃我對臺、沖交流史研究的熱情，在此一併深致謝忱。

再次，臺、沖、陸三方舉辦中琉歷史關係研討會的核心人士，臺灣方面：張希哲、陳捷先、谷玄生、李雪峰、陳寶來、蔡正雄、趙美雲；沖繩方面：島尻勝太郎、高宮廣衛、高良倉吉、赤嶺守；中國大陸：王耀華、徐藝圃、謝必震、曲金良、修斌，感謝他們付出努力，奠定良好的合作模式，使我在順利推行學術交流活動的同時，開闢了臺、沖交流史新研究議題。

日本國立琉球大學名譽教授上里賢一是琉球漢詩研究專家，赤嶺守教授是琉球王國研究專家，兩位治學功夫扎實，研究成果累累，非常感謝他們撰寫內容肯綮的推薦序，為本書增添不少光彩。

本書在出版之際，特別感謝曹永和文教基金會策劃、補助出版，遠流出版公司責任編輯張詩薇女士、黃嬿羽女士為審閱書稿付出大量的辛勞。個人學識有限，書中可能仍有疏誤，敬祈專家學者不吝指正。

文末，還要謝謝同事張凱婷小姐設計封面，姊姊朱芝儀、妹妹朱芝慧、哥哥朱德高、嫂嫂李春子、侄兒朱益宏、侄女朱家慶、外甥梁喬、外甥女梁玉、壯敏慈，輪班照顧臥病在床的老母，並分擔瑣碎的家庭事務，全力支持我的學術生涯志業。

朱德蘭

2016 年元旦于臺北南港

目次

圖次

表次

壹　相互認識（1895-1945）

第一章
日本皇室視察新領地

一、前言

　　沖繩、臺灣和日本地理環境不同，語言、習俗、文化殊異，歷來學者從法政、教育、歷史等不同視角，針對近代日本在新領地同化新附民問題上，做了若干頗富啓發性的研究。❶ 有關官員恭迎皇室與同化關係之研究，較具代表性的有：若林正丈〈1923 年東宮臺灣行啓及「內地延長主義」〉一文，指出臺灣官民奉迎裕仁皇太子的卑躬行爲，是一種「內地延長主義權威性的印記」。原武史《可視化的帝國——近代日本的行幸與巡啓》一書，深入分析日本官員恭迎天皇、皇太子是爲追求全國統治秩序的統一，及彰顯官民融合一體的殖民政績。朴晉雨〈天皇巡幸所見天皇崇拜與民眾——以福島縣郡山地域爲中心〉一文，指出官員利用天皇巡視地方之神聖性，是爲建立以天皇

---

❶ 駒込武，《殖民地帝國日本の文化統合》（東京：岩波書店，1996）；陳培豐，〈重新解析殖民地臺灣的國語「同化」教育政策——以日本的近代思想史爲座標〉，收入《臺灣史研究》第 7 卷第 2 期（2001 年 6 月），頁 1-49；又吉盛清，〈沖繩教育と臺灣教育〉，刊於王智新等編，《批判植民地教育史認識》（東京：社會評論社，2000），頁 164-176；金城正篤等著，《沖繩縣の百年》（東京：山川出版社，2005），頁 105-128。

爲中心的國體和統合國民意識形態。山本信良、今野敏彦合著《大正昭和教育之天皇制意識形態——[I] 學校行事之宗教性格》一書，詳細探討 20 世紀前半葉日本教育之思想意識是，通過地方政府迎送皇室，培養官民的忠君愛國精神。又吉盛清〈沖繩、臺灣所見天皇與皇族——皇太子「行啓」與皇族「御成」〉一文，主張皇室出訪新領地的目的，主要是爲彰顯其關懷新附民之仁德，及地方官宣揚其同化新附民之政績。❷

本文鑑於日本同化新領地政策和皇室與官民相互認識之異同，較少受到學界關注，爲彌補過去研究之不足，擬以日本皇室成員視察新領地爲範疇，通過裕仁皇太子出訪沖繩、臺灣之分析，比較沖、臺兩地在日本統治中的地位。

二、帝國的新領地——沖繩與臺灣

1372 年（洪武五年），明太祖遣使楊載前往琉球通告入貢，到 1879 年爲止的五百餘年間，中、琉兩國建立了冊封與朝貢的宗藩關係。琉球王國利用明朝對內實施「海禁令」，對外獎勵朝貢貿易之外交政策，以那霸爲據點，北往朝鮮、日本，西通中國，南到東南亞，活躍地進行東亞轉運貿易活動。（見圖 1-1）迨至 1609 年（明萬曆三

---

❷ 若林正丈，〈1923 年東宮臺灣行啓と「內地延長主義」〉，收入大江志乃夫等編，《近代日本と植民地 2》（東京：岩波書店，1995），頁 87-119；原武史，《可視化された帝國——近代日本の行幸啓》（東京：みすず書房，2001），頁 294-309；朴晉雨，〈天皇巡幸からみた天皇崇拝と民衆——福島縣郡山地域を中心とぎー——[I] して〉，刊於羽賀祥二編，《幕末維新の文化》（東京：吉川弘文館，2001），頁 321-355；山本信良、今野敏，《大正　昭和教育の天皇制イデオロギー——[I] 學校行事の宗教的性格》（東京：新泉社，1986），頁 114-131；又吉盛清，〈沖繩・臺灣に見る天皇と皇族（上、下）——皇太子「行啓」と皇族「御成」〉，收入國吉永啓編，《新沖繩文學》，第 88 號（1991 年 6 月），頁 194-203；同，第 89 號（1991 年 9 月），頁 158-168。

十七年、日本慶長十四年）薩摩（今鹿兒島縣）藩主島津家久征服琉球後，爲了強徵琉球貿易之利，便令琉球臣服於薩摩藩。琉球一國兩屬狀態，隨著 19 世紀西方列強在亞洲爭奪殖民地，清朝衰弱，日本崛起，很快的，陷入孤立無援的亡國境地。❸

（一）「臺灣事件」與日本併吞琉球

　　明治天皇自 1868 年登基以來，除實行「殖產興業」、「文明開化」、「富國強兵」三大政策外，還著手處理分屬清朝與日本管轄的琉球問題。1871 年 11 月，琉球人搭乘由那霸返回宮古島的納貢運輸船，途中遭遇颶風，結果 3 人溺斃，66 人漂流到臺灣東南部的八瑤灣（今屏東縣滿州鄉）。漂流民中，不幸有 54 名被原住民（排灣族）殺害，其餘 12 名獲救，經由鳳山縣官府護送福州搭船返回琉球。琉球人漂到臺灣遇害事件，日本稱爲「臺灣事件」，成爲明治政府解決琉球問題的重要契機。❹（見圖 1-2）

　　1872 年明治政府將琉球王尚泰編入華族，賜贈新貨幣 3 萬日圓和東京官邸，並將琉球對外簽署條約移交外務省管理，向國際昭告日本對琉球的統治權後，❺ 即以「臺灣事件」爲藉口，向清朝興師問罪。清朝不察日本意圖，答稱臺灣「蕃地」係屬政教不及之化外之地，遂

---

❸ 赤嶺守，《琉球王國》（東京：講談社，2004），頁 34-35、50-52、90-91；西里喜行，《清末中琉日關係史の研究》（京都：京都大學學術出版會，2005），頁 102-246、412-528。

❹ 臺灣事件，清朝稱為「牡丹社事件」。詳參藤井志津枝，《日本軍國主義的原型──剖析 1871-1874 年臺灣事件》（臺北：著者發行，三民書局總經銷，1983）；又吉盛清，《日本植民地下の臺灣と沖繩》（沖繩：沖繩あき書房，1990)，頁 313-317；林修澈，〈原住民重大事件：牡丹社事件〉，行政院原住民族委員會委託計畫，2003，頁 1-81。

❺ 比嘉春潮，《新稿沖繩の歷史》（東京：三一書房，1970），頁 372。

予日本製造嚴懲「蕃民」出兵征臺的機會。

1874 年 5 月西鄉從道率領 3,600 名軍隊登陸臺灣，攻佔牡丹社等幾處據點後，9 月經英國公使威妥瑪（Thomas Francis Wade）居中調停，日、清兩國協議訂約。清廷承認：一、日本討伐臺灣爲「保民義舉」；二、清朝支付撫恤銀 10 萬兩；三、日本退兵，其在臺修築道路和房屋等件，留給清朝自用，清朝折價賠款 40 萬兩；四、設法約束「生蕃」，保證日後不再發生殺害外國航客之事。❻

1879 年日本正式廢去琉球王，改設「沖繩縣」。沖繩立縣之後，相對於明治政府於日本本土實施如火如荼的西化政策，反倒以消極的態度施政。換言之，做爲發展經濟基礎的交通政策，自 1879 到 1945 年間東京政府不但沒有在縣內建設一公里的國有鐵道和公車路線，甚至連一公里的一般國道也沒建設。❼制度改革方面，如同表 1-1 所示，沖繩縣各項改革措施都比日本本土其他府縣落後二、三十年。

有關人事任用，日本當局不起用沖繩人不只是廢藩之後的幾年而已，直到昭和年代依然如此。進一步說，縣長、廳長、官員、警察及陸續新開的中、小學校長和教員、熊本鎮臺分遣隊（設於首里城）的士官和兵卒，全都聘用來自日本本土的「大和人」，沖繩人除擔任縣廳幾個顧問外，社會上重要職位都被日本人佔據，只有少數人任職最基層的公務、教育機構。

經濟方面，沖繩縣農業人口約占總人口的 78%，大多數爲佃農，

❻ 藤井志津枝，《日本軍國主義的原型——剖析 1871-1874 年臺灣事件》，頁 56、115、124、151-153、200、204-205。

❼ 上江洲智克，《天皇制下の沖繩》（東京：三一書房，1996），頁 155。1914 至 1923 年，沖繩縣政府爲輸送砂糖原料，發展製糖業，雖然開通那霸至與那原、那霸至嘉手納、那霸至糸滿等三條路線的輕便鐵路，但都使用小型車輛和狹窄軌道，不能和日本本土的鐵路相提並論。1945 年輕便鐵路被戰爭破壞後，未予考慮重建。參閱金城正篤等著，《沖繩縣の百年》，頁 132-133。

表 1-1 日本全國府縣與沖繩縣改革制度年度比較表

改革項目	全國府縣施行改革年	沖繩縣施行改革年
實施廢藩置縣	1871 年（明治 4）	1879 年（明治 12）
實施地租改革	1873 年（明治 6）	1899-1902 年（明治 32-36）
實施市町村制	1879 年（明治 12）	1908 年（明治 41）＊
實施府縣制	1879 年（明治 12）	1909 年（明治 42）★
實施衆議院議員選舉法	1890 年（明治 23）	1912 年（明治 45）

備註：符號＊指沖繩縣與日本本土實施相同的一般制度是始自 1921 年。符號★指沖繩縣與
其他府縣實施相同的一般制度是始自 1920 年。
資料來源：比嘉春潮，《新稿沖繩の歷史》，頁 460-461。

農民以借債方式自製砂糖，然後連本帶利，保證以低於批發市場的價
格賣給債主。砂糖是沖繩縣重要輸出品，其中，黑糖產額約占六、七
成。由於製糖資本和商業資本被鹿兒島商人與大阪商人壟斷，以及產
業資源缺乏，致使許多縣民為了生存，不得不離鄉背井，遠渡海外謀
生。❽

　　沖繩縣歷史地理、語言風俗與日本本土不同，廢藩設縣後，縣府
認為急遽的改革會動搖人心，造成社會不安，所以僅對舊支配階級採
取安撫和壓抑，實施保存舊慣的消極統治主義。沖繩縣人口最多的農
民，受到土地、租稅、地方行政三種舊慣制度的束縛，十分期待新政
府大力改革，改善其生活困境，但縣府持續保留舊制，毫無推動當地
近代化的意願。❾

　　儘管如此，教育方面從置縣之初就一直積極的推展著。縣府實施
教育政策的重點是，否定鄉土文化，視傳統為野蠻，只求快速推行日

---

❽ 比嘉春潮，《新稿沖繩の歷史》，頁 458-459；金城正篤等著，《沖繩縣の百年》，
　頁 130-131、135-136。
❾ 比嘉春潮，《新稿沖繩の歷史》，頁 460；上江洲智克，《天皇制下の沖繩》，頁
　112-113。

本化，把「琉球人」變成皇國的忠誠臣民。縣府注重初等教育，輕視中、高等教育，普及日本語教育的手腕是，強迫每個村莊分配就學人數，結果初等教育就學率：1880 年 2％、1887 年 6.78％、1897 年 36.79％、1907 年 92.81％、1920 年 96.37％、1930 年 98.56％，幾乎與日本本土不分軒輊。❿

值得關注的是，自 1886 年內務大臣山縣有朋出訪沖繩以來，1887 年 2 月文部大臣森有禮、11 月總理大臣伊藤博文、陸軍大臣大山巖、海軍大臣西鄉從道等高官相繼訪沖。1887 年 12 月沖繩在其他縣之前搶先分送給各小學御眞影（天皇、皇后肖像）。軍政要員親臨沖繩的目的，不用說，一是要確定沖繩的軍事地位；二是要落實沖繩人對天皇制國家奉公及犧牲的初等教育政策。⓫ 與此對照，日本官員如何將天皇制國家主義置入臺灣？頗須做一探討。

（二）「甲午戰爭」與日本帝國支配臺灣

1868 年明治政府剛成立不久，就仿效西方列強對外擴張勢力之模式，伺機掠奪鄰國朝鮮。1875 年日本派遣雲揚號軍艦闖入釜山測量水域，翌年便強迫朝鮮簽約，宣示朝鮮爲自主之邦，否定清朝、朝鮮之間的宗屬關係。1882 年朝鮮內部發生政爭，日本趁機逼迫親清派的閔妃政權訂立條約，獲得賠款 50 萬日圓和駐軍權，從而壯大了干涉朝鮮內政，和清廷競爭主控朝鮮命運之勢力。1884 年朝鮮宣布建立開化黨政府，頒行各項改革方針，並廢除爲清朝之屬邦，此後約計十年日本不斷的擴充軍備，制定了奪取朝鮮→佔據臺灣→進軍中國的

---

❿ 比嘉春潮，《新稿沖繩の歷史》，頁 461；上江洲智克，《天皇制下の沖繩》，頁 135。

⓫ 上江洲智克，《天皇制下の沖繩》，頁 136。

大陸政策。❷

　　1894（甲午）年朝鮮爆發東學黨農民事件，清、日兩國派兵前往鎮壓，日軍佔領朝鮮王宮，樹立親日傀儡政權，並逐出駐守牙山的清軍。8月1日日本向清廷宣戰，聲稱戰爭目的是爲改革朝鮮內政，維持治安和確保朝鮮獨立。1895年1月日軍進逼山東半島，佔領威海衛，3月清廷派遣李鴻章前往日本議和，4月17日雙方簽訂馬關（下關）條約，清廷同意：割讓遼東半島與臺澎群島、賠款2億兩庫平銀、對日增開港口及航運線、日本人得在通商口岸設立工廠、日本產品運銷內陸僅按進口貨納稅免繳內地稅、承認朝鮮獨立等約定。❸

　　1895年臺灣成爲日本殖民地後，日本政府授權臺灣總督得在臺灣制定具有帝國議會法律同等效力的法令，集立法、行政、司法大權於一身，實施一人獨裁的專制統治。❹

　　臺灣總督府在財政預算上，偏重公共建設，教育預算不僅編列的少，而且分給日本人讀的醫學校、小學校較多，分給臺灣人讀的公學校極少。❺ 有關小、公學校教科書，以介紹明治天皇的課文爲例，小學校用的教科書是記述明治天皇的治國理念：「廣興會議，國事取決於公論；上下一心，盛行經綸；官員、將兵、庶民各遂其志，要使人心不倦；破除陋習，奠立世間公道；求知識於世界，大振皇基」等五條誓詞。公學校用的教科書僅僅介紹明治天皇對臺灣人的關心而

❷ 湯重南等編，《日本帝國的興亡》上卷（北京：世界知識出版社，1996），頁384-406。

❸ 湯重南等編，《日本帝國的興亡》上卷，頁415-421、425-426、433-451。

❹ 王泰升，《臺灣法律史的建立》（臺北：著者發行，1997），頁106-116。

❺ E. Patricia Tsurumi 著、林正芳譯，《日治時期臺灣教育史》（宜蘭：仰山文教基金會，1999），頁35。

已。**⑯**

臺灣人認為要改變臺灣人身分，讓子女和日本兒童在小學校一同學習，是同化小孩甚至家族擠進日本社會，成為日本國民的最佳途徑。然而，殖民當局為確立日、臺人之間的等級序列關係，卻是以種族隔離的差別教育建立社會規範，維持日、臺人上下不同的社會身分。

原住民方面，臺灣總督府自 1915 年完成討「蕃」，對「蕃地」解除武裝後，便改用綏撫方針，其中，推廣日語教育是其同化政策的核心。據此，原住民初等教育就學率 1929 年已經高達 50%。同年，漢族男童的就學率 45.63%、漢族女童的就學率 14.66%。**⑰**

1920 年臺灣總督府實施改革地方制度，一方面讓警察事務與基層行政業務分離，另一方面，讓警察掌管言論、出版、集會、結社等職權，加強控制臺灣人的日常生活與作息。1937 至 1945 年日本發動侵華戰爭、太平洋戰爭時期，警察不僅是統制物資、徵調兵源的執行者，也是灌輸臺灣人拜神社、改姓名、效忠天皇，發揚「同化」、「皇民化」精神教育的主力軍。**⑱**

臺灣人在教育、社會、經濟資源分配上，處處受到殖民政府的差別待遇，政治升遷尤其明顯。如，1938 年全臺高等文官 375 名裡，臺灣人 7 名，只占高等文官總數的 1.8%。1943 年高等官員 1,444 名

---

⑯ 許佩賢，〈殖民地臺灣的近代學校〉，收入若林正丈、吳密察主編，《跨界的臺灣史研究——與東亞史的交錯》（臺北：播種者文化有限公司，2004），頁 185。五條誓詞的原文，參見笠原一男著，《詳說日本史研究》（東京：山川出版社，1983 版），頁 323。

⑰ 藤井志津枝，〈日據時期「理蕃」政策〉，李國祁總纂，《臺灣近代史——政治篇》（南投：臺灣省文獻委員會，1995），頁 319-322；游鑑明，《日據時期臺灣的女子教育》（臺北：國立臺灣師範大學歷史研究所，1988），頁 286。

⑱ 尹章義、陳宗仁編著，《臺灣發展史》，頁 169-179。

中，臺灣人不到 30 名。1945 年敕任官 161 名之中，臺灣人僅占 1 名。奏任官 2,102 名之中，臺灣人 29 名，只占奏任官總數的 0.7%，且多擔任約雇或階級較低的職位。**⑲**

臺灣農業資源豐富，勞動力充足，工資低廉且無罷工習俗。臺灣總督府為使臺灣成為日本本土的原料供給地，日本加工製造品的消費地，及其過剩人口、剩餘資本的容納地，是以發行公債集資，強迫臺灣人「獻工」、「獻地」、「捐款」等方式，展開公共基礎建設（infrastructure），啟動土地林野調查、幣制改革，及開辦金融、度量衡、交通運輸等系統性的近代化事業。**⑳**

從長期觀察，臺灣輸出日本的多屬種類單純的農產品，反之，日本輸入臺灣的則為各式各樣的工業品。又，臺灣總督府禁止日本人吸鴉片，卻容許臺灣人吸食，並將鴉片、樟腦、食鹽、酒、石油等專賣品之生產經銷權，分別交給日系財閥企業及支持殖民政府的商人，使其結合商業、產業、金融資本，累積雄厚的資本力量，掌握臺灣經濟命脈。要言之，臺灣總督府在臺推行近代化的目的，主要是讓日本人利用臺灣人力、物力資源，投資壟斷性的事業獲取厚利，並非改善一般臺灣人的經濟生活。**㉑**

---

⑲ 1938 年的文官名單，因有若干官職為一人兼任二、三職，故有重複計算者。參見臺灣經世新報社編，《臺灣大年表》（昭和 13 年初版，東京：綠蔭書房，1992 復刻版），頁 277-279。1943、1945 年的統計，見黃昭堂，《臺灣總督府》（東京：教育社，1991），頁 252-254；尹章義、陳宗仁編著，《臺灣發展史》，頁 186。

⑳ 周憲文編著，《臺灣經濟史》（臺北：臺灣開明書店，1980），頁 406-407、451；陳正茂編著，《臺灣經濟發展史》，頁 116。

㉑ 朱德蘭，《臺灣慰安婦》（臺北：五南圖書出版股份有限公司，2010 初版二刷），頁 15-21；周憲文編著，《臺灣經濟史》，頁 545-546、592~593；張宗漢，《光復前臺灣之工業化》（臺北：聯經出版事業公司，1980），頁 211-212。

三、日本皇室視察沖繩

1868 年明治天皇登基，爲表示他是「現人神」（活著的神），已經取得至高無上的權力，和要向地方傳達他已統治國家大業的訊息，故從 1872 年起到 1879 年爲止，每年展開六次出巡地方行動，其後天皇和皇族也都通過繁瑣的視察地方禮儀，直接彰顯皇室的權威和貫徹上尊下卑，上下有別的禮治秩序。

在沖繩，設縣後的十餘年，到訪官吏大部分是軍事將領，包括陸軍創始人山縣有朋、陸軍大將大山巖、陸軍中將山路元治、海軍大臣西鄉從道、海軍大尉東鄉平八郎、陸軍大將北白川宮能久親王等。[22]

如表 1-2 所見，1891 至 1940 年的訪沖要員，大部分屬於擁有軍階的北白川宮能久親王、小松宮彰仁親王、閑院宮載仁親王、東宮裕仁（皇太子、昭和天皇）、久邇宮邦彥王、秩父宮雍仁親王（大正天皇的二皇子）、高松宮宣仁親王（大正天皇的三皇子）、伏見宮博恭王、竹田宮恒德王。[23] 這些皇族有很顯赫的履歷，如：閑院宮載仁親王不但有元帥陸軍大將大勳位的榮譽，擔任軍事參議官的軍職，還兼任帝國在鄉軍人會總裁、大日本蠶絲會總裁、日本赤十字社總裁、恩賜財團濟生會總裁、財團法人偕行社總裁、日本‧法國協會總裁、東京地學協會總裁、東京俱樂部名譽總裁、恩賜財團慶福會總裁、皇典講究所總裁、孝明天皇奉祀奉贊會總裁等要職。

伏見宮博恭王也有元帥海軍大將大勳位的榮譽，擔任軍事參議官的軍職，並兼任帝國水難救濟會總裁、日本海員掖濟會總裁、水交社總裁、大日本水產會總裁、日本產業協會總裁、義勇財團海防義會總

---

[22] 大田昌秀，《檢證昭和の沖繩》（沖繩：那霸出版社，1990），頁 245-250。

[23] 又吉盛清，〈沖繩‧臺灣に見る天皇と皇族（上）——皇太子「行啟」と皇族「御成」〉，頁 198-199。

表 1-2　日本皇室及其代表視察沖繩年表　　　　　　　　　　　單位：日圓

年月	皇室及其代表	摘要
M24.6 （1891）	侍從子爵北條氏恭君	以天皇敕使身分視察民情、教育、軍事情況。
M26.6 （1893）	第六師團長北白川宮能久親王	視察軍事、民情、教育情況。
M28.5 （1895）	近衛師團長北白川宮能久親王	為統治臺灣而出訪沖繩，在中城灣諭示施政方針。
M30.11 （1897）	陸軍大將小松宮彰仁親王	出席沖繩赤十字支部總會、視察各地。
M34.5 （1901）	侍從子爵北條氏恭君	視察沖繩本島、宮古島、八重山島之民情、教育、軍事情況。代表天皇、皇后捐款 2,500 圓救災。
M34.11 （1901）	北白川宮能久親王妃富子	在臺灣神社舉行祭神鎮座典禮，歸程順道視察民情、教育情況。
M38.2 （1905）	侍從子爵北條氏恭君	代表天皇、皇后捐款 2,500 圓救災。
M43.5 （1910）	上田侍從武官	第六師團佐藤參謀長、視察教育、軍事情況。
M43.12 （1910）	陸軍中將閑院宮載仁親王、同妃智惠子	參加沖繩赤十字及愛國婦人會總會、視察民情、教育、軍事情況。
T10.3 （1921）	東宮裕仁（皇太子、昭和天皇）	視察民情、教育、軍事情況。
T11.1 （1922）	久邇宮邦彥王、華頂宮博忠王	視察民情、教育、軍事情況。
T14.5 （1925）	秩父宮雍仁親王	訪問歐洲途中，順道視察沖繩民情、教育、軍事情況後，前往臺灣。
T15.3 （1926）	高松宮宣仁親王	視察民情、教育、軍事情況。
S9.10 （1934）	伏見宮博恭王	視察民情、教育、軍事情況。
S15.2 （1940）	竹田宮恒德王、秩父宮雍仁親王	視察華南戰線，順道巡視沖繩。
S15.3 （1940）	竹田宮恒德王	視察華南戰線歸途，順道巡視沖繩。

備註：M＝明治、T＝大正、S＝昭和。
資料來源：據又吉盛清，〈沖繩・臺灣に見る天皇と皇族（上）──皇太子「行啓」と皇族「御成」〉，《新沖繩文學》，第 89 號，頁 198-199 製作。

裁、社團法人癌研究會總裁、財團法人理化學研究所總裁、日本德國協會總裁、財團法人斯文會總裁、海軍協會總裁等要職。❷

　　有關皇室出訪沖繩實況，依照慣例皇室搭乘軍艦直達那霸港，沖繩縣知事、縣會議長、有爵者等達官貴人在港口恭候。經由縣當局安排，縣內恭迎皇室座車的道路兩旁，有官員、議員、各級學校和醫生教習所的教職員、學生及家長、奉迎委員等盛大的歡迎隊伍。市區幹道上，懸掛著許多燈籠、鮮花和國旗。皇室座車一駛入市區，穿著校服的師範生率先以佩帶的劍銃行最敬禮，喇叭手吹奏日本國歌〈君が代〉（君之代），奉迎官民大聲合唱〈君之代〉，再一起高喊三聲「殿下萬歲」表示歡迎。

　　接著，皇室在儉德館舉行謁見典禮，依序接受琉球王族（尚氏）、縣政府高官、師範學校、中學校、醫生教習所等教職員、學生拜謁。皇室人員在返回休憩所途中，恭迎者再度吹奏日本國歌，各校動員學生、家長參加提燈遊行，藉以增添全縣同樂的歡喜氣氛。大體而言，皇室視察沖繩活動多從學校開始，學校師生、職員等待皇室抵達學校，即整裝出列，在喇叭手吹奏國歌後，高喊三聲「萬歲」。

　　皇室訪問沖繩，主要視察對象是和皇室有密切關係的軍事團體，包括：退伍軍人組織「帝國在鄉軍人會」、普及軍事知識與救助軍人組織「陸軍偕行社」與「海軍協會」、救護醫療傷患組織「赤十字社」、照顧軍眷和其遺族之組織「愛國婦人會」等。❷

　　皇室也參加紀念甲午戰爭（1894-1895）、日俄戰爭（1904-1905）亡魂的「招魂祭」，通常在賞賜遺族金錢、物品後，即召見沖繩縣警

---

❷《陸海軍軍事年鑑6》（昭和17年初版，東京：日本圖書センター，1989復刻版），頁4-5。

❷《陸海軍軍事年鑑6》，頁2-10；《陸海軍軍事年鑑7》（昭和18年初版，東京：日本圖書センター，1989復刻版），頁972-978。

備隊區司令官，詢問軍事狀況，並賞賜書法以示慰勉之意。從整體來說，皇室每次視察沖繩都來去匆匆，爲此，縣府大多集中安排參訪學校、軍事基地、首里城、琉球王居所、神社等帶有政治、教育意義的地方，每處行程都安排的相當緊湊。❷❻ 由於新領地沖繩被定位在「軍事前哨站」的國防位置，所以皇室的巡視活動主要是向官民強調，官民要效忠的國家是以天皇爲中心的國體。❷❼（見圖 1-3、1-4、1-5）

四、日本皇室視察臺灣

臺灣在 1895 年劃歸日本版圖後，臺灣總督府爲使島民知道皇室是他們要盡忠的對象，因此時常安排皇室視察臺灣，好讓官民明白最高統帥是誰，和其應當遵守的君臣關係。

如表 1-3（見附錄）所示，從治臺之初迄 1941 年太平洋戰爭爆發爲止，皇室對於臺灣發生天災、癩病（痲瘋病）及慈善事業、教化團體頗表關切。根據統計，皇室捐款項目與金額分別爲：救災類 910,200 日圓、教育類 4752,600 日圓、社會公益及醫療類 388,200 日圓，總計 6,359,000 日圓；視察次數不下 51 次。相形之下，訪問沖繩只有 16 次。

皇室出訪臺灣的目的有：一、軍事目的。包括：慰問參加討伐抗日活動的日本官兵、視察駐軍和特種演習；二、祭祀目的。此指奉納亡靈供品、參拜神社；三、社會教化目的。包括：頒賜天皇肖像以供官民敬拜、傳達聖旨、贊助慈善與教化團體、表揚有功者、捐助醫療事業、捐贈學術獎勵金等；四、考察官員治理成績。如：視察災區重

❷❻ 又吉盛清，〈沖繩・臺灣に見る天皇と皇族（上）──皇太子「行啟」と皇族「御成」〉，頁 160-161、200-202。
❷❼ 大田昌秀，《檢證昭和の沖繩》，頁 245。

建、巡視政府機構及公私營工廠。

大體而言，皇室進行軍事性的視察活動，主要是在日治前期（1895-1911）和九一八事變之後；一般性的訪問活動集中於 1912 至 1930 年間。（見圖 1-6）

臺灣官民迎送皇室，每次都有嚴謹的籌備作業和有莊嚴、盛大的奉迎恭送儀式。舉例言之，裕仁皇太子訪臺，緣起於 1922 年東京府在上野公園舉辦平和紀念博覽會，臺灣館的展覽吸引了皇太子到場參觀。當時田健治郎擔任臺灣總督，即趁在館接待皇太子的機會，當面邀請皇太子撥冗訪問臺灣。[28]

田總督表示皇太子如能駕臨臺灣，不只是臺灣官民無上的光榮，可使聖德照耀臺灣，而且還可讓島民拜見天顏，直接感受皇恩的浩大。為了促成此事，田總督多次進出宮廷，和宮內次官關屋貞三郎磋商日程，並拜訪宮內省大臣牧野伸顯、東宮大夫珍田捨巳、首相加藤友三郎等高官政要，懇請他們鼎力支持。[29]

1923 年 1 月田總督獲知皇太子預定 4 月訪臺信息後，即在官邸召見總督府官員及各部會首長、州知事，指示他們籌備奉迎事項：

一、官民須以誠意奉迎，切莫浮華輕佻，要以肅靜確實的態度表達真誠。

二、根據皇太子訪問北海道及四國等地的經驗，殿下對於各項事物經常研究，興趣濃厚，每每無暇休憩，為恐引起過勞，故在訂定日程時，要留下若干餘裕，以免有負擔過重之憾。

---

[28] 田健治郎傳記編纂會著（代表者內田嘉吉），《田健治郎傳記》（東京：大空社，1988），頁 485。

[29] 田健治郎傳記編纂會著，《田健治郎傳記》，頁 494-495。

三、關於警備要注意周密，避免顯現外表上的威嚴，要對奉迎官民態度溫和，切莫對官民有不敬的態度。（原文為日文，作者中譯，以下同。）

田總督特別挑選他最信賴的竹內友治郎出任臺灣警務局長。竹內辭去朝鮮遞信局長一職來臺就任，與田總督晤談 4 小時後，大致掌握了臺灣社會文化、警政沿革和「理蕃」政策。約與此同期，臺灣總務長官賀來佐賀太郎也親自巡視各州，指示各機構要訂立妥善的奉迎計劃，尤其要注意衛生、消除惡疫和清潔市街問題。❸⓪

　　表 1-4 所示，1923 年 4 月 16 至 26 日皇太子訪臺期間，視察地從北到南，遍及西臺灣各大城市和離島澎湖。裕仁皇太子訪臺第一站是參拜臺灣神社，其他依序是：臺灣總督府、總督府統轄機構、軍事單位、大型工場、孔子廟、博物館、武德殿。有關殖民地官民迎接情形，如，專賣局安平鹽田場恭迎程序：

一、皇太子蒞臨安平鹽田時，由賀來佐賀太郎總務長官向皇太子說明巡視路線。
二、皇太子蒞臨專賣局後，由池田幸甚專賣局長向皇太子報告業務概況、介紹便殿（休憩所）、陳列室，及說明製腦（樟腦）場、阿片（鴉片）場生產狀況。
三、專賣局所屬職員、工人發表恭迎感想。
四、皇太子參觀專賣局出產品。
五、專賣局贈呈皇太子、伏見宮殿下禮物，及贈送皇室香水、樟

---

❸⓪ 田健治郎傳記編纂會著，《田健治郎傳記》，頁 495-497。

表 1-4　1923 年 4 月裕仁皇太子訪臺日程

日期	時間	目的地	住宿地
16 日	14：30-15：25	在居所接受官員拜謁	臺北
17 日	9：20- 9：30	臺灣神社	臺北
	11：05-13：00	臺灣總督府	
	13：20-15：15	臺灣產品展覽會第一、二、三號館	
	15：20-16：35	中央研究所農業部 臺灣產品展覽會第四號館	
18 日	9：05-10：15	中央研究所	臺北
	10：20-10：55	臺北師範學校、臺北師範學校附屬小學校	
	11：10-11：30	臺北市太平公學校	
	11：15-13：00	軍司令部	
	13：05-13：15	高等法院	
	13：20-14：30	教育展覽會（臺北第一中學校）	
	14：37-15：02	醫學專門學校	
19 日	10：40-11：00	在新竹州廳接受官員拜謁	臺中
	11：05-11：25	新竹尋常高等小學校	
	14：50-15：10	臺中州、廳，接受官員拜謁	
	15：15-15：35	臺中第一尋常高等小學校	
	15：45-16：00	臺中大屯大隊	
	16：05-16：10	臺中水道水源地	
	16：15-16：25	臺中第一中學校	
20 日	13：20-13：40	在臺南州、廳接受官員拜謁	臺南
	13：47-14：05	北白川宮御遺跡所	
	14：08-14：23	臺南市南門尋常小學校	
	14：30-14：50	孔子廟	
	14：55-15：23	臺南師範學校	
	15：38-15：53	臺南第一中學校	
21 日	9：35-10：05	臺灣製鹽會社鹽田	高雄
	10：50-11：15	鹹水養殖試驗場	
	11：35-12：15	步兵第二聯隊	
	14：05-14：25	高雄州廳	
	14：30-14：45	高雄第一尋常高等小學校	
	14：50-15：50	高雄港內	
22 日	10：40-12：00	臺灣製糖會社阿緱工場	屏東
23 日	15：00	馬公要港部	馬公

	9：25-10：00	基隆港	
24日	10：10-10：40	基隆重砲兵大隊	臺北
	13：05-14：00	博物館	
	14：15-16：05	全島學校聯合運動會	
26日	9：05-9：50	步兵第一聯隊	
	9：55-11：20	專賣局	
	13：03-1：18	臺北第一高等女學校	
	13：22-14：17	武德殿	
	14：30-14：50	臺北第三高等女學校	
	15：10-16：10	臺灣體育協會陸上競技大會	
	＊	抵達車站	
	＊	離開車站賦歸	

備註：小學校指日本人讀的小學，公學校指臺灣人讀的小學。＊為資料缺載。
資料來源：據〈臺灣總督府專賣局公文類纂〉，第 2453 號，〈皇太子殿下奉迎委員會規
　　程〉，1923 年製作。

　　腦、煙草等物。**❸**

　　專賣局為表達恭迎盛情，除舉辦員工提燈遊行外，並招待來自全國各
地的採訪記者與致贈禮物。專賣局長恭送皇太子離去後，於本局、安
平鹽田場設宴擺席，慰勞辛苦接待皇太子的全體員工。據專賣局統
計，不包括該局生產的贈品、臺灣製糖株式會社及臺灣製鹽株式會社
所提供的補助費與交通工具在內，單單是接待皇太子費用，就已支出
38,000 日圓，遠遠超過內務省限制地方政府接待皇室經費 2,500 至
3,000 日圓的規定。**❷**

　　表 1-5 為臺灣總督府恭請皇太子觀賞的餘興節目，這些節目頗富

---

❸〈臺灣總督府專賣局公文類纂〉，第 2519 號，〈皇太子殿下奉迎委員會規程〉，
　　1923 年。(南投：國史館臺灣文獻館典藏)
❷〈東宮奉迎費制限〉，《臺灣日日新報》，1909 年 7 月 10 日，版 1；〈臺灣總督府
　　專賣局公文類纂〉，第 2519 號，〈皇太子殿下奉迎委員會規程〉，1923 年。

殖民地色彩，包括：

1、清樂（4月17日午後4時50分起表演25分鐘）

　　清樂是指清代福建文人為了自娛娛人，以拍板、琵琶、洞簫、長笛、二弦、三弦、胡琴、大鼓、小鼓、片鼓等樂器，合奏〈三國志〉、〈水滸傳〉、〈茉莉花〉、〈九連環〉等民間通俗的樂曲。❸❸臺灣受到福建地方習俗的影響，也流行此風。4月17日為皇太子表演清樂的臺灣人有：阮順水、李啓芳、王增元、白一愚、陳朝駿、林子修、黃送來、黃韞山、陳品記等十名士紳，他們合奏的曲目「百鳥歸巢」源自泉州，樂曲意思是歌頌聖德廣被，令臣民誠服，官民愉悅之情如同百鳥歸巢般的歡喜。❸❹

2、「蕃人」舞蹈（4月18日下午4時起表演20分鐘）

　　此為阿美族男子29名、女子21名在皇太子居所演出的團體舞。男舞群向守護五穀的神明表達感謝和祈禱明年豐收，女舞群感激皇太子慈悲，使其能安享平靜的生活。❸❺

3、臺灣漢族武技「宋江陣」（4月20日下午3時40分起表演20分鐘）

　　宋江陣出自宋徽宗時期《水滸傳》的故事，乃民間人士歌頌宋江反抗腐敗的朝廷，聚集108名豪傑在梁山泊（今山東省壽張縣東南）仗義行俠的事蹟，漸漸的，此一武技演變成地方寺廟活動中的助興節目。宋江陣在皇太子居所表演，當晚官民另在臺南舉辦50分鐘的遊行活動，其中屬於本土化的民俗節目有：

　　1、專門向城隍爺揭發人間壞事，懲惡揚善，導正風俗的七爺、

---

❸❸ 王耀華，《福建傳統音樂》（福州：福建人民出版社，2000），頁72-73、78、81。

❸❹〈臺灣總督府專賣局公文類纂〉，第2453號，〈皇太子殿下奉迎委員會規程〉。

❸❺〈臺灣總督府專賣局公文類纂〉，第2453號，〈皇太子殿下奉迎委員會規程〉。

表 1-5　1923 年 4 月臺灣官民安排裕仁皇太子觀賞節目

日期	時間	表演項目	表演地點	參加者、表演者
16日	19：30	提燈遊行	臺北皇太子居所附近	市民、男學生共計 21,600 名
17日	12：40	舉旗遊行	各學校	女學生、小公學校兒童共計 8,600 名
17日	16：50-17：15	演奏清樂（福建地方樂曲）	臺北皇太子居所	臺灣人士紳 10 名
18日	16：00-16：20	蕃人（原住民）舞蹈	臺北皇太子居所	阿美族男、女 50 名
18日	19：30-21：00	放映活動寫真（介紹臺灣影片）	臺北皇太子居所	
19日	10：54	壯丁團分列式	新竹州、廳庭院	新竹州最優良壯丁團員 408 名
19日	11：18	國語演習會		臺灣人 4 名（國語演習會會員）
19日	19：15	提燈遊行、舞龍	臺中市街	市民、男學童 10,000 名
19日	19：30	施放煙火	臺中皇太子居所	
20日	15：40-16：00	臺灣武技宋江陣	臺南皇太子居所庭院	
20日	17：30-20：20	臺灣民俗表演（七爺八爺、北管、詩意閣、南管、雅樂十三腔、舞龍）	臺南市街	
20日	19：30-21：00	提燈遊行	臺南市街	市民、男學童約 9,700 名
21日	14：50	撒網實況	高雄港	
21日		划龍舟競賽	高雄港	36 名
21日	19：00	提燈遊行及火炬遊行		提燈遊行：學生、兒童 650 名；火炬遊行：9,300 餘名
21日	19：00	施放煙火	高雄縣南部空地	
22日	10：00-13：00	奉迎藝旗集團	屏東（車內參觀）	附近街民、小公學校兒童 6,300 餘名
22日		牛車通行（表演）		
23日		龍骨車汲水（表演）		
23日		使用水車實況		
23日	19：00	舢舨、竹筏點火排列	高雄港	
23日		恭迎（萬歲）船		
23日		施放煙火		
24日	19：30-21：00	放映活動寫真（影片）	臺北皇太子居所	
25日	9：00	臺灣民俗遊行（神龍獻瑞、北管、南管、十音、神將列隊、詩意閣）	臺北州、廳附近	
25日	上午	放養鴨群實況	臺北州士林庄（車內參觀）	
26日	19：30	施放煙火	臺北皇太子居所、臺北公園、臺北州、廳後方	

備註：空白欄為資料缺載。

資料來源：據〈臺灣總督府專賣局公文類纂〉，第 2453 號，〈皇太子殿下奉迎委員會規程〉，1923 年製作。

八爺遊行。（原文寫成八爺九爺）

2、北管奏樂助興。演奏者以鼓、鈸、拍板、琴、笛等臺灣樂器，演奏歷代名人故事譜寫的樂曲。

3、出列十臺座車詩意閣。詩意閣肇始於泉州、漳州，是美貌少女坐在以綢帛、人造花草裝飾，木板製成的花車上，參加遊行助興的活動。其他歡迎節目還有施放煙火、舞龍舞獅、龍舟競渡、提燈遊行。❸❻

其實，田健治郎就任臺灣總督不到一年，已以「土皇帝」之尊，視察過全臺灣各地。有關田總督對殖民地土著文化的觀察，其漢文日記寫道：

> 大正九年（1920）四月二十一日……，接見蕃人百數十人，內四十餘人蕃婦也。訓諭數言，下與惠與品，頭目一人述謝辭。此地蕃人，分內外垂子蕃，屬鯛遣族（泰雅族），通男女黥前額，與角板山所見相同，性頗勇猛，其服裝姿體甚粗野，未免為原始人也。❸❼（依照原文，以下同。）

> 大正九年四月二十六日，紅頭嶼（今蘭嶼）……其蠻族稱彌美族（雅美族），屬馬來種，臺灣諸蕃中屬最蒙昧未開。裸跣穴居，全如原始人，僅作水芋，為漁業，維持性命耳。人口約千五百，漸有減滅之狀云。男作土燒人形等，又造船如西洋形，作槍及蠻刀，刀兩刃而不與本島蕃刀同，出入必帶之。其頭目冠銀兜如

---

❸❻〈臺灣總督府專賣局公文類纂〉，第2453號，〈皇太子殿下奉迎委員會規程〉。

❸❼吳文星、廣瀨順皓、黃紹恆、鍾淑敏、邱純惠等主編，《臺灣總督田健治郎日記》上冊（臺北：中央研究院臺灣史研究所籌備處，2001），頁269。

笠，其下流冠藤製又木製物，其無知蒙昧之狀，在人、猿之間。❸❽

大正九年五月二十日，……臺南市民為表歡迎之意，演奏樂及演技于官邸前庭。始于九時前，終于十時過，其要如左：

一、清樂北管：用各種樂器吹奏，北音也。

一、南管又南詞：同用種種樂器，南音也。

一、藝棚：嫦娥奔月、工師求木、舊式糖廓、黛玉葬玉（花）、鵲橋會等也。

一、雅樂十三音：聖廟祭典等用之。

一、弄龍：所謂龍燈跳舞也。

此催（活動）多係當地紳士等躬自演之者，而從事之者實數百人。蓋當地臺灣最舊都，恰如於內地京都，故昔時之禮樂尚存而可觀者，概在於此地也，亦不失為一偉觀也。❸❾

田健治郎的漢學素養相當深厚，他的日記反映，他所認知的「蕃人」是粗野蒙昧、尚未開化的原始人，漢族傳承了中華傳統文化，民俗技藝頗值得讚嘆。

　　皇太子訪臺期間，由田總督刻意安排裕仁觀賞臺灣本土文化裡，約可窺知殖民政府的「同化政策」並非是要消滅落後的土著文化，讓土著文化變成優越的日本文化，而是要讓臺灣人涵養具有天皇本位的國體思想，統合其政治認同。

---

❸❽ 前引《臺灣總督田健治郎日記》上冊，頁 279。

❸❾ 吳文星、廣瀨順皓、黃紹恆、鍾淑敏、邱純惠等主編，《臺灣總督田健治郎日記》上冊，頁 312-313。

五、沖繩與臺灣的統治價值

近代皇室和皇室代理人與地方社會之間的直接交流活動，是從1876年天皇視察日本東北地區開始，其後官僚為強化其支配力，向民眾彰顯他們和皇室之間有密切的互動關係，不斷的安排皇室巡視各地。

如上所述，皇室視察沖繩與臺灣，除了可以滿足地方官的期待外，皇室每次在進行視察時，地方官都以隆重、繁瑣的迎送、拜謁、參觀等儀式，維護帝國統治日本本土與新領地的共同禮制，而此統治階級自我表現的禮儀規範，不但成為中間指導者教化、說服民眾要做皇室「忠臣良民」的重要教材，此一尊卑分際的表演，也可成為官員規範社會秩序的道德典範。皇室訪察地方，參拜神社和參加陣亡官兵的「招魂祭」尤屬不可缺少的行程。究其原因，不外乎是讓官民相信「結合神道與皇道主義的皇室既神聖又充滿愛心」，其關愛臣民「一視同仁」的心，就是未來統治世界秩序的基本原則。而官員利用龐大的行政資源迎送皇室，將天皇等同國家的意識形態傳播到各個角落之際，也透過隨行記者的擴大宣傳，引起參與奉迎者的注意，和與視察活動無關的一般民眾的關心。❷

值得留意的是，皇室到沖繩的次數不及臺灣多，停留時日不如臺灣長，訪問地點比臺灣少，也未安排觀賞沖繩獨特的鄉土文化節目。

---

❷ 又吉盛清，〈沖繩・臺灣に見る天皇と皇族（上）──皇太子「行啟」と皇族「御成」〉，頁197；同，〈沖繩・台灣に見る天皇と皇族（下）──皇太子「行啟」と皇族「御成」〉，頁168；若林正丈，〈1923年東宮臺灣行啟と「內地延長主義」〉，頁89、94、97-99、100、107-117；朴晉雨，〈天皇巡幸からみた天皇崇拜と民眾──福島県郡山地域を中心として〉，頁321-355；山本信良、今野敏，《大正・昭和教育の天皇制イデオロギー──[I]學校行事の宗教的性格》，頁114-116、123-127；牧原憲夫，〈巡幸と祝祭日──明治初年の天皇と民眾〉，刊載於松尾正人編，《明治維新と文明開化》（東京：吉川弘文館，2004），頁165。

皇室出訪沖、臺活動的差別，不用說，與兩地附加價值不同密不可分。

（一）皇太子訪沖與官民感想

　　日本大正天皇（1912-1926 在位）罹患腦膜炎，體弱病重，由於個性消極，助長了當時洶湧澎湃的民主思潮，政府官員為壓抑分歧繁雜的意識形態，籠絡民心，因此建議裕仁皇太子在出訪歐洲之際，順道訪問沖繩，俾使當地官民留下即將繼承皇位的東宮，未來會像他祖父明治天皇一樣英明睿智、締造國運昌隆，宣揚國威於世界的印象。

　　1921 年，年方 20 歲的裕仁皇太子剛從學習院畢業，在原敬首相的勸說下，決定當年 3 月搭乘御用船「香取艦」和其隨身護衛從橫濱啟程訪歐半年。湊巧「香取艦」艦長漢那憲和大佐是沖繩人（見圖1-7），從而醞釀成皇太子寄港沖繩，轟動全縣奉迎裕仁之一大盛事。❹

　　當沖繩縣政府接獲裕仁皇太子預定訪沖的電報後，縣知事川越壯介立即於公報上布告：

> 東宮殿下赴歐外遊是本國前所未有的一大盛事，在其旅遊行程中
> 蒞臨本縣，真可謂為本縣至高無上的光榮，縣廳將盡善盡美的做
> 好奉迎準備，以盡臣民之道，急遽中展開各項業務，以內務部長
> 出任總務部長，以警察部長擔任警務部長，各部妥善分工，徹夜
> 整頓設備直到凌晨，始漸漸地完成準備恭迎的程序。❹

---

❹ 漢那憲和，1877 年出生於那霸，1896 年從軍，1923 年升任海軍少將。參見高賴朝光編輯，《沖繩縣人事錄》（那霸：沖繩朝日新聞社，1937），頁 114。

❹ 〈沖繩縣公報　東宮殿下行啟御顛末〉，《八重山新報》，1921 年 3 月 21 日，第6 號。

1921 年 3 月 8 日「沖繩縣諭告第一號」特別記載：「大正 10 年 3 月 6 日是沖繩縣民永誌難忘的日子」。縣知事諭告縣民：

> 東宮殿下蒞臨本縣，垂詢縣廳諸般事情和有關教化縣民的實況，此為本縣無比的光榮。縣民必須銘感肺腑，將此榮譽傳誦後裔，當然，今後更應竭盡忠誠，於內奠立皇基，使皇祚千秋萬歲，國運昌隆，於外則愈加壯大國威，彰顯國光於世界，而以誠心正意獻身奉公。[43]（筆者摘譯，見圖 1-8）

有關裕仁皇太子和其隨從登陸沖繩實況，3 月 11 日《八重山新報》報導：

> 身體健康的東宮殿下穿著海軍少佐的服裝，前往那霸、首里，3 日駛出橫濱港的香取艦和侍奉艦鹿島艦以 14 海里的速度航行，6 日早上 8 點左右兩艦以一萬五千噸的雄姿出現在中城灣頭，9 時 20 分在離與那原車站 4 海里的海濱投錨。很快的，川越知事、尚侯爵、土方司令官代理染川中佐、濱田警察部長等人搭船迎接香取艦。東宮殿下穿軍服，戴無邊眼鏡，佩帶菊花勳章，和隨伴閑院大將宮（載仁）殿下、侍奉員：小松宮（依仁，海軍少佐）侯爵、供奉長珍田（珍田捨巳）、東宮侍從長入江（入江為守）、東宮武官長奈良（奈良武次）、艦隊司令官小栗（小栗考三郎），以及香取、鹿島兩艦長、其他供奉員等靜靜地步出棧橋。自棧橋到與那原車站的通道兩側站滿了恭迎者，上午 11 時半，警察部長濱田、縣知事川越（川越壯介）為殿下開道，11 時 45

[43]〈沖繩縣諭告第壹號〉，刊於《八重山新報》，1921 年 3 月 21 日，第 6 號。

分抵達縣廳後，殿下在便殿休憩，召見文武諸官，觀覽縣內重要物產後午餐。東宮殿下在縣廳玄關的右側栽植松樹，閑院宮殿下種在左側，緊接著到首里尚侯爵官邸，拍攝官邸庭園，再驅車到首里城觀賞師範學校學生的空手道表演，於拍攝空手道及正殿景觀後離開。下午 3 時 40 分東宮殿下一行人抵達那霸車站，4 時到與那原車站，搭乘小汽艇登上香取艦、侍奉艦，午后 6 時海岸邊蝟集了恭送者，兩艦在莊嚴雄偉的氣氛下隨同洋洋大海緩緩離去。❹❹（見圖 1-9）

沖繩縣知事在裕仁皇太子離開沖繩後，向宮內大臣及東宮大夫報告皇太子巡視成果，公文書中對皇太子寄港沖繩盛事表達了衷心的敬意與謝忱。東宮大夫拍電報回覆：

對於皇太子殿下暫泊中城灣時，獲得沖繩縣廳及官民的真誠照顧至感滿意。❹❺

3 月 15 日《先嶋新聞》一篇以「遙奉迎」為題的文章記述：

3 月 6 日搭載殿下的軍艦乘風破浪緩緩的在中城灣投錨，殿下下船率領隨從踏上沖繩土地，所有男女老幼都至感光榮，歡天喜地

---

❹❹〈此れ真に千載一遇の榮譽！東宮殿下昨日中城灣に御假泊〉，《琉球新報》，1921 年 3 月 7 日，第 7404 號；〈東宮殿下海軍少佐の御正裝　那霸、首里に行啟〉，《八重山新報》，1921 年 3 月 11 日，第 5 號。有關隨行要員名單，參見二荒芳德內書記官編纂，《皇太子殿下海外御巡遊日誌》（東京：宮內大臣官房庶務課發行，1924 年版），頁 1-2、10-12。

❹❺ 大田昌秀，《檢證昭和の沖繩》，頁 407。

前往恭迎。皇儲巡遊海外，乃日本前所未有之創舉，我等以滿腔之誠敬向皇太子高唱萬歲。❹❻（筆者摘譯）

皇太子來訪沖繩，縣內外媒體廣泛的報導皇太子寄港情形，縣當局也頻頻地表達：「身赴九泉也要守護日本帝國的基地」、「實存死有餘榮的感謝」，等心情告白，這種向大眾表明「銘感肺腑」、「傳誦後裔」的政治宣傳，無疑的，加速了沖繩縣民的國家認同。❹❼

不過，令人感到詫異的是，1986年4月當裕仁天皇在記者會中接受訪問，記者提起皇太子時代寄港沖繩受到尚侯爵、縣民的盛大歡迎，和「香取艦」艦長漢那憲和是沖繩人之事，請他說說當時的感想時，天皇答道：

我確實為受到沖繩縣民的歡迎高興，但是，我到沖繩旅行是因必須要訪問歐洲，基於長途旅程為了休養身體之故，當時我沒有什麼特別的、可以說的感想。關於漢那艦長，其實他是沖繩人，由於沖繩是艦長的故鄉，所以寄港沖繩，很急忙的停泊沖繩。「香取艦」艦長長期指揮歐洲的航海旅行，讓我們能安返國門，他的功績很大，我非常感謝他。❹❽

記者聽完，接著又問，那麼您當初並沒有預定要訪問沖繩嗎？天皇說：

---

❹❻〈遙奉迎皇太子殿下中城灣御上陸〉，《先嶋新聞》，1921年3月15日，第135號。

❹❼又吉盛清，〈沖繩‧臺灣に見る天皇と皇族（下）──皇太子「行啟」と皇族「御成」〉，頁161。

❹❽大田昌秀，《檢證昭和の沖繩》，頁418。

起初沒有預定行程，我因乘船多少有些暈船，所以很急速的停泊沖繩。❹

以上現場訪談，還原了1921年裕仁皇太子寄港沖繩的歷史真相。也就是說，裕仁蒞臨沖繩的真正原因是，出自「疲勞」、「暈船」、「艦長是沖繩人」，並不是沖繩縣政府、新聞報導所擴大解釋的「皇太子來沖是要垂詢縣政及地方教化情形」。裕仁天皇的坦白直率，吐露出沖繩在他心目中，是多麼微不足道。❺

值得留意的是，長久以來，沖繩地方菁英不斷的自省，沖繩「獨特歷史」有害無益，其傳統習俗的確很「鄙陋」，必須要經過「同化」，才能與大和人一樣成為進步的文明人。❺就在領導階層推進日本化，形成天皇制意識形態的過程中，沖繩詩人嘉手苅提出很尖銳的批評：

> 日本征服者在強制同化沖繩的同時，也從自身利益出發，極力不使被治者覺醒，要讓被治者深信他們就是劣等民族，其結果是，使充滿元氣的沖繩青年全力以赴，倘若一旦獲得社會地位，他們就變成擔任教育縣民的指導者，面臨自身變成征服者和順從征服者，尊卑對立雙重角色的障礙。❺

---

❹ 大田昌秀，《檢證昭和の沖繩》，頁418。

❺ 大田昌秀，《檢證昭和の沖繩》，頁419。

❺ 有關當時人眼中的沖繩陋俗，如有：已婚婦女刺青，年輕男女攜手夜遊、喧嘩等，詳參仲地哲夫，〈沖繩における天皇制イデオロギーの形成〉（中），《沖繩國際大學南島文化研究所紀要南島文化》第9號（1987年3月），頁49-62。

❺ 嘉手苅，是豐見城小學教師，也是詩人，筆名冷影，有關他對沖繩廢藩置縣後的觀察，參見前引大田昌秀，《檢證昭和の沖繩》，頁367-368。

沖繩領導階層基於功利主義考量，雖說配合國策努力改造縣民的政治認同，但對日本而言，沖繩僅僅限於防衛國土的「軍事前哨站」價值。職此之故，當局只注重推展認同日本國體的教育政策，並不關心一般民眾的生活需求。

（二）皇太子訪臺與官民感想

相形之下，裕仁訪臺始末與官民感想如何？也須做一對照。

本來，右翼浪人杉山茂丸對裕仁皇太子的訪臺行動表示反對，理由是，臺灣人推行「設置議會請願運動」，民心動搖，若讓皇太子出訪，恐有發生災難之虞。針對此，田健治郎回應，臺灣思想惡化僅止於少數在東京的留學生而已，根本不足為慮。❸

言及田健治郎，1855 年出生於兵庫，自幼師事儒學大家渡邊弗措、小島省齋，養成深厚的漢學根柢，一生出任日本政府要職。1919 至 1923 年擔任臺灣總督期間，曾對地方行政重劃、日臺籍兒童共學、異族通婚（內地延長主義措施）付出許多努力。不過，受益者多屬日本人，他對臺灣人期待依據民意經營公共事務、主張地方自治之訴求，始終採取壓抑手段，禁止臺灣人從事請願運動。❺

1923 年裕仁皇太子來臺是日本殖民史上的一大盛事，4 月中旬除了有來自全國各地的報社、雜誌社、通信社所組成的記者團隨行報導

---

❸ 原武史，《可視化された帝國——近代日本の行幸啟》，頁 300-301。杉山茂丸（1864-1935）歷任福陵新報社幹事、週刊《サンデー》社長、一進會顧問、九州日報社社長。參見秦郁彥編，《日本近現代人物履歷事典》（東京：東京大學出版會，2004），頁 280。

❺ 周婉窈，《日據時代的臺灣議會設置請願運動》（臺北：自立報系文化出版部，1989），頁 77-83。田健治郎履歷，參見吳文星，〈「臺灣總督田健治郎日記」解題〉，刊於吳文星、廣瀨順皓、黃紹恆、鍾淑敏、邱純惠等主編，《臺灣總督田健治郎日記》上冊，頁 1。

外，島內重要媒體《臺灣日日新報》也以顯著的版面，大幅報導當局籌備奉迎、接待與恭送實況。如，臺北市政府爲歡迎皇太子蒞臨，特別在火車站建造了一座「奉迎門」，由此出發途經博物館到植物園一帶，規定各公私營機構、商店、住戶都要懸掛斜角75度的國旗，道路兩旁每隔三棵樹要裝置一個燈泡，電線桿上要有「萬歲」文字和國旗圖樣的花環裝飾。4月16日晚間7時裕仁抵臺，總督府動員25,000人以上的官民、團體參加提燈遊行，他們分批高唱「奉迎歌」，官衙周邊燈火通紅，燈光照射長達十町之遠，圍觀遊行的市民歡聲如雷，場面相當壯觀。❺❺（見圖1-10、1-11）

有關官民拜謁皇太子感想，如，擔任接待員之一的專賣局安平鹽田場鎌田正威庶務課長說：

> 向來本島只知道日本皇室源於神的後裔簡單的歷史，但這次親眼奉拜金枝玉葉的皇太子英姿，著實改變了島民的認識，即由和日本內地相隔最遠的一個孤島，變成可以直接接觸到日本的政治中心。殿下的謙遜、寬仁的態度，使臺灣三百七十萬居民與日本人同霑天地之甘霖。又，日本統治臺灣的目的，是使新附民普遍的明瞭皇室對他們懷抱仁愛，對內、臺人平等之心。殿下在巡視過程中，流露出一視同仁的仁心，內、臺人對於皇室的稜威、仁德也表現出真誠的歡迎，和同心協力、族群平等無差別的現象，也可說是本島統治史上的一個新紀元，正因如此，使我們對於自身

---

❺❺〈殿下の行啟と臺北市街の裝飾　各戶國旗の揭揚は七十五度の角度〉，《臺灣日日新報》，1923年2月25日，版11；〈奉迎提燈行列盛況〉，同，1923年4月18日，漢文版6。

所要做的事務願意盡責。皇太子親臨偏僻的安平鹽田參觀天日製造鹽的現場、臺灣特有的樟腦工場，不僅令人感到光榮，也使我們身懷抱負和責任心，以符合皇太子的期許。❺❻

又如，一名在安平鹽田場工作的勞工表示：

以一個中國職工的身分，無論如何都不可能拜見大臣、宰相，現在臺灣能拜見未來繼承帝王的皇太子，實在令人感到幸福。❺❼

《臺灣日日新報》為宣傳臺灣總督府政績，不僅頻繁的報導日官、臺民上下和諧一致，水乳交融，熱忱奉迎，效忠皇室的景象，還鼓勵讀者投稿，刊載教職員、學生、「蕃人」拜見後，表達：「自己對皇室充滿至高無上的尊敬」、「如奉拜太陽，不敢正視」等，彷彿敬拜神明似的心情。❺❽

臺灣當局為加深皇太子與殖民地官民之間的連帶感，訂定 4 月 16 日為「行啟紀念日」，以後每逢此日全臺各官廳學校都要捧讀昭和天皇（裕仁）的慰問信、舉辦各種紀念活動。❺❾（見圖 1-12）

---

❺❻〈臺灣總督府專賣局公文類纂〉，第 2519 號，〈皇太子殿下奉迎委員會規程〉。

❺❼〈臺灣總督府專賣局公文類纂〉，第 2519 號，〈皇太子殿下奉迎委員會規程〉，頁 175。

❺❽〈各方面之感激談〉，《臺灣日日新報》，1923 年 4 月 26 日，漢文版 6；〈蕃人感想及奇問〉，同，1923 年 4 月 27 日，漢文版 8。又，據王世慶教授參加迎接皇族訪臺活動的親身體驗述及，當時樹林公學校規定小學三年級以上的學生都要到樹林火車站月臺恭迎，當皇族搭乘南下的火車通過月臺時要低頭行禮，不可抬頭觀看，出現所謂「不敬」的行為。2005 年 3 月 24 日筆者於中央研究院人文社會科學研究中心訪問王世慶教授記錄。

❺❾〈臺灣行啟記念日恭請聖安　總督代表官民〉，《臺灣日日新報》，1929 年 4 月 17 日，漢文版 6。

　　進一步說，1925 年「行啓紀念日」當天，臺灣總督府除了舉行祝賀慶典外，另寄贈皇室臺灣土產西瓜、木瓜，並拍發電報向天皇、皇族問安。臺中市政府建蓋一座「行啓紀念館」舉行紀念會。嘉義地方官員同往神社參拜，爲皇太子祈福。高雄官員在壽山建造一座「行啓紀念碑」舉行紀念儀式。《臺灣日日新報》連續刊登島民懷念皇太子關心民瘼，德及枯骨，得到皇太子愛撫，銘感於心的文章，不斷的創造日、臺人融合一體的歷史記憶。**❻⓪**（見圖 1-13）

　　臺灣進入中日戰爭、太平洋戰爭時期，殖民政府爲配合國策，不僅鼓舞島民挺身而出，扶助皇運，捐獻財物，增加生產供應軍需，還動員臺灣人充當通譯（翻譯）、軍夫、軍屬、慰安婦（軍妓），於日軍佔領區從事有助於母國遂行「聖戰」的軍事活動。**❻①**

六、結語

　　19 世紀中後期，西方列強在亞洲爭奪殖民地之際，由於清朝國力衰退，傳統東亞國際秩序崩壞，日本國運昌隆，而大大的改變了琉球（1879 年改稱沖繩）與臺灣的歷史命運。1874 年日本先以琉球人漂流臺灣被排灣族殺害爲口實，強力出兵臺灣，切斷中、琉五百餘年的宗藩關係。1894 年復以「朝鮮問題」向清朝挑釁，逼迫清朝割讓臺灣。

　　琉球與臺灣各有其獨特的歷史、語言與風俗習慣，兩地相繼被劃入日本版圖後，日本政府爲改變新附民的政治認同，雖都著重於普及

---

❻⓪〈行啟記念日に西瓜と木瓜を獻上〉，《臺灣日日新報》，1925 年 4 月 3 日，版 5；〈臺中行啟記念日〉，同，1925 年 4 月 11 日，版 2；〈各地行啟記念日〉，同，1925 年 4 月 17 日，版 2；〈高雄壽山の行啟記念碑除幕式　きのふ盛大に行はる〉，同，1925 年 4 月 23 日，版 9。

❻①〈支那事變臺灣從軍記念會　全島の軍夫や通譯を一九に結成〉，《臺灣日日新報》，1940 年 2 月 15 日，版 7；朱德蘭，《臺灣慰安婦》，頁 177-209、345-357。

日語的同化教育政策，但廢藩設縣後的沖繩被定位於「軍事前哨站」的國防地理位置，經濟價值有限，所以近代化基礎建設做的很少。相形之下，臺灣農業資源豐富，勞動力充沛，因可對日本本土輸出農產品，可爲母國的剩餘資本、工業產品、過剩人口提供容納地，並爲其推行南進政策的根據地，因此近代化公共設施比較完備。

　　日本奉行天皇制國體，地方官爲灌輸新附民皇國意識，除推廣日語教育外，還刻意安排皇室親臨新領地，通過官民盛大隆重的奉迎表演，及動員全民參與迎送活動，來直接同化新附民成爲皇國的赤誠臣民。

　　皇室視察沖繩、臺灣，兩地地方官都有安排莊嚴、壯觀的奉迎禮儀，彰顯皇室權威和貫徹上尊下卑的統治秩序，但在出訪次數、視察對象、行程內容方面，訪問沖繩遠不及訪問臺灣來得充實。由此亦可推知，臺灣比起沖繩更須要建構帝國命運共同體之歷史圖像。

　　1920 年代裕仁皇太子視察沖繩與臺灣，是新領地前所未有之創舉。唯，沖繩官員和媒體大肆宣揚裕仁「垂詢地方仁政」，及縣府動員官民恭迎歡送裕仁的盛大行動，實屬一場「想像的」、「虛構的」表演活動。

　　與此對照，裕仁皇太子出訪臺灣，不僅與全臺官民有廣泛的交流，殖民當局事後還制定「行啓紀念日」，不斷地宣傳天皇與殖民地之間有很直接的連帶關係。日本皇室視察沖、臺活動的不同，沖、臺官民與皇室之間相互認識與互動方式的不同，印證了這兩個新領地的附加價值不同，日本政府是有意識地實施差別統治方針。

第二章
觀光客在臺灣、沖繩的旅遊活動

一、前言

　　所謂旅遊（tourism）是指觀光客（tourist）為達到消遣、度假、療養、保健、學習、宗教、體育運動、工商業務、公務出差、學術研究、探親等，其中一個或一個以上的目的，離開常居地到異鄉或外國的訪問活動。古代旅客受到經濟發展遲緩，交通運輸不便、衛生設備不佳等諸多條件的限制，無論旅行範圍、旅行規模或旅遊內容都相當有限。旅遊活動進入近代，隨著各地產業經濟的成長，人們物質條件與精神文化的提高，越來越受到不同地區、不同行業、不同民族的重視。毫不誇張地說，大量旅客進行跨越海域的交往活動，已經蔚為一股國際風潮，一種大眾化社會現象。

　　臺灣和沖繩一衣帶水，距離很近，日治時代（1895-1945）進出這兩地的觀光客多不勝數，儘管如此，學術方面的討論十分罕見。[1]

---

[1] 學界以臺灣、沖繩觀光旅遊為議題的研究很少，針對臺灣觀光方面的研究有：葉龍彥，〈日治時期臺灣觀光行程之研究〉，《臺北文獻》直字第 145 期（臺北：臺北市文獻委員會，2003），頁 83-110；鄭政誠，《他者的天空：日治時期臺灣原住民的觀光行旅》（臺北：博揚文化出版，2005）。

本文爲補充既往研究的空白，主要利用《臺灣勸業共進會協贊會報告書》、〈臺灣修學旅行日記〉、《臺灣日日新報》、《藍眼睛看見的大琉球》等資料，針對：一、臺灣旅遊業的興起；二、沖繩觀光資源；三、來臺沖繩觀光客；四、訪沖臺灣觀光客等項，做一比較分析。

二、臺灣旅遊業的興起

旅遊涉及遊客食、宿、交通、遊覽、娛樂、購物等行爲，它的發展因需有旅館、餐飲、百貨、交通運輸、建築、金融等行業的支持，以及地方公共設施、文教、治安、衛生等配套措施的完備，故其屬性爲結合服務業與公共部門的綜合性產業。[2]

19世紀中葉，西方資產階級挾其科技、產業經濟發達、交通工具進步之優勢，爲了想調節生活、增加新知，而有追求觀光旅遊的風氣。[3] 正在推行西化運動的日本，受到西洋休閒文化的影響，自然也不例外的，開啓由鐵道會社、民營企業所推出的專案，以遊覽名勝、春天賞櫻、炎夏避暑、秋季賞菊或賞楓、寒冬賞梅或泡湯（溫泉浴）爲主題，招攬遊客參加國內旅遊休閒活動。國外旅行方面，1902年日本人到海外觀光的旅客還很少，只有120人而已，但當1905年日俄戰爭結束，日本戰勝俄羅斯榮登世界一等國後，日本觀光客的旅遊範圍伸展到了國外。如，1906年日本朝日新聞社舉辦「滿韓巡遊船旅行團」時，參加報名的人包括：商人、教師、學生、律師、醫師、製造業老闆、地主、僧侶等各種身分，人數多達389名，此一盛況空前的海外旅行，興起了日後日本人到滿洲、朝鮮、臺灣等地觀光的旅

---

❷ 張陸，《旅遊學概論》（重慶：重慶理工大學工商管理學院，2005），頁68-69。
❸ 葉龍彥，《臺灣旅館史》（臺北：臺北市文獻委員會，2004），頁7。

遊熱。❹

　　日治以前，臺灣陸路交通不及水路交通發達，日治以後，殖民當局爲使臺灣經濟依附母國，強化日、臺經貿關係，故頗重視發展日、臺交通連絡網事業。進一步說，大阪商船株式會社自 1896 年起每年獲得臺灣總督府補助，開始經營日、臺定期航線及臺灣沿岸定期航線。❺ 此外，臺灣總督府在交通建設方面，1899 至 1936 年間分期進行基隆港港灣擴建工程。1899 年鋪設道路長度 6,735 公里，迄 1910 年爲止，道路長度增建 5,396 公里，全臺興築道路共 12,131 公里。1908 年西部縱貫鐵路全線通車。❻ 臺灣島內交通四通八達，與日本本土海上交通暢行無阻，無疑地，對促進地方發展觀光產業起到積極的作用。

　　臺灣總督府除改善殖民地交通環境之外，爲吸引旅客來訪，帶動食宿、娛樂、購物等相關行業之繁榮，還以種種方式宣傳臺灣。

（一）參加、舉辦展覽活動

　　臺灣總督府結合中央與地方政府資源，參加或舉辦各類主題性的展示會相當頻繁，其中，規模較大的活動有：

　　1907 年（明治四十年）參加「東京勸業博覽會」。

　　1908 年爲慶祝臺灣縱貫鐵路全線通車，在臺中公園舉辦「汽車（指火車）博覽會」。

---

❹ 有山輝雄，《海外觀光旅行の誕生》（東京：吉川弘文館，2002），頁 21-22、30-41。

❺ 日本、臺灣定期航線史料稱之爲「命令航路」。連接臺灣島內外的各種航線，參見葉龍彥，《臺灣旅館史》，頁 82-83。

❻ 基隆港務局編，《基隆港建港百年紀念文集》（基隆：基隆港務局，1985），頁 24-25；蔡龍保，《殖民統治之基礎工程：日治時期臺灣道路事業之研究（1895-1945）》（臺北：國立臺灣師範大學歷史學系，2008），頁 247。

1911 年於臺南舉辦「南部物產共進會」。

1912 年（大正元年）參加「東京拓殖博覽會」。

1916 年於臺北舉辦「臺灣勸業共進會」。（見圖 2-1、2-2）

1918 年參加東京電器協會主辦「電氣博覽會」、福岡市主辦「九州沖繩物產共進會」、札幌市主辦「北海道開道五十年紀念博覽會」。

1922 年參加「平和紀念東京博覽會」。

1928 年（昭和三年）參加「大禮紀念國產振興東京博覽會」。

1935 年於臺北舉辦「始政四十周年紀念博覽會」。❼

殖民政府通過展覽會推動觀光旅遊業的情形，茲以「臺灣勸業共進會」為例，闡述於後。

1916 年負責籌備「臺灣勸業共進會」的協贊會，為方便旅客參觀，預先編制了 31,000 冊日文指南、1,500 冊英文導覽手冊、500 冊中文指南，分別寄贈海內外各大公民營機構。另製作 7,000 張海報，郵寄：日本內地 3,255 張、朝鮮 250 張、滿洲 95 張、南支（華南）570 張、南洋 420 張、臺灣島內 2,410 張，張貼於各大港口、車站和重要建築物前。協贊會召集臺北旅館業者，每人分發一份〈旅館須知〉，上面記載旅館內基本設備、接待旅客禮儀及注意衛生事項。又

---

❼〈臺灣館の陳列〉，《臺灣日日新報》，1907 年 2 月 1 日，版 4；〈汽車博覽會〉，同，1908 年 1 月 14 日，版 2；〈南部共進會彙報　會場設備狀況〉，同，1911 年 1 月 28 日，版 3；〈臺灣館の大壁畫　一幅の畫に悉く本島の風物を說明し盡す〉，同，1912 年 10 月 12 日，版 3；〈三賽會與本島〉，同，1918 年 2 月 9 日，漢文版 5；〈平和博內の臺灣館艷麗優美な珍建築　極めて濃厚な南國情調〉，同，1922 年 1 月 23 日，版 5；〈東京　博覽會迴り　特產品大持ての國產振興博（七）喫茶店も賑ふ〉，同，1928 年 4 月 28 日，夕刊版 3；臺灣勸業共進協贊會編，《臺灣勸業共進會協贊會報告書》（臺北：臺灣勸業共進會協贊會，1916），序文。另參見「繪葉書に見る東京の名所・博覽會」，東京都立中央圖書館資料庫：http://www.library.metro.tokyo.jp/16/post/index00.html（2009 年 9 月 6 日瀏覽）

撥付補助款委託旅館工會會長支給準備不及、設施不全的旅館，使其添購蚊帳、蚊香等物，以應大量旅客住宿需求。❽

　　據資料記載，1916 年 4 月 10 日至 5 月 9 日臺北舉辦「臺灣勸業共進會」期間，投宿旅館的旅客分別來自：日本本土與南洋地區共 4,960 人、臺灣本島觀光團 76,442 人、臺灣島內學校師生 42,000 人、臺灣各地「蕃人」（原住民）團體 1,893 人，總計 125,295 人。顯而易見，此一大規模、綜合性的展覽會在吸引大量觀光客的同時，也為當地交通運輸業、餐飲業、旅館業、演藝業、服飾業、廣告業、印刷業、雜貨業、紀念品販賣業，創造了不少商機。❾

　　有關旅遊業的興起對旅館業的影響，可由歷年統計數字裡窺知大概。即：1906 年全臺旅館共 427 間（內含日籍資本 174 間、臺籍資本 253 間）、簡陋客棧 215 間（日籍資本 7 間、臺籍資本 208 間）。1916 年旅館數減為 332 間（日籍資本 233 間、臺籍資本 99 間）、客棧數增為 402 間（日籍資本 9 間、臺籍資本 393 間）。1926 年旅館數成長到 424 間（日籍資本 240 間、臺籍資本 184 間）、客棧數上升為 405 間（日籍資本 5 間、臺籍資本 400 間）。1936 年旅館數再增為 488 間（日籍資本 258 間、臺籍資本 229 間、外國籍資本 1 間）、客棧數下降為 355 間（日籍資本 2 間、臺籍資本 353 間）。以上數字變化，反映：一、日本人投資的旅館隨著日籍觀光客旅遊市場的擴大，一直不停的增加；二、日本人投資的客棧逐年遞減，且數目極少；三、臺灣人投資的旅館先減後增，呈現臺籍觀光客人數越來越多；四、臺灣人投資的客棧先增後減，說明臺籍旅客的消費水平上升，選擇洋式或日

---

❽ 臺灣勸業共進會協贊會編，《臺灣勸業共進會協贊會報告書》，頁 86-87、188-189。

❾ 臺灣勸業共進會協贊會編，《臺灣勸業共進會協贊會報告書》，頁 188-191。

式旅館的人增多，利用傳統客棧的人越來越少；五、旅館與客棧總數的增加，說明臺灣旅遊業在 1911 年前處於萌芽期，1912 年至 1925 年間邁向成長期，1926 年以後處於穩定發展期。❿

（二）媒體宣傳地方特色

　　旅遊業具有高附加價值、高創新效益、創造就業機會，和促進生產值、產業關聯大等多元特色，可爲相關行業帶來無限大的商機，所以總督府經常通過臺灣日日新報社（官方媒體）舉辦社教活動或研討宣傳策略，藉以推展觀光文化事業。如，1912 年公開徵文，將讀者提供臺灣一周、二周、三周、四周等四種旅遊行程，編入《旅行案內》手冊中，以便各地觀光客參考。⓫

　　1923 年編撰小學生閱讀的《旅行案內書》，培養兒童鄉土知識。⓬

　　1925 年建議各級地方政府除利用博覽會、共進會、物產陳列會宣傳臺灣農產品外，另邀文化人、小說家、劇作家、美術家等，發表文學作品、藝術品介紹臺灣。⓭

　　1926 年 8 月 28 日《臺灣日日新報》闢一專欄，努力宣傳以生產砂糖聞名於世的臺灣，夏季有風景宜人的甘蔗園可以遊覽，有又香又

---

❿ 參見「警察取締二係ル営業」旅人宿、木賃宿，收入臺灣總督府編，《臺灣總督府第十、第二十、第三十、第四十統計書》（臺北：臺灣總督府，1908、1918、1928、1938），各年度出版品頁碼 344、302、251、208。又，1916 年臺籍資本旅館數減少原因不詳，擬待日後探討。

⓫〈旅行案內の懸賞〉，《臺灣日日新報》，1912 年 1 月 24 日，版 2。

⓬〈臺北市が旅行案內書を修學旅行者の　に作る〉，《臺灣日日新報》，1923 年 9 月 16 日，夕刊版 2。

⓭〈臺灣宣傳と藝術家の招致自のづから有力な一法〉，《臺灣日日新報》，1925 年 5 月 14 日，版 2。

甜的香蕉、鳳梨、龍眼、木瓜、荔枝、蓮霧、芒果、釋迦、愛玉等物可供品嘗，鼓勵日本人來臺觀光。❹

　　1927 年舉辦讀者票選「臺灣八景」活動，同年 8 月 25 日選出富有觀光價值的名勝：

　　神域：臺灣神社。

　　靈峰：新高山（今玉山）。

　　八景：基隆旭岡（今中正公園）、淡水、八仙山、日月潭、阿里山、壽山、鵝鑾鼻、太魯閣。

　　另增十二景，包括：北投草山（今陽明山）、大里簡（位於宜蘭）、新店碧潭、太平山、角板山、大溪、五指山、獅頭山、八卦山、霧社、虎頭埤（位於臺南）、旗山。❺（見圖 2-3）

　　與此對照，沖繩每年都參加由九州各縣輪流舉辦的「九州沖繩八縣聯合共進會」，但沖繩官員並未利用共進會、展示會的機會，宣傳地方特色，發展觀光產業。❻

（三）多元旅遊措施

　　殖民地時代臺灣當局掌握大眾旅遊趨勢，開發觀光資源，創造經

---

❹〈美しき臺灣の真價は真夏にある內地觀光客招致の好時期〉，《臺灣日日新報》，1926 年 8 月 28 日，夕刊版 3。

❺〈審查の結果〉，《臺灣日日新報》，1927 年 8 月 27 日，版 5。

❻「九州沖繩八縣聯合共進會」是指福岡縣、佐賀縣、長崎縣、大分縣、熊本縣、宮崎縣、鹿兒島、沖繩縣等地方政府，每年輪流舉辦的土特產展示會。相關報導參見〈說苑　東遊日記承前林希張稿〉，《臺灣日日新報》，1899 年 10 月 26 日，漢文版 6；同，〈島政共進參觀〉，1901 年 1 月 25 日，漢文版 3；同，〈共進會及祝電〉，1921 年 3 月 16 日，漢文版 6。又，臺灣自 1897 年起，每年也參加該會並提供展示品。參見《臺灣總督府公文類纂》，冊號 188，文號 9，明治 30 年（1897）1 月 29 日〈共進會出品物中土人出品二對シ〉；同，明治 30 年 4 月 5 日〈共進會出品物品評書交附ノ件〉。（南投：國史館臺灣文獻館典藏）

濟效益的旅遊措施很多。如，1934 年 8 月 1 日臺灣總督府遞信部所轄地方郵局普遍使用名勝郵戳，來向民眾宣傳各地觀光景點。❼

1935 年 12 月 3 日臺灣中部宣傳協會組織「觀光宣傳協會」，邀請各地方首長及重要人物擔任發起人，制定創會宗旨：設置國立公園；調查、充實及宣傳、介紹國立公園與觀光區；出版宣傳觀光旅遊的印刷品；舉辦演講和展覽會；與其他服務業及相關團體保持密切的聯繫，以利推展觀光事業。❽

1937 年 3 月 3 日臺灣總督府鐵道部運輸課設立「觀光係」（觀光股），花費 17,000 圓印製旅遊指南、風景明信片，並拍攝影片，向全世界宣傳臺灣名勝古蹟。❾

同年 3 月 28 日著名畫家伊藤素軒應邀訪臺，繪製臺灣八景十二勝版畫，交給東京審美書院出版，介紹臺灣名勝。❿

同年 4 月 14 日臺北市政府舉行「觀光座談會」，邀請相關行業店主、官員出席，會議討論：設立遊覽巴士、完善風景區近郊道路、積極宣傳臺灣、在重要地區增設標示名勝古蹟的看板、增添觀光設施、改善接客業的服務品質、設立「臺北市觀光協會」等項。⓫

同年 5 月 4 日臺北市政府在臺北車站附近開設「觀光案內所」，

---

❼〈名勝すタンプ使用局を追加〉，《臺灣日日新報》，1934 年 8 月 1 日，版 7。

❽〈臺中設觀光協會　承繼宣傳協會事業　官民八十餘為發起人〉，《臺灣日日新報》，1935 年 11 月 30 日，夕刊漢文版 4。

❾〈宣傳觀光臺灣於世界　鐵道部新設觀光係　新年度按經費萬七千圓〉，《臺灣日日新報》，1937 年 3 月 3 日，版 8。

❿〈臺灣八景十二勝が日本みやげの一つ　伊藤畫伯か近く寫生〉，《臺灣日日新報》，1937 年 3 月 28 日，夕刊版 2。

⓫〈臺北市觀光協會新たに結成さる　外客誘致の積極機關として〉，《臺灣日日新報》，1937 年 4 月 16 日，夕刊版 2。

免費爲旅客提供旅遊信息。❷

　　同年 5 月 10 日至 14 日臺北市觀光協會在公會堂（今中山堂）舉辦「觀光資料展覽會」，展示臺北市及其近郊帶有鄉土特色的土特產品。❷

　　同年 5 月 27 日臺北市觀光協會勸導臺北市旅館組合、土產品商人、市內主要商店，以會費、捐款方式，成立「觀光基金會」，推展觀光旅遊業。❷

　　1938 年 3 月 21 日至 23 日臺北市觀光係在警察會館舉行「觀光接客關係者講習會」，聘請權威講師講授：臺灣本島與臺北市歷史沿革、地理、文化、產業概要、史蹟與名勝知識、服務禮儀要領、從業人員與旅客管理方法等課程。參加學員來自：旅館店主、侍者、女傭、餐飲店女招待、藝妓、土產品店員、運輸業司機等，共計 206 名。❷

三、沖繩觀光資源

　　觀光資源乃構成旅遊產品的核心元素。一般而言，觀光資源範圍廣泛，涵蓋底下三種：

---

❷〈臺北觀光客を無料で案内　五日から始める〉，《臺灣日日新報》，1937 年 5 月 4 日，夕刊版 2。

❷〈觀光資料の展覽會　臺北市公會堂で五月十日から〉，《臺灣日日新報》，1937 年 4 月 16 日，夕刊版 2。

❷〈臺北觀光客を無料で案内　五日から始める〉，《臺灣日日新報》，1937 年 5 月 4 日，夕刊版 2。

❷〈接客戰線の女軍を訓練　觀光客接待講習會を開いて〉，《臺灣日日新報》，1938 年 3 月 19 日，夕刊版 2；〈接客從業者のため　サービス講習會　臺北市觀光係で開催〉，同，1938 年 3 月 22 日，夕刊版 2。

（一）自然旅遊資源

1、氣候。包括：風和日麗、空氣清新、乾爽舒適與天象奇觀等。

2、地文景觀。包括：山嶽形勝、熔岩景觀、風沙地貌、海濱沙灘和特殊的地質結構等。

3、水域風景。包括：湖泊、瀑布、水庫、泉水、溪流、河川、海濱等。

4、生物景觀。包括：森林、原野、稀有樹種、奇花異草、珍禽異獸及其棲息地等。

5、自然療養條件。包括：礦泉、溫泉、海水浴場，及各種有保養身體功能的天然資源。❷

（二）人文旅遊資源

此指以歷史文化事物做為觀光資源，其構成包括有形的和無形的兩種，即：

1、歷史文物古蹟。包括：歷史建築、文物遺蹟、石窟、石刻等。這些建築和遺蹟可以反映一個國家或民族的歷史發展過程，具有和其他國家或民族不同的特色，為有形人文觀光資源中頗為珍貴的部分。

2、民族文化相關景物。民族文化主要是指民族歷史、藝術、工藝、風俗習慣和節慶活動。如：博物館、藏書館、民俗展覽館和表演館、工藝生產所、民族特色的園林等。這些場所通常是觀光客好奇和興趣之所在，可對旅遊者產生吸引力。

3、宗教文化。包括宗教建築、活動和藝術。

4、獨特的工藝和烹調技術。具有傳統性、地方性、民族性、家族性特徵的工藝及料理飲食技術，在觀光資源中位居重要地位，可為

---

❷ 張陸，《旅遊學概論》，頁44。

觀光客帶來一些吸引力。

　　5、著名的國際性比賽和文化活動。如：運動會、物產品評會、博覽會、世界性的音樂節、戲劇節等。❷

（三）社會旅遊資源

　　1、主題公園。此指爲發展觀光產業，專門爲旅遊服務建設的主題性遊樂地。

　　2、顯現物質和精神文明發展之成果。如，富有工業、商業、服務業氣息的城市。

　　3、優美的環境和親切的氣氛。美好的環境和居民對遊客友善、親切的待客態度，也可成爲吸引外人訪問的資源。❷

　　言及沖繩觀光資源，近代歐美人在訪沖活動中，保留了不少寶貴的圖像、文字紀錄。有關西方人的沖繩印象，茲闡述於後。

　　18世紀後半期至19世紀初期，英、法、美、德、俄等國積極地向外展開世界海域探險活動之際，位於東北亞與東南亞之間，海上交通位置重要的琉球群島，自然也不例外，成爲他們調查活動的一個對象。當時歐美船東來，除了催促日本開國以外，因尚有補給航行燃料、糧食、休息及修理遇難船隻等多項需求，故將琉球視爲政治、軍事、商業上的據點，並由此展開基督教傳道活動。❷

　　西方人進入那霸，對當地自然美麗的景觀大感驚歎。（見圖2-4、2-5）1853至1854年擔任Matthew Calbraith Perry提督私人祕書，參

---

❷　張陸，《旅遊學概論》，頁44。

❷　張陸，《旅遊學概論》，頁45。

❷　照屋善彥，〈歐米人の見た王國末期の琉球の社會と風土〉，刊於ラブ・オーシュリ、上原正稔編著、照屋善彥監修、上原正稔等譯，《青い目が見た大琉球》（那霸：ニラ社，1987），頁233-234。

與日本遠征活動的 Bayard Taylor 稱讚：

> 我從未看過這個島所呈現的秀麗風景。它美麗、調和的風光、令
> 人暈眩的鮮豔綠樹，和海邊吹來舒適又清爽的空氣，比起在中國
> 看膩單調的地平線和汙染的壞境，這裡讓我好像發現樂園似的，
> 令人十分著迷。❸⓿（作者中譯，以下同。）

歐美船來到沖繩，通常是由泊港或那霸進港。泊港和那霸屬於良港，是琉球人口最集中的地區。1884 年 2 月，陪同 Jevfimij Vasil'jevich Putjatin 提督訪沖的俄國文豪 Goncharov Ivan Aleksandrovich 如此形容那霸：

> 在圍著宏偉石牆的街上，有蒼翠茂密的樹木，在此步行頗有走過
> 林蔭大道的情趣。城市裡家家戶戶都有居民佇立在門口。那霸人
> 口很多，人來人往相當頻繁。❸❶

Goncharov Ivan Aleksandrovich 對那霸寬廣的道路、宏偉的石牆和眾多的人口，留下深刻的印象。

參與 Perry 遠征日本，身為科學家的 James Morrow 在〈琉球之農業〉一文裡記述：

> 琉球的道路比我想像的好，沒有貨車或馬車。有的街道寬大又平

---

❸⓿ ラブ・オーシュリ、上原正稔編著、照屋善彥監修、上原正稔等譯，《青い目が見た大琉球》，頁 234。

❸❶ ラブ・オーシュリ、上原正稔編著、照屋善彥監修、上原正稔等譯，《青い目が見た大琉球》，頁 235。

緩，這對文明進步、文化發展的我們來說，是很有力的警訊。在那霸，有勝於任何城市平坦和美麗的外觀，道路建設對步行者來說，十分方便。㉜

Perry 提督來過首里城兩次。他的觀察如下：

這個城市的清潔度很高，我不曾見過，就連糞便、灰塵都沒有，它和中國都市完全不同。美國海軍遊行所經過的道路，建設得很壯麗，是用非常漂亮的珊瑚岩，精心鋪設而成。㉝

Perry 雖贊許不已，但歐美人之中也有批評琉球不好的人。如，美國傳教師 Peter Parker 在《訪琉日記》裡，這樣評論那霸：

一般而言，建築物多很簡陋，有些房子甚至比不上歐洲的綿羊小屋。房屋大部分寬十英尺，高不過六、七英尺。牆壁是用稻草作的，床鋪也是。市內建築物很小，屋頂大多是用瓦蓋的，有的寺廟是用竹子圍的。㉞

歐美人對琉球人生活習俗有兩種看法。其一，對物質文明抱持批評態度的，把琉球視為美麗大自然裡保存良好古文化的最後樂園。其

㉜ ラブ・オーシュリ、上原正稔編著、照屋善彥監修、上原正稔等譯，《青い目が見た大琉球》，頁 235。又，James Morrow 日記對琉球街道有很好的評價，參見前引書，頁 121。

㉝ ラブ・オーシュリ、上原正稔編著、照屋善彥監修、上原正稔等譯，《青い目が見た大琉球》，頁 235。

㉞ ラブ・オーシュリ、上原正稔編著、照屋善彥監修、上原正稔等譯，《青い目が見た大琉球》，頁 235。

二，以文明化的西洋標準，評論琉球尚處於未開化或半文明的社會。有關前者，可以 Basil Hall 和 Goncharov Ivan Aleksandrovich 為代表。Basil Hall 記述：

> 至少在我們看到的範圍內，沒有人貧困或窘迫的過活。他們都過得很滿足，很幸福，也沒有殘障者。和我們交往親密的琉球人，生活既寬裕也大方。㉟

同樣認為琉球保留西洋人失去古代黃金期的 Goncharov Ivan Aleksandrovich 指出：

> 這裡是保留聖經及 Homeros 所描述的，古世界唯一的地方。人民都那麼純樸、單純、原始，熱情的工作。此處的自然風景很美麗、安寧，陽光炎熱、閃耀，海水平靜地流動，人們耕耘土地，果實長得很飽滿，不存在什麼墮落的事物。貧寒人家講究清潔。庭園和果實、種植蔬菜的山，都和人們維繫著和諧的關係。工作勤勞的人可使生活到達最高的富裕程度。㊱

不過，Perry 在《遠征記》裡，對琉球社會存有男逸女勞的情形感到很驚訝。他說：

> 我發現在任何家庭裡，男生是蜜蜂巢裡的雄蜂，女生是工蜂。男

㉟ ラブ・オーシュリ、上原正稔編著、照屋善彥監修、上原正稔等譯，《青い目が見た大琉球》，頁 236。

㊱ ラブ・オーシュリ、上原正稔編著、照屋善彥監修、上原正稔等譯，《青い目が見た大琉球》，頁 236。

人三個乃至六個，盤腿坐著。中間有生火的水壺，和放置香煙的小盒及痰壺。他們好像做夢似的發呆，一邊抽煙一邊喝茶。相反的，我們看到辛苦的婦女半裸著身子，在火熱的大太陽下，到田地裡耕作。可憐的女性，不在農耕時也還有許多其他的活要做。❸

其實，讓西方人感到驚奇的習俗還有：死者的墓地要比活人的房子壯觀；道路雖然壯麗，但沒有汽車，上流人士用轎子做交通工具；居民普遍喜歡唱歌，和外國船往來時，一定會高唱船歌；一般男人嗜好抽煙、喝茶；婦女喜歡刺青。❸（見圖 2-6）

值得一提的是，西方藝術家眼裡所看到的琉球風景，如：八重山群島的民宅、那霸港的海岸斷崖、那霸市內的製糖廠、首里王城、守禮之門、琉球國王的別墅「識名園」、琉球人墳墓、崇元寺、蘇鐵等，許多自然和人造景觀很吸引人，具有獨特的觀光價值。（見圖 2-7、2-8、2-9）

不過，1879 年明治政府廢除琉球藩，將琉球改設沖繩縣後，由於漠視縣政，缺乏建設觀光都市的視野，以及與旅遊業相關的交通運輸系統、公共設施不足，因此未能形成大量的旅遊市場。這種情形一直到 1936 年 11 月福岡飛往那霸的飛機，只需飛行三小時，從大阪經神戶到那霸的大型輪船波上丸、浮島丸（各為 4,500 噸）航行時間縮短為三天，對外交通條件改善後，沖繩縣政府才開始成立「沖繩觀光協會」，向全國讀者公開徵求宣傳觀光海報，募集名勝古蹟「風光明媚

---

❸ ラブ・オーシュリ、上原正稔編著、照屋善彦監修、上原正稔等譯，《青い目が見た大琉球》，頁 237。

❸ ラブ・オーシュリ、上原正稔編著、照屋善彦監修、上原正稔等譯，《青い目が見た大琉球》，頁 237。

的沖繩」照片，把觀光旅遊當作可以創造經濟效益，提升沖繩形象的產業。❸⁹

1936、1937 年，沖繩縣知事、沖繩縣經濟部長爲增闢沖繩、臺灣航路，先後訪臺與臺灣總督府協商，冀望總督府承諾補助船舶公司經費，開設基隆－那霸間（一日半）直航輪，以期加強沖、臺兩地間之文化經濟交流活動。❹⁰

四、來臺沖繩觀光客

觀光客是旅遊活動的主體。根據學者分析，觀光客的旅遊動機約可分爲四種，即：

1、身體方面的動機。此指爲調節單調的生活，促進身心健康而進行的度假休息、體育活動、娛樂活動、保健活動。

2、文化方面的動機。此指基於好奇心的需要，希望了解異國他鄉的情況。

3、促進人際（社會交往）關係的動機。

4、象徵地位和聲望的動機。如，爲受人尊重、賞識、獲得聲譽等，而進行的訪問活動。❹¹

唯，旅遊行爲有時候是多種動機共同作用的結果，並不限於滿足單方面的需要。

圖 2-10 所示，八重山群島、宮古群島、沖繩本島，島島相連，

---

❸⁹〈「觀光沖繩」の宣傳に大童〉，《臺灣日日新報》，1936 年 11 月 19 日，夕刊版 2。

❹⁰〈沖繩知事按七日來臺交涉航路改善〉，《臺灣日日新報》，1936 年 5 月 6 日，漢文版 8；〈藏重沖繩縣知事來臺就那基間直行航路訪問總督陳情援助〉，同，1936 年 5 月 15 日，夕刊漢文版 4；〈基隆那霸間直航船按十三年度實現　森下沖繩縣經濟部長談〉，同，1937 年 3 月 22 日，漢文版 8。

❹¹ 張陸，《旅遊學概論》，頁 34-35。

與臺灣海路距離很近。進一步說,與那國島和基隆僅僅間隔 40 浬,西表島與基隆相距 78 浬,石垣島與基隆相距 100 浬,宮古島和基隆距離 170 浬。❷

(一)沖繩觀光團訪臺活動

沖繩、臺灣島嶼比鄰,氣候相似,基於天時地利之便,沖繩人來臺就業、旅遊、出差者難計其數。有關沖繩觀光團訪臺情形,茲敘述於後。

1、沖繩小學生修學旅行事例

1895 年臺灣成爲日本帝國的殖民地後,沖繩縣八重山小學爲使師生對日本新領土之地理歷史有所認識,了解臺灣資源及其人情風俗,特地舉辦修學旅行活動,想藉實地訪察、親身體驗,增廣見聞並啓發智能。❸

1899 年 10 月八重山小學教師 3 名、該島官員 3 名、醫生 1 名、學生 28 名和 1 名工友,共計 36 人組成一個旅行團,10 月 28 日晚上7 點搭乘釜山丸,自石垣港出發航往基隆港。10 月 29 日中午 12 點輪船到港後,改搭駁船到基隆火車站下車,投宿松田旅館休息片刻後參觀市區。當天小學生森山昌全的日記記載:

> 基隆平原很少,街道分成三行,左右兩行是人行道,中間一行有
> 人力車、自行車、馬車通行。⋯⋯商區物品排列整齊,輸入許多

---

❷ 又吉盛清,《日本殖民下の臺灣と沖繩》(沖繩:沖繩あき書房,1990),頁 43。
❸ 森山昌全,〈明治 32 年臺灣修學旅行日記〉,收入《楊秀姓系圖家譜 小宗》(沖繩:國立公文書館藏),未編頁碼。

香港貨，有很多土人（臺灣人）忙著做生意。……市區引人注目的建築物有郵局、電信局、赤十字社（紅十字會）委員部、公學校、內地人（日本人）組合事務所、村井兄弟株式會社、書店、耶穌基督教會、保聯局、租稅檢查所等。市內有自來水，地面很乾淨，沒有灰塵和汙物。❹

10月30日，旅行團參觀臺灣人讀的公學校（小學）。公學校課程有修身、讀寫、算術、國語（日本語）、漢文，教員是用日本語朗讀，用本地方言講解。中午搭乘火車經過八堵、汐止、松山到臺北，沿途看到許多茶園、甘薯園和稻田。夜晚投宿位於府前街的一丸館。

10月31日，旅行團參觀臺北縣廳。縣知事兒玉喜八與官員出面接待，兒玉縣長致詞，恭賀旅行團平安抵臺修習學業，增廣知識。接著，參觀臺灣總督府、電話交換所、淡水館、步兵體操練習場、測候所（氣象局）等地。

11月1日，旅行團參觀座落於臺灣總督府海軍幕僚招待所的「物產陳列館」。招待所內花木扶疏，風景宜人。又參觀國語學校（日本人讀的小學），設備極佳，如同沖繩的中學校。下午參觀臺北病院（醫院）的實驗室、器具室、職員宿舍和醫學校，並到艋舺商業區閒逛。

11月2日，旅行團參觀臺灣總督府藥品所衛生實驗室。贈送紀念品給總督府、臺北縣廳各二株八重山土產「蘇鐵」。

11月3日，天長節（明治天皇誕辰）。旅行團在臺灣總督府前參觀臺北混成旅團閱兵典禮及國語學校運動會。夜晚觀賞煙火和參加學生遊行，一同慶祝聖壽無疆。

---

❹ 森山昌全，〈明治32年臺灣修學旅行日記〉。

　　11月4日，旅行團從大稻埕搭船到淡水，參觀淡水公學校、理學堂大書院（OXFORD COLLEGE，1882年英國傳教士興建，位於今眞理大學內）。

　　11月5日，因雨，取消芝蘭（今士林）行程，改爲自由活動。

　　11月6日，旅行團參觀芝蘭國語學校、芝山岩、圓山公園。

　　11月7日，參觀臺灣日日新報社，回旅館整理行李，到基隆搭乘釜山丸返沖。8日中午抵達石垣港，學校派員迎接到島廳，於島廳解散回家。❹❺

2、沖繩商校學生實習旅行事例

　　1909年7月24日沖繩縣商校助教小野榮帶3名學生來臺旅行兩周，他們遊歷臺北新起街市場和南臺灣，一邊見習商業，一邊推銷絣（染織品）、漆器等沖繩工藝品。❹❻

3、沖繩官民組織觀光團訪臺事例

　　1913年1月沖繩縣有力人士推選那霸代議士（民意代表）擔任團長，官民共同組織一個觀光團訪臺。這次訪臺目的是該縣勞動力充足，工資低廉，其重要輸出品帽子因傳統麻織業衰落，原料缺乏，需要採購臺灣麻發展製帽業，爲了解原料供給情形，加強沖、臺經貿合作關係，故而組團訪問臺灣。❹❼

---

❹❺ 森山昌全，〈明治32年臺灣修學旅行日記〉。

❹❻〈沖繩商業生徒の行商〉，《臺灣日日新報》，1909年7月24日，版3。

❹❼〈沖繩人の本島觀光〉，《臺灣日日新報》，1913年1月30日，版2。

4、琉球新報社組織 103 名觀光團訪臺事例

1916 年 4 月，琉球新報社主辦訪臺觀光團，團員來自那霸市 50 名、宮古島 23 名、八重山島 30 名，共計 103 名，團長為該報社員我謝盛翼。4 月 19 日觀光團一行搭乘八重山丸抵達基隆港，隨即前往臺北參觀勸業共進會，並旅遊島內各地，直到月底才離臺返沖。[48]

5、沖繩學校校長訪臺事例

1924 年 11 月 5 日，沖繩縣立農林學校校長小川養八、沖繩縣立水產學校校長栗尾協二搭船到基隆。預定訪臺二周，小川養八考察臺灣茶葉、柑橘生產情形，栗尾協二考察水產業推展實況。[49]

6、沖繩縣知事率團訪臺事例

1934 年 4 月 10 日，沖繩縣知事井野次郎、官房主事南益次郎、耕地課長中島保人、土木技師伊藤茂、山林技師蜂巢統三、縣立醫院院長鵜澤正男、宮古支廳廳長立石尙純、八重山支廳廳長垣花惠祥、沖繩縣知事侄子井野茂三、大阪商船那霸支店長久留島成次等重要官民，搭乘湖南丸到基隆，臺灣官員出面迎接。

當天訪問團在基隆市役所（市政府）三樓休息片刻，即乘汽車環遊市區一圈。接著，搭乘 8：53 火車去臺北。臺灣總督於官邸設宴款待。晚上 6：30 舉行歡迎宴時，有石垣倉治警務局長、深川繁治遞信部長、桝山保一祕書課長等官員列席。宴畢，訪問團於臺北車站搭乘特快車南下。

4 月 11 日，訪問團於天未亮前抵達嘉義，乘坐小火車上阿里山觀

---

[48]〈沖繩縣觀光團〉，《臺灣日日新報》，1916 年 4 月 20 日，版 7。
[49]〈臺灣產業視察　沖繩の兩學校長〉，《臺灣日日新報》，1924 年 11 月 7 日，版 2。

賞日出。4月12日離開阿里山，下午抵達烏山頭參觀嘉南大圳，夜晚投宿臺南市內旅館。13日參觀臺南糖業試驗場，途經高雄到屏東，參觀臺灣製糖廠及「蕃屋」（原住民房屋），再從高雄出發，搭乘夜車北上。4月14日晨抵達臺北，轉往基隆搭船返沖。❺⓪

綜上觀光團案例反映，沖繩旅客訪臺，利用那霸→基隆定期輪，或搭離島航線到石垣島，由石垣島轉乘不定期輪來臺，再利用全臺鐵公路系統遊覽南北各地名勝的人很多。

（二）訪臺心得

有關沖繩人來臺參訪印象如何，茲以沖繩小學教員、縣府官員為例，將其觀察心得闡述於後。

1、沖繩教員旅臺觀感

1920年12月27日，沖繩北谷小學教員久場里忠訪臺，對臺灣人把已經文明化的沖繩人當成未開化的琉球人，以侮蔑語氣嘲諷身穿琉球裝的行商婦深感不滿。他打算返鄉之後，向學校提出辭呈，到臺北開設一間職業介紹所，幫助沖繩婦女就業。❺①

2、沖繩縣知事訪臺印象

1925年4月15日至18日沖繩縣知事龜井光政訪臺期間，接受臺

❺⓪〈井野知事一行の島内視察日程〉，《臺灣日日新報》，1934年4月11日，版2；〈西表、與那國を今後大いに開發　井野沖繩縣知事の談〉，同，4月11日，夕刊版2。臺灣官吏姓名，參見緒方武歲編，《臺灣大年表》（東京：綠蔭書房，1992復刻版），頁236。
❺①〈地方近事／高雄　沖繩人の為めに〉，《臺灣日日新報》，1920年12月29日，版6。

灣日日新報社採訪，他讚歎臺灣：

> 從貧弱的沖繩來看臺灣，臺灣真是富裕之地，這裡有許多規模很
> 大的設施，內部也很完備。沖繩和臺灣氣候類似，海路距離很
> 近，沖繩籍教師、公司職員、技術工人、漁夫到臺灣就業的人很
> 多。八重山群島的日用品大部分仰賴基隆，兩地經濟關係相當密
> 切，今後沖繩資源的開發頗待臺灣專家前來協助。為此，深盼基
> 隆—西表島—那霸之間的命令航線（定期輪）能用大型船，並增
> 加航班次數，儘量以基隆為起點的南洋航線也能延長到那霸，使
> 之聯繫沖繩與華南、南洋的貿易關係。但，經濟貧弱的沖繩無力
> 籌措此一航線的補助款，需要臺灣幫忙。沖繩島民常吃甘藷，營
> 養不良，是罹患呼吸道疾病很多的地方。八重山則為瘧疾病患的
> 巢穴。進一步說，幾年前，八重山島曾有十二個聚落因為感染瘧
> 疾而全部病故。今年沖繩砂糖收穫減少三成，加上經濟不景氣，
> 導致商業情況十分蕭條，縣廳方面已向中央政府要求撥付 60 萬
> 圓救濟金。總之，我看到臺灣產業界蓬勃發展，財務充實的情
> 形，真是羨慕不已。❷

3、沖繩縣總務部長訪臺觀感

　　1936 年 11 月 16 日，沖繩縣總務部長清水谷結束訪臺活動後，對
臺灣各方面的進步發展向報社記者表示：

> 臺灣與沖繩中間有西表島和與那國島，這些島嶼相連，氣候風土

---

❷〈臺灣の發展を見て　沖繩の分弱さを つくづく痛感したと羨望する龜井知
事〉，《臺灣日日新報》，1925 年 4 月 20 日，夕刊版 2。

產業相似，今後應該互相提攜。這次我來臺與小林躋造總督、二見直三警務局長、山縣安郎內務局長會面，請其協助。高雄州現有沖繩縣民六、七百人，人數很多，為此，我也拜訪州知事內海忠司，請他指導關照。今日臺灣社會發展之速，令人感到驚異。如，產業方面，從以往粗放經營邁向集約、科學性的經營。經濟體從農業邁向工業化過程中，無論是產業、教育、衛生等各項設施，都顯現飛躍性的發展情況。尤其是，臺灣人充實的經濟實力讓人十分驚歎。希望今後沖、臺雙方經常交換各種考察團或觀光團，互相截長補短。❺❸

綜合上述，可以了解沖繩人眼裡所看到的臺灣，大部分是產業經濟發達、公共設施完備，表面進步的物質生活，似乎很少發現日本人歧視臺灣人，臺灣人歧視沖繩人，社會各角落存在著族群、階級、性別等差別待遇問題。

五、訪沖臺灣觀光客

日本帝國自 1895 年統治臺灣以來，為了要用「文明與野蠻」、「先進與落後」區別統治者與被治者的差異，達到威嚇、籠絡及啓發臺灣人順服母國之目的，相當重視以官費補助方式，規劃觀光行程，募集臺灣有力者、菁英分子到「內地觀光」。舉例言之，1897 年臺灣總督府首度舉辦「內地觀光」時，一共招募泰雅族、布農族、排灣族、曹族等原住民 13 人，前往長崎、京都、大阪、神戶、名古屋、橫須賀、東京等地觀光。原住民在一個月觀光行程裡，參觀了日本各

---

❺❸〈臺灣と提携したい沖繩縣部長の歸縣談〉，《臺灣日日新報》，1936 年 11 月 19 日，版 3。

大都市之文物、生產炮彈之軍工廠、練兵廠、小學、織布廠、造船廠、造幣局。臺灣原住民對母國之強盛、社會之進步，工商業之繁榮，無不感到新奇與敬畏。❺❹

值得提出的是，臺灣總督府每次舉辦「內地觀光」，在安排觀光行程之際，都以「威嚇」、「啓發」型之觀光策略，展現其德政及宣揚母國之富強。進一步說，其悉心策劃之觀光地，包括：長崎、熊本、博多、門司、八幡、小倉、廣島、岡山、姬路、枝光、神戶、大阪、京都、山田、日光、奈良、名古屋、橫濱、橫須賀、東京等，目的地雖多，❺❺ 但卻從未考慮規劃到近在咫尺的沖繩觀光。之所以如此，主要是因發展落後的沖繩不能對臺灣人產生「威嚇」或「啓發」的作用。

（一）觀光客訪沖活動

日本皇族、侍衛官每年視察臺灣都路過沖繩，在臺任職的日官、公務員、商人也很頻繁地赴沖出差，或經由沖繩返鄉探親、榮升新職。換言之，出自公差、業務考察、學術研究、增加見聞、探親度假等，一個或一個以上之目的，訪問沖繩的旅客數不勝數。❺❻ 有關臺灣觀光客訪沖觀感，茲舉數例闡述於後。

---

❺❹ 鄭政誠，《他者的天空：日治時期臺灣原住民的觀光行旅》，頁 45-46、57。

❺❺ 鄭政誠，《他者的天空：日治時期臺灣原住民的觀光行旅》，頁 55-56、98-99。

❺❻ 相關報導如：〈人事會事　田代技師の歸府〉，《臺灣日日新報》，1901 年 10 月 12 日，版 2；〈人事會事　佐々木旅團長の歸團〉，同，1902 年 4 月 12 日，版 2；〈雜報／佐藤宜蘭廳長〉，同，1903 年 5 月 12 日，版 2；〈成毛拓殖局長八月一日沖繩へ〉，同，1928 年 7 月 31 日，夕刊版 1。

1、烏秋生遊歷八重山島印象

1915 年 9 月 14 日至 19 日，《臺灣日日新報》連載「烏秋生」著〈巡遊薩南之島──八重山〉文章 7 篇。「烏秋生」遊歷八重山，對當地習俗有很寫實的描述：

> 人間到處有青山。八重山群島的民宅都是用茅草蓋的，居民用石土築成很高的石牆，家家戶戶都種防風樹，用福木圍成。八重山自古以來就以養豬聞名東都，當地人用味噌煮肉的口感很好。將林投去葉，取其心莖和米水一起煮，浸水一段時間後，和肉類一起煮的料理味道也很美妙。八重山種的西瓜很甜，附近尖閣群島（釣魚臺列島）盛產磷礦和魚類，是漁夫出漁極好的漁場。唯對觀光客而言，讓人感到最不愉快的事是，家家戶戶都缺廁所設備，只在豬舍的一個角落放兩個石頭，讓人踩在石頭上排便。❺❼（筆者摘譯）

2、烏秋生遊歷沖繩島印象

1915 年 9 月 24 日至 11 月 9 日，《臺灣日日新報》連續刊登烏秋生撰〈巡遊薩南之島──沖繩本島〉文章 30 篇。有關其訪沖心得，茲摘要記述於後。

> 那霸港的珊瑚礁起伏，不能繫留 2,000 噸級以上的大船，由於港

---

❺❼〈薩南の島巡り　八重山（一）〉，《臺灣日日新報》，1915 年 9 月 14 日，版 3；〈薩南の島巡り　八重山（二）〉同，1915 年 9 月 15 日，版 3；〈薩南の島巡り　八重山（三）〉，同，1915 年 9 月 15 日，版 3；〈薩南の島巡り　八重山（四）〉，同，1915 年 9 月 16 日，版 3；〈薩南の島巡り　八重山（五）〉，同，1915 年 9 月 17 日，版 3；〈薩南の島巡り　八重山（六）〉，同，1915 年 9 月 18 日，版 3；〈薩南の島巡り　八重山（七）〉同，1915 年 9 月 19 日，版 3。

灣設施不完備，不能振興商業，所以沖繩縣政府從明治 41 年（1908）起就開始修築那霸港，但規模很小，比不上基隆港和打狗港（高雄港）。沖繩與臺灣氣候風土相似，理應互助互補，然而，現在兩地交通只有不定期輪船二、三隻，每月航行二次，航次太少不僅對旅客往來兩地不便，且對運輸物資也有很大的障礙。來到那霸感到最愉快的事是，看到奧武山公園裡的老松樹有亭亭迎風之勢。公園裡還有日俄戰爭紀念碑及奈良原（前沖繩縣長）的銅像。其實，那霸代表新沖繩，首里代表舊沖繩（指琉球），保留了傳統士族的房邸和古樸的民情。沖繩百姓很窮，一天生活費只花 5 錢，窮人常吃唐芋（甘藷）和豆腐。糸滿町的商業活動很活躍，居民很富有，男子到基隆近海去捕魚，婦女從事商販活動，他們的收入全部平分給家族，男女老少都有些積蓄。沖繩人十之八、九穿著自家紡織的芭蕉布，在街上赤腳步行。那霸人口有 53,000 人，公私娼約 4,000 人，從事醜業的娼妓當地人稱之為「尾類」。[58]

指出沖繩本島、離島鄉土文化很獨特，經濟發展很遲緩。沖繩人因資源缺乏，謀生困難，所以一般人生活過得很貧窮，日子過得很簡樸。又，沖繩本島南端糸滿町商業活動很興盛，擅長漁撈的男子多到基隆

---

[58] 〈薩南の島巡り　沖繩本島（四）〉，《臺灣日日新報》，1915 年 9 月 28 日，版 3；〈薩南の島巡り　沖繩本島（五）〉同，1915 年 9 月 29 日，版 3；〈薩南の島巡り　沖繩本島（七）〉同，1915 年 10 月 1 日，版 3；〈薩南の島巡り　沖繩本島（十四）〉同，1915 年 10 月 9 日，版 3；〈薩南の島巡り　沖繩本島（十九）〉同，1915 年 10 月 16 日，版 3；〈薩南の島巡り　沖繩本島（二十二）〉同，1915 年 10 月 20 日，版 3；〈薩南の島巡り　沖繩本島（二十三）〉同，1915 年 10 月 21 日，版 3；〈薩南の島巡り　沖繩本島（二十五）〉同，1915 年 10 月 24 日，版 3；〈薩南の島巡り　沖繩本島（二十七）〉，同，1915 年 10 月 27 日，版 3。

近海去捕魚，婦女忙做生意，其工作所得都平分給家族，男女老少皆有積蓄，呈現很另類的漁村經濟習俗。

3、莊琮耀訪問八重山、宮古島印象

1920 年臺籍旅客莊琮耀為了解沖繩商況，順路往八重山、宮古島旅遊。莊琮耀一到八重山、宮古島，感覺最不方便的是島上沒有自來水。島民依靠積存雨水維生，生活所需飲用水，必須肩挑水桶上山汲取泉水。讓他感到最驚奇的是，婦女都把重物放在頭頂上頂著，她們很勤奮，不是下田耕作，便是到處兜售貨物，為維持一家生計的重要支柱。相形之下，男人多遊手好閒，不幹活養家。❺⑨

4、莊琮耀訪問那霸印象

1938 年 9 月 1 日至 4 日，《臺灣日日新報》連續刊登莊琮耀著〈沖繩旅遊記〉文章 4 篇，其觀光心得記載：

> 首里王城無論是建築、繪畫、雕刻，染織工藝，都在東洋文化史上獨放異彩。……糸滿町的男人出海捕魚，婦女行商，男女分工清楚，經濟各自獨立，個人主義發達，社會組織特殊。……沖繩人在農曆 5 月 4 日那天，有舉行龍舟競渡的習俗，當天出海捕魚的糸滿町漁夫一定要回來參加這項活動。……那霸原野或農村到處都可看到規模大、外觀壯麗的墳墓，那些墳墓要比臺灣人的墳墓氣派。每逢農曆 3 月清明節，沖繩人家家戶戶祭祖，家族集合外出掃墓。他們在墓前寬廣的空地上休息，男人喝酒，女人喝茶，小孩到附近海濱撿貝殼，掃墓心情好像辦郊遊似的和樂融

❺⑨〈無絃琴〉，《臺灣日日新報》，1920 年 7 月 29 日，版 2。

融。**⑥**

即謂糸滿漁村男女分工清楚，經濟各自獨立，農曆 5 月有龍舟競渡的習俗。又謂，那霸到處有規模壯觀的（龜型）墳墓，農曆 3 月清明節家家戶戶有祭祖掃墓活動，反映當地受到中國傳統文化影響，含納了漢族歲時節慶與祭祀習俗。（見圖 2-11）

（二）觀光客訪沖印象

1937 年來自臺北、新竹、臺中、臺南、高雄的有力人士，包括 12 名日本人、10 名臺灣人，組織了一個訪沖觀光考察團，他們從 5 月 6 日起到 11 日為止，進行為期六天的旅遊活動。有關遊覽行程及觀光印象，茲敘述於後。

5 月 6 日下午 3：20 觀光考察團由基隆出發，搭乘大阪商船株式會社的湖北丸向北航行。7 日上午 7 時抵達西表島，由於湖北丸要搬運石炭，而往仲良灣投錨，預定在此寄港一晝夜，次日上午 7 時出航。

5 月 7 日上午 8 時，考察團冒著細雨前往白濱村訪問。白濱村是一小漁村，只有幾十戶居民，民宅酷似臺灣原住民的「蕃屋」，房子很矮，庭院前栽種許多讓人感到很親切的熱帶植物，如：榕樹、橡木、扶桑花、香蕉樹等。丸三礦場老闆為使炭坑工人子女都接受教育，建造了一所設施簡陋的小學，學童人數共 120 名。另建蓋：員工宿舍、免費醫療所、娛樂場、公共澡堂、納骨塔及自來水等設施。西

---

⑥〈沖繩の旅より　首里王城〉，《臺灣日日新報》，1938 年 9 月 1 日，夕刊版 4；〈沖繩の旅より　恩納嶽〉同，1938 年 9 月 2 日，夕刊版 4；〈沖繩の旅より　墳墓〉同，1938 年 9 月 4 日，夕刊版 4。

表島面積 20 平方公里，到處有低矮的山地，平地很少，海岸邊有老松、奇岩和濃密成林的熱帶樹，炭坑遍佈全島，島民擅長造船，對外主要出口石炭和木材。

　　5 月 8 日上午 7 時湖北丸啓航。11 時抵達石垣島，每名旅客繳納渡船費、棧橋使用費共 50 錢。午餐過後，在市內自由活動。下午 5 時登船。石垣島面積 16.75 平方公里，人口 20,750 人，農業用地約占七成，主要農產品有稻米、甘藷。石垣町居民共 14,842 人，商業繁榮，爲該島物資集散中心，重要建築物有八重山支廳、警員署、稅務署、郵局、瘧疾防治所、農業學校。町內雖未發現乞丐和無業遊民，但島民生活程度很低。

　　5 月 9 日上午 7 時湖北丸駛近宮古島，由於港口有珊瑚礁，無法繫留，故在距離海面 1 浬之處投錨。旅客下船轉乘渡輪到平良町上岸，每人繳納渡船費 20 錢、棧橋使用費 5 錢。考察團一進入町內，映入眼簾的是生長很茂盛的蘇鐵。宮古島支廳長爲考察團介紹支廳概況，接著，由職員當嚮導，帶領參觀中小學校、公益當鋪、織物同業組合、紡織上布工廠。下午 2 時登船，4：20 航向那霸。

　　宮古島人口共 67,276 人，其中，平良町占 27,801 人，重要建築物有警察署、中學校、區裁判所、稅務所、畜牧場，爲宮古上布重要生產地。宮古上布的生產史長達三百年，往昔都以當地麻當做織布原料，然而，近年來麻產量減少，多從臺灣進口。宮古輸入臺灣麻之中，以臺中州埔里出產的苧麻品質最好，最受市場歡迎。據訪問得知，宮古上布年產量一萬疋，價格約 40 萬圓，主要銷售地爲東京及日本各大都市。

　　5 月 10 日上午 10 時湖北丸停泊那霸港，11 時上陸。考察團到旅館休息片刻，午餐過後，下午 1 時由沖繩縣社會事業協會主事當嚮導，同往官幣小社「波上宮」參拜。接著，拜訪縣廳，並參觀縣立工

業指導所、球陽學園、首里市役所、圓覺寺、首里城、沖繩神社、鄉土博物館、護國寺、百貨公司。（見圖 2-12）晚宴由縣政府在三杉樓招待琉球料理，考察團一邊觀賞那霸美女表演琉球舞，一邊品嘗香醇美味的泡盛酒，欣賞風雅哀怨的蛇皮線（三弦琴）音樂。（見圖 2-13）

5 月 11 日上午 8 時考察團分成二組，一組參觀那霸市區，一組遊覽孔子廟、尚男爵家的別墅「識名園」（見圖 2-14、2-15）。識名園為琉球國王休養及接待外國使臣之處，興建於 18 世紀末，庭園內之正殿為赤瓦屋頂的木造建築物，水池中除了有中國風味的六角亭、大小拱橋外，四周還有泉石、假山、飛瀑，風景幽雅巧妙，不愧為天下一大名園。下午安排參觀泡盛造酒廠。

綜上所述，可知臺灣觀光團考察項目繁多，參觀內容豐富，旅客對於沖繩優美的自然、人文景觀和其獨特的民俗文化，留下很深刻、美好的回憶。[61]

六、結語

旅遊資源在旅遊對象中位居核心地位，旅遊資源吸引力的大小，可以激發觀光客出遊選擇旅遊目的地的動機。臺灣總督府鑑於臺灣具備氣候溫暖、日照充足、花木終年不謝、熱帶產物種類多、山嶽挺拔綿延、海岸線曲折、溪流、河川、溫泉等自然條件，為日本人喜愛旅遊的地方；交通運輸是旅客到達旅遊地的手段，也是旅客在目的地活動不可欠缺的手段，因此，在發展、改進臺灣交通設施的同時，也參加或舉辦各種展示會，藉由媒體宣傳，及成立「觀光協會」、「觀光股」、「觀光基金會」等組織，來提高臺灣的知名度。

---

[61]《社會事業の友》，第 105 號（臺北：臺灣總督府內臺灣社會協會，1937 年 8 月），頁 24-39。

與此對照，沖繩和臺灣氣候類似，海路距離很近。18、19 世紀，歐美船登陸琉球，雖已發現當地擁有很獨特的自然、人文景觀，但沖繩當局不重視旅遊資源，因無旅遊策略，交通運輸、公共設施不足，所以無法創造大量的旅遊市場。

儘管如此，日、臺人基於公務出差、商務考察、學術研究、增加見聞、探親度假等各種目的，往來於沖、臺兩地的旅客多不勝數。

臺灣觀光客訪問沖繩，主要旅遊地有：八重山島、宮古島、西表島、石垣島、那霸市。主要參觀對象為：沖繩縣廳、縣立工業指導所、球陽學園、首里市役所、圓覺寺、首里城、識名園、沖繩神社、鄉土博物館、護國寺、百貨公司等。旅客訪問沖繩的印象是，既富有民族文化、鄉土文化色彩，又有十分獨特的自然風光和人造景觀。

反觀沖繩官民訪問臺灣。沖繩人對 1895 年被劃入日本版圖的臺灣很陌生，為認識帝國的新領土，了解臺灣風土人情，而有以修學旅行、商務考察、公務視察等名義，各自組團旅遊臺灣。沖繩觀光團旅遊範圍遍及全臺各地，旅遊主題包括：臺灣總督府、各級地方政府、電話交換所、步兵體操練習場、測候所（氣象局）、淡水館、學校、商業中心、阿里山、南臺灣製糖廠等。對於沖繩旅客而言，臺灣近代化基礎建設的完備、蓬勃發展的工商業、實力強大的地方產業經濟、進步豐富的物質生活，最讓他們感到羨慕。

貳　經貿往來（1895-1945）

第三章
石花菜與社寮島沖繩人聚落

一、前言

　　社寮島（今和平島）位於基隆東北端，面積約0.8平方公里，❶是一處風景秀麗，氣候與沖繩相似的小島。（見圖3-1）日治時代（1895-1945）社寮島周圍水深10餘公尺到100公尺的海區，除了盛產鰮魚、柔魚、鯛魚、鰹魚、旗魚外，還以生產品質優良的石花菜（寒天草，又名臺灣草）而聲名大噪。社寮島漁業資源豐富，海路距離沖繩很近，每逢春夏二季石花菜成長期，約有數百名沖繩漁夫來此採集，漸漸的，季節性漁民定居下來，飲食店、雜貨店也相應而生，島的西北端形成一個頗具規模的沖繩人聚落。

　　有關沖繩漁民移居社寮島的研究，1932年鈴木民部〈基隆港一般海上生活者的社會性設施問題〉一文，對沖繩人的生活樣態有很詳細的描述。1990年又吉盛清實地踏查沖繩人遺址，對沖繩人的生活軌跡做了一些補白。2005年呂青華訪問5名社寮島居民、1名宮古島出

---

❶〈土地〉，收入臺灣總督府官房調查課編，《臺灣總督府第三十九統計書》（臺北：臺灣總督府官房調查課，1935），頁1。

身的魚販，對戰後沖繩人的去向做了若干調查報告。2008 至 2013 年筆者發表三篇論文：〈基隆社寮島的石花菜與琉球人村落（1895-1945）〉、〈基隆社寮島的沖繩人村落（1895-1945）〉、〈基隆社寮島的沖繩人網絡（1895-1945）〉，分別以石花菜、沖繩人村落、沖繩人網絡爲焦點，針對社寮島沖繩人的經濟活動做了不同面向的探討。❷

　　本文爲對沖繩人移居社寮島背景、採集與買賣石花菜實況，以及與當地人競爭漁業情形做一系統性的論述，擬就：一、沖繩近代漁業的展開；二、基隆漁業發展概況；三、石花菜與沖繩漁民；四、石花菜管理措施；五、社群衝突與融合；六、沖繩人在臺勞務網絡等項，做一具體的分析。

二、沖繩近代漁業的展開

　　明治時代（1868-1911）日本政府爲發展自給自足的水產品並輸出海外賺取外匯，引進西方先進國家的漁業技術、漁場使用權觀念、漁業資源保護法、魚市管理規則等，積極的實施近代化漁業政策。進一步說，1875 年明治政府將幕府時代海面爲各藩所有收歸國有，1886

---

❷ 鈴木民部，〈基隆港に於ける一般海上生活者に對する社會的施設問題〉，《臺灣時報》昭和 7 年（1932）9 月號，114-118 頁；又吉盛清，《日本植民地下の臺灣と沖繩》（沖繩：沖繩あき書房，1990），頁 332-340；呂青華，〈基隆社寮島に於ける沖繩人の調查報告〉，《東方學報》第 25 期（高雄：東方技術學院，2005），頁 146-155；辛德蘭（朱德蘭），〈基隆社寮島的石花菜與琉球人村落（1895-1945）〉，琉球中國關係國際學術會議編集委員會編，《第 11 回琉中歷史關係國際學術會議論文集》（沖繩：琉球中國關係國際學術會議編集委員會，2008），頁 217-248；朱德蘭，〈基隆社寮島的沖繩人集落（1895-1945）〉，上里賢一、高良倉吉、平良妙子編，《東アジアの文化と琉球．沖繩—琉球／沖繩．日本．中國．越南》（東京：彩流社，2010），頁 49-77；朱德蘭，〈基隆社寮島の沖繩人ネットワーク（1895-1945）〉，我部政明、石原昌英、山里勝己編，《人の移動、融合、變容の人類史：沖繩の經驗と 21 世紀への提言》（東京：彩流社，2013），頁 53-74。

年頒布「漁業組合準則」（9條），規定漁業者在其漁業區成立組織，以互利互助精神發展地方漁業。1902年公告「漁業法」（76條），1910年修訂舊法，發布新「漁業法」（73條），其要點如：一、漁民在海面從事漁業活動，須向官府提出申請，取得入漁許可權；二、官府依據舊慣訂定漁場區與漁業種類，並核發許可證；三、漁民之間發生漁場區與漁業權範圍或漁業法糾紛時，得由官府出面裁決；四、未經許可擅自從業者處以百圓以下罰款，制訂了明確的漁業經濟制度。❸

　　沖繩位於日本列島南端，經濟水域廣大，漁業資源豐富。古琉球王府時代，琉球王國爲對明、清帝國進行朝貢貿易，輸出夜光蠑螺（夜光貝，製造工藝品螺鈿材料）、水產品，已經展開以近海漁業爲中心的潛水漁業。（見圖3-2、3-3）降至19世紀，明治政府禁止琉球朝貢中國，琉球近海漁業衰退，取而代之的是潛水漁業的興起。1880年代日本鰹漁船駛往奄美大島、沖繩近海出漁，傳入沖繩鰹一本釣漁業技術，擁有潛水技術的糸滿漁夫接受鹿兒島、宮崎漁業者指導，開始發展鰹一本釣漁業。1884年糸滿漁夫玉城保太郎發明水中眼鏡，因可利用潛水、聲音、火光把魚群趕進敷設海底漁網，此一名稱爲「大型追込網」（Agiya）捕漁法的開創，爲近代日本漁業發展史樹立了新的里程碑。據1892年統計，沖繩縣漁業人數有70%來自糸滿，糸滿漁民的漁獲量高居全縣一半以上的有鯊魚、飛魚等近10種。糸滿漁民以潛水爲基礎多樣化的捕漁法，不只是糸滿漁業的特色，其漁撈技術對沖繩許多漁村來說，也產生極大的影響。❹（見圖3-4）

---

❸ 長瀬貞一、周東英雄，《漁業政策》（東京：厚生閣，1933），參見附錄頁1-58。

❹ 上田不二夫，〈糸滿の漁業〉，沖繩大百科事典刊行事務局編，《沖繩大百科事典》上卷（那霸：沖繩タイムス社，1983），頁212；市川英雄，《糸滿漁業の展開構造　沖繩・奄美を中心として》，（那霸：沖繩社，2009），頁16-17。

　　糸滿式追込網漁業的發展仰賴大量勞動力和潛水人才，潛水技術的熟練與良好耐久勞動力的維持則須有年深日久的訓練。基於此一背景，縣內貧窮農家多把小孩賣給糸滿，出現所謂「雇子」，讓 10 歲左右男孩學習捕漁技術，女孩學習販賣漁獲或做女傭的社會現象。雇子制度說明習得潛水技術的糸滿漁民，其實未必都是糸滿本地人。雇子制度的另一特色是，可以勞務抵銷前借款，契約期滿因可成為獨立自主的漁業者，結果要比其他行業的人身買賣要好，所以賣小孩給糸滿漁村的風氣相當興盛。❺

　　值得留意的是，1907 到 1918 年間沖繩各地相繼頒布專用漁業權的規定，讓各村使用各村自己的海面權，糸滿漁民受到排斥，入漁困難，以及縣內鰹魚漁業勃興，餵食鰹魚的小魚必需使用追込網尋覓新漁場，他們為了追逐漁獲，需要不斷地向外移動，因此捕魚範圍便由縣內擴大到縣外，甚至到海外範圍很廣的地區。❻

　　有關沖繩漁民渡臺勞動情形，約從 1900 年開始，每年 4 到 8 月間就有數百名漁民前往社寮島採集石花菜。漁民來自八重山、宮古、糸滿、那霸、首里、國頭等地，他們三、四人一組，操作一隻獨木舟，使用很精湛的技術潛水採收。❼

　　相形之下，日本本土三重縣、千葉縣、長崎縣、岩手縣、山口

---

❺ 太田良博，〈雇子〉，沖繩大百科事典刊行事務局編，《沖繩大百科事典》下卷（那霸：沖繩タイムス社，1983），頁 730；上田不二夫，〈糸滿売り〉，沖繩大百科事典刊行事務局編，《沖繩大百科事典》上卷，頁 209。

❻ 前引上田不二夫，〈糸滿の漁業〉，頁 212；同氏，〈追込網漁業〉，沖繩大百科事典刊行事務局編，《沖繩大百科事典》上卷，頁 364-365；中楯興編著，《日本に於ける海洋民の總合研究——糸滿系漁民を中心として》下卷（福岡：九州大學出版會，1989），頁 5。

❼ 辛德蘭（朱德蘭），〈基隆社寮島的石花菜與琉球人村落（1895-1945）〉，頁 240。

縣、德島縣、和歌山縣、福井縣、靜岡縣等地水產資源豐富，住在海邊的漁民從小就學習潛水技術，也很盛行搭乘漁船出海，由男的操舟，由名稱為「海女」（ama）的女子潛水採收海藻、貝類、鮑魚。❽伊豆白濱地區的採集業是個好例子。具體的說，男子操船搭載四、五名海女，讓裸體或只穿一件襯衫的海女在腰部繫著網袋，用一條繩子的一端綁住船隻，另一端綁住垂入深海的石塊或鐵錘，再用一條繩子套住身體潛入水中，將採集到的石花菜放入網袋。海女如果工作累了，會浮出水面暫行休息，經過反覆作業，等到網袋裝滿石花菜後，再讓男子拉起，收回綁住石塊或鐵錘的繩子，收工上陸。日本內地也產石花菜，由於男女分工式的潛水採收效率很高，所以不必渡臺參與石花菜採集活動。❾

三、基隆漁業發展概況

漁業根據漁船噸位大小、使用漁具不同、作業地區遠近，可以分為：遠洋漁業（動力漁船 50 噸以上）、近海漁業（動力漁船 50 噸以下）、沿岸漁業（無動力漁船）、養殖漁業四種。❿

如圖 3-5 所示，臺灣四周環海，魚類很多，主要海產物、漁場及漁期如下。

---

❽〈海女學〉資料庫：http://www2.ocn.ne.jp/~amagaku/amagaku2.htm。http://www2.ocn.ne.jp/~amagaku/amagaku6.htm（2007 年 10 月 22 日瀏覽）。

❾ 木村金太郎編著，《寒天に關する調查報告》（東京：水產同窗會，1917），頁 88-89。

❿ 李燦然、許君復，〈臺灣之近海漁業〉，臺灣銀行經濟研究室編，《臺灣漁業之研究》，臺灣研究叢刊第 112 種（臺北：臺灣銀行經濟研究室，1974），頁 66。

（一）沿岸、近海漁業

石花菜：基隆港沿岸、社寮島沿岸、澎湖列島周圍。生產期 4 至 8 月。

鰯魚：基隆港沿岸、鼻子頭、三貂角、蘇澳港北端、澎湖列島北端、高雄港沿岸。漁期 5 至 11 月。

鰹魚：基隆港沿岸、蘇澳及花蓮近海、臺灣東岸、東港南端、高雄港附近。漁期 3 至 6 月、9 至 12 月。

鯛魚：基隆北西。漁期週年。

龍蝦：基隆港沿岸、澎湖群島沿岸。漁期週年。

（二）遠洋漁業

鮪魚：基隆北東、臺灣南部海岸。漁期 2 至 6 月。

鯊魚：臺灣北岸、南岸、東岸、西岸。漁期 11 月至翌年 7 月。

眞鯛：新竹近海、澎湖近海。漁期週年。

連子鯛：基隆北東 150 海里以上。漁期週年。

赤鯛：臺灣海峽。漁期週年。

旗魚：基隆北東、蘇澳及花蓮東岸、臺灣南部海岸。漁期 9 月至翌年 6 月。

烏賊：基隆北東、臺灣海峽。漁期 3 至 8 月。❶

綜上所述，基隆沿岸不但出產石花菜、鰯魚、鰹魚、鯛魚、連子鯛、鮪魚、旗魚、烏賊、龍蝦，漁期很長，若干魚類全年也都可捕撈；還具備距離漁場近，使用漁船噸位小，勞動力節省，經營成本低

---

❶ 基隆年鑑編輯委員會，《基隆年鑑》（基隆：基隆市政府，1947），頁 83；基隆市文獻委員會，《基隆市志水產篇》（基隆：基隆市文獻委員會，1957），插圖；張一鳴，〈臺灣之沿岸漁業〉，頁 126；李燦然、許君復，〈臺灣之近海漁業〉，頁 66、78、84、92、104、107、115。

等誘因，所以吸引不少外地人前來基隆從事漁業經濟活動。

　　吉井治藤太，1875 年出生於大分縣富商家庭，17 歲起到全日本各個漁場踏查多年，1896 年應聘於臺北德永商行工作，幾年後獨立營業。吉井治藤太從九州聘僱潛水夫來臺，起初在本島、澎湖沿海採集海產物，1905 年到彭佳嶼租地，創設「基澎興產合資會社」，擔任營業代表。1907 年投資「基隆水產株式會社」，擔任專務取締役（常務理事）。1910 年他從日本招來一艘 19 噸級、25 馬力的發動機船「基興丸」，協同漁師 24 名、鰹節（乾製柴魚）技術工員 6 名，於社寮島八尺門開設一間鰹節工場，成為臺灣第一位發展鰹魚加工製造業的資本家。⓬

　　1909 年日本人、沖繩人組織一個「內地人漁業組合」，聯合建造石油發動機漁船和海難救助船，積極的發展沿海漁撈事業。1910 年臺灣總督府建造漁業試驗船，啟動海洋調查與水產試驗計劃。1911 年臺灣總督府鑑於日本官民來臺人數增加，對海產品消費量增大，便令殖產局建造小型試驗船「凌海丸」（430 噸級）推展近海漁業試驗事業。1912 年日本拖網漁業傳入基隆。同年基隆水產會社自宮崎縣聘僱漁業教師鈴木善太郎來臺，指導社寮島漁夫大敷網（Large set net of triangular shape）捕撈技術，漁獲以鰹魚為主，其他魚類尚有鮪魚、鰆魚、鰺魚、旗魚、雜魚。1918 年殖產局成立水產課，負責發展漁業經濟。1919 年日本發動機船底敷網漁業傳入基隆，近海漁業蒸蒸日上。1920 年臺灣總督府水產試驗船凌海丸從基隆出發，航行沖繩本島、與那國島、福州東犬島海域，進行海洋測量與漁業試驗活動。

⓬ 朱德蘭，〈基隆社寮島の沖繩人集落（1895-1945）〉，頁 55。〈臺灣人物誌〉資料庫：tbmc.ncl.edu.tw:8080/whos2app/servlet/whois?simplegenso（漢珍數位圖書股份有限公司製作，2015 年 9 月 15 日瀏覽）。

其後臺灣總督府讓凌海丸每年出航四次，每次航程一周，從事海洋資源調查與水產品試驗，並派「綠丸」展開漁場探險活動，只要一發現漁群迴游，就立即通知漁夫前往捕撈。❸

　　1924 年臺北州因渡臺漁業人員增多，發動機漁船活動日益活躍，為發展圍網漁業、珊瑚採集業、魚類製造業、改革水產業金融制度，故相繼頒布「漁業法」、「臺灣漁業組合規則」，規定漁業團體要以漁村做單位，讓各村漁戶納入各村漁業組合中成為組合員，謀求共同利益。1931 年基隆進行八尺門漁港興築、魚市棧房、冷藏供給場及其附屬設備工事。1934 年基隆漁港、漁業專用無線電信及陸上設施竣工，近代化漁業建設大體已告完備。❹

四、石花菜與沖繩漁民

　　石花菜是一種生長在深海岩石上的海草，日本名稱「寒天草」、「心太草」，臺灣俗稱「菜燕」，中國泛稱「洋菜」、「菜絲」，歐、美國家稱為 Isin-glass 或 Agar-agar，主要用於：一、食品。如，日本人用來做甜點、料理、醃漬物；中國人、新加坡人、印度人、歐美人用來做點心、料理、果醬、奶油、止渴劑；二、製作罐頭。三、魚類、肉類貯藏材料。四、釀酒沉澱材料。五、藥劑。六、塗料。七、

---

❸〈基隆虎列剌詳報 初發患者〉，《臺灣日日新報》，1912 年 6 月 13 日，版 7；〈基隆虎列剌詳報〉，同，1912 年 6 月 14 日，漢文版 6；朱德蘭，〈基隆社寮島の沖繩人集落（1895-1945）〉，頁 55-56。

❹〈籌設基隆漁港　近將著手填埋　外建市營漁民住宅等〉，《臺灣日日新報》，1931 年 10 月 28 日，夕刊漢文版 4；〈基隆漁港落成式〉，同，1934 年 7 月 3 日，夕刊漢文版 4；基隆年鑑編輯委員會，《基隆年鑑》（基隆：基隆市政府，1947），頁 83-84；基隆市文獻委員會，《基隆市志水產篇》，頁 35。1920 年臺北、基隆歸屬臺北州管轄。參見許雪姬策劃，《臺灣歷史辭典》（臺北：行政院文化建設委員會，2004），頁 A153。

黏著劑。八、絹絲紡織精練原料。九、製造玻璃。十、製作模型。十一、印刷。十二、學術研究（黴菌培養、藻類培養、消毒性蘚類培養、切片標本之接著劑）等，用途廣泛，戰前在日本、國際市場有很大的消費量。❶

　　基隆運銷日本本土的石花菜，日本人稱爲「臺灣草」。臺灣草分爲：磯草（Yiso-kusa）、平草（Hira-kusa）、鬼草（Oni-kusa）、絹草（Kinu-kusa）四種。磯草一名泥草（Doro-kusa），乃 4、5、6 月間繁殖於基隆沿岸一帶極淺的水域，與平草同屬於「一番草」。鬼草在 5、6、7、8 月間繁殖於波浪洶湧的潮流，水深約四尋（20 餘公尺）之處。絹草又名眞草，它和鬼草一樣，都在 5、6、7、8 月間生長於水深二、三尋深的海裡。一般而言，6 月前後育成的海藻，也就是「二番草」質地最佳，7 月以後生長的「三番草」品質最差，枝葉常常枯萎或流失，且有貝殼或砂礫附著其間。臺灣草分佈於北部野柳岬、社寮島沿海、八斗仔、鼻頭角、三貂角附近，其中，社寮島、基隆沿岸岩石多、海水溫暖，具備繁殖海草的天然條件，是臺灣沿海生產量最多，品質最佳的出產地。❶

　　有關石花菜採集法，據調查指出，臺灣漢族婦女是在海水退潮時，採集露出水面的部分，或到水淺處採收，每人每天約採 10 斤，最多 20 斤。基隆平埔族會用潛水法採收，但採集人數少，採集數量有限。令人矚目的是，沖繩每年約有數百人前往社寮島，他們三、四人編成一組，各操一隻獨木舟，以很優異的潛水技術，潛入 20 餘公尺深的水域大量採集。沖繩漁民每人每天可採 100 到 300 斤，一年採

❶ 木村金太郎編著，《寒天に關する調查報告》（東京：水產同窓會，1917），頁 2、3、345。
❶〈基隆の寒天草〉，《臺灣日日新報》，1907 年 3 月 26 日，版 4。

收額達 30 餘萬斤，由於採收量大，可以提高臺灣草輸日數量，故對日本發展寒天食品加工業、玻璃工業、醫藥業、印刷業等做出不少貢獻。❼

五、石花菜管理措施

日本寒天食品主要製造地分布於大阪、京都、長野、兵庫，其中以大阪製造額最多。在橫濱、神戶、大阪、長崎、門司、函館等重要輸出港裡，又以神戶港輸出量最大，神戶輸出品大部分來自大阪，主要輸出對象是中國大陸、香港。❽

（一）寒天草採收者取締規則

1901 年 9 月 4 日《臺灣日日新報》刊載〈寒天草況〉一文記述：

寒天草一物去年在大阪、神戶市場每百斤價值 8 圓，而自北清事變（庚子事變）之際，寒天輸出比常年減少，如本年輸出該草僅值 5 圓，若其照值售賣，即有幾分失本，各輸出者空積蓄棧房以待今後轉機耳。唯寒天草為本島北部產物，將來大有厚望，緣未立約束章程，其流弊在濫採濫收，貽害發育甚非淺鮮。原來此草係本島沿海庄民所採收，他處庄民不得與焉，此為慣習。至改隸後，由沖繩八重山等處許多採收者渡來，竟反從來慣習侵佔區域採收，彼我之間致生嫌隙往往有之。而近來輸出內地增加於前，濫行採收其弊益甚，故政府有設立約束方法之議，現在查核中

---

❼〈基隆の寒天草〉，《臺灣日日新報》，1907 年 3 月 26 日，版 4。
❽ 木村金太郎編著，《寒天に關する調查報告》，頁 7、287、307、311。

焉。❶❾（依照漢文版原文抄錄，標點符號為筆者添加）

1901 年 9 月 22 日《臺灣日日新報》〈石灰原料採收之管束〉一文報導：

> 基隆港附近繁殖寒天草是大家很熟悉的事，附著於寒天草的石塊
> 則是成為石灰之原料的東西。最近潛入社寮島附近的琉球人因為
> 漁業活動空閒，寒天草採收期也還沒開始，有人就收集石塊賣給
> 石灰製造所，一天收集總額多達 10 萬個。假如每個石塊附著 20
> 夕寒天草，總額共 2,000 貫目，將它換算成斤，共有 1,250 斤。
> 假定 1 斤代價 8 錢，總計就有 100 圓。可是，琉球人把賣給別人
> 的石塊，每百斤只賣 3 錢而已。這種現象的最壞結果是，會使日
> 後失去一個有發展希望的經濟產品。❷⓪（原文為日文，筆者中譯，
> 以下同。）

反映 1924 年臺灣總督府在頒布「漁業法」以前，因實施保護日本人利益的漁業政策，沖繩漁民可以自由的行使漁業權，渡島採集石花菜，以至於濫採濫收，甚或潛入深海採取石塊，出現破壞寒天草生長的怪象。

基隆廳為維護寒天草繁殖環境，並防止漁民發生爭採糾紛，便於 1902 年頒布「寒天草採收者取締規則」，即：

一、規定採收者的採收區，採收者要提出申請，取得基隆廳許

---

❶❾〈寒天草況〉《臺灣日日新報》，1901 年 9 月 4 日，漢文版 3。
❷⓪〈石灰原料採收の取締〉，《臺灣日日新報》，1901 年 9 月 22 日，版 3。

可。

二、寒天草採收區不許業者壟斷採收。

三、為使寒天草種苗繁殖，禁止在基隆堡八斗仔庄土名八斗仔沿岸一帶三丁地區以內的海底採收。

四、在基隆廳指導下，要根據檢查寒天草成長情況決定、公開告示採收期，採集期以外的時間不准採收。

五、寒天草乃黏著含有石灰質的岩石類，因此不許開採、毀壞及翻倒岩石。

六、關於寒天草乾燥程度，以六成五弱以上為標準，不許混入泥石和雜草。

七、經紀人（仲買人）收購寒天草的對象，如果不是領有許可證的採收者，不許進行收購。

八、反之，也不許採收者賣給不被許可販賣的仲買人。

違反者要按違反事項輕重，處一日以上十日以內之拘留，或五十錢以上十圓以下之罰款，或處一日以上三日以內之拘留，或五十錢以上一圓九十五錢以下之罰款。❹

指出基隆廳管束要點：一、對採收者實施申請許可制，規範採收區；二、保護寒天草育成環境，並依其成長情況公告採收期；三、寒天草之買賣應注意乾燥，不可混入他物；四、仲介商（經紀人）只能向領有許可證的採收者收購，採收者只許賣給被官府認可有經營權的仲介商。

---

❹〈寒天草採收の取締〉，《臺灣日日新報》，1902 年 5 月 8 日，版 2；〈寒天草採收取締に就て〉，同，1906 年 6 月 8 日，版 2。

（二）寒天草移出檢查取締規則

　　寒天草受到晴雨長短、颱風、海水溫度等氣候變化的影響，每年採收期不一定相同。依照規定，基隆廳觀察寒天草成長狀態，在公告採收日期前，採集者須向官廳提出申請，經過核可方許採收。採收期間，熟練潛水技術的沖繩人，有的會到距離海岸較遠的地方採集品質很好的寒天草，但卻拙於交易，因和臺灣人只在淺海採收量少而且品質很差的海草售價一樣，感到憤懣不平，因此不將石花菜乾燥，或混入雜草增加重量，故意以不正當手段把品質變差。沖繩漁民也有貪圖高價求售，不賣給已經預約的仲介商，改與投機客交易的。臺籍漁民方面，則有為增加重量，撒上鹽水，結果反倒損害品質，影響好價格的情形。❷

　　基隆廳政府為防止採收者把石花菜品質變差，降低臺灣草在日本的商品價值，便於1906年6月1日發布「石花菜移出檢查規則」，即：

> 一、移出內地（日本本土）的石花菜須於未包裝前受檢查。該檢查所係置在基隆、媽宮（馬公）兩處。
>
> 二、檢查員照所定標本，視（於）品質、乾燥程度、混入物等，分為一等、二等、三等和等（等級）外四種。每百斤包裝（為一份）加受等級證印。
>
> 三、若有詐偽不正之行為以圖移出者，則處50圓以下之罰金。
>
> 四、檢查津貼費每百斤2錢。

---

❷〈寒天草採收之約束〉，《臺灣日日新報》，1906年5月2日，漢文版4；〈石花菜採取取締〉，同，1906年6月6日，版2；〈寒天草取締規則違反者〉，同，1907年7月13日，漢文版5。辛德蘭（朱德蘭），〈基隆社寮島的石花菜與琉球人村落（1895-1945）〉，頁225。

五、此檢查係定自（6月）15日起行之。❷❸（依照漢文版抄錄）

指出臺灣石花菜在包裝運銷日本以前，商人須將貨物送到馬公或基隆檢查所接受檢查，受檢品按照官方評定標準，依其品質優劣劃分為四級，違規出口將依法裁罰。不過，宜蘭漁業者因當地石花菜產量年年增加，運送基隆檢查所頗不方便，經向廳政府陳情，1912年當局同意於宜蘭設立一處檢查所。❷❹

（三）基隆寒天草收購團體

1906年官廳實施移出檢查制度以來，提高了臺灣草在日本本土的聲價。有關收購商利益如何？茲探討於後。

1、寒天草仲買組合

1907年以前，寒天草收購商大部分屬於散戶，並無商團組織參加收購事業。散戶每年只須繳納5圓稅金，便可擁有收購權。收購商包含日本人、臺灣人，每年人數不等，介於30餘名到70餘名之間。1907年以後，收購商以「寒天草採收者取締規則」為後盾，不是找藉口壓迫採收者廉價出售，便是以不公平等級向漁民降價收購，使得

---

❷❸ 1906年6月1日基隆廳公佈廳令第十三號「石花菜採取取締規則並に檢查規則」。另見〈石花菜採取取締〉，《臺灣日日新報》，1906年6月6日，版2。

❷❹ 〈臺灣總督府公文類纂〉，冊號2039，文號5，明治45年（1912）7月1日，〈訓令第百六十九號臺灣總督府民政部殖產局附屬內地移出石花菜檢查所規程中改正、告示第百十四號臺灣總督府民政部殖產局附屬內地移出石花菜檢查所ノ名稱位置中追加、告示第百十五號明治四十一年告示第六十四號中追加內地移出石花菜檢查所改正及同檢查所名稱位置等告示追加ノ件〉；〈臺灣總督府公文類纂〉，冊號2284，文號7，大正3年（1914）4月1日，〈石花菜檢查所規程：石花菜檢查ニ關スル訓令及告示ノ件〉。

採收者滿腹牢騷，怨聲載道。❷❺

　　1909 年 7 月 28 日《臺灣日日新報》刊載〈寒天草仲介商之蠻橫〉一文報導，該年大阪、神戶市場價格：一等品每百斤 14 圓 50 錢至 15 圓，一、二、三等品平均價格約 12 圓 50 錢。基隆收購價格：一等品 9 圓至 10 圓、二等品 7 圓 50 錢至 9 圓、三等品 6 圓至 7 圓 50 錢、等級外之粗品 3 圓至 6 圓。反映基隆廳忽略漁民利益，制訂移出品檢查法的目的，主要是爲官方作業上的方便。至於仲介商利用「不許採收者賣給不被許可販賣的仲買人」爲利器，壓迫採收者賤價售貨所衍生的弊害，輿論認爲遲早有加以改革的必要。❷❻（見圖 3-6）

　　1907 年基隆富商松本儀之助、森山敬次、吉井治藤太、赤濱永壽等人，以發達及改良寒天草爲目的，獲得廳政府許可，成立「寒天草仲買組合」，開始以雄厚的集團力量收購寒天草。❷❼「寒天草仲買組合」要點：

　　一、以日本行情爲標準，先由組合員規定統一收購價格後，再實施收購。
　　二、設置寒天草的乾燥場所及倉庫。
　　三、組合員如有預借資金給採收者的情形，其他組合員則不能忽視預借資金的組合員，任意收購採收者採收的寒天草。
　　四、組合員要付 30 圓做爲身分保證金，才能加入會員。

---

❷❺〈寒天草の採收時期〉，《臺灣日日新報》，1901 年 4 月 9 日，版 2；〈基隆の寒天草〉，同，1907 年 3 月 26 日，版 4；〈基隆產業狀況　水產〉，同，1907 年 8 月 9 日，版 2；〈寒天草仲買人の橫暴〉，同，1909 年 7 月 28 日，版 3。
❷❻〈寒天草買入直段の改定〉，《臺灣日日新報》，1907 年 5 月 30 日，版 4；〈寒天草仲買人の橫暴〉，同，1909 年 7 月 28 日，版 3。
❷❼〈寒天草仲買組合の設立〉，《臺灣日日新報》，1907 年 3 月 29 日，版 4。

　　五、仲買組合設立後，若有人要申請加入，須要有二名以上的組合員出面保證。

　　六、違反規定有不當行為者，要付 30 圓以下的過失金。組合幹部分為正副組合長各一名、評議員七名、事務員一名。❷❽

　指出：一、寒天草仲買組合是以會員組織的方式，比照日本行情統一收購價格；二、組合員可對採收者提供預借款，擁有收購先佔權；三、組合成立後，新進會員需繳納 30 圓身分保證金，有二名以上組合員保證，才能加入組合。反映該組合結合有力者之資金，企圖以商團力量大肆收購，壟斷寒天草利益。

　　仲買組合低價收購寒天草，完全不顧漁民利益的結果，大大降低了寒天草輸日質量。1908 年當局為革除問題根源，決定廢止寒天草仲買組合之收購權，將寒天草全部交給水產組合收購。❷❾ 然而，廳政府不許採收者自由販售，讓水產組合承購寒天草之做法，形同「新瓶裝舊酒」，仲介商「霸買霸賣」性格不變，依舊以蠻橫手法掠取寒天草暴利。❸⓿

2、臺灣水產株式會社

　　1910 年吉井治藤太在八尺門設置鰹魚製造場後，為擴張漁業經濟

---

❷❽〈寒天草仲買組合の設立〉，《臺灣日日新報》，1907 年 3 月 29 日，版 4。

❷❾〈寒天草仲買組合の設立〉，《臺灣日日新報》，1907 年 3 月 29 日，版 4；〈寒天草仲買組合の廢止〉，同，1909 年 3 月 27 日，版 3。

❸⓿〈基隆寒天草採收に就て〉，《臺灣日日新報》，1910 年 2 月 5 日，版 3。1909 年 5 月 23 日基隆農會與水產組合一起舉行創立大會，基隆廳長兼任農會及水產組合長，總務課長兼任農會副會長及副組合長，基隆聞人許梓桑擔任農會會員兼組合員總代。參見〈基隆農會發會式〉，《臺灣日日新報》，1909 年 5 月 23 日，版 3。

事業，而聯合日、臺籍富商，如：木村久太郎、佐藤一景、伊藤政重、明比實平、近江時五郎、張達源、顏雲年、許梓桑、連金房、許招春等，總共 21 名，計畫募集 30 萬圓（每股 50 圓，共 6,000 股），合資創立一間「臺灣水產株式會社」，並以適當價格收購基隆「水產合資會社」、「基澎興產會社」之經營權。1911 年臺灣水產株式會社發起人決定認購 3,600 股，剩餘 2,400 股對外公開招募，其經營項目有：一、漁撈及水產物製造販賣；二、製造肥料及漁獲物委託販賣；三、海藻販賣；四、經營魚市場；五、經營運輸業；六、經營彭佳嶼畜牧業與開墾業等，事業範圍相當廣泛。臺灣水產株式會社的成立，成為基隆地區實力最強的仲介商團體。**❸**

　　其實，對於許多民間團體來說，收購寒天草是一項頗富魅力的事業。1913 年基隆公益社為籌措財源，曾向當局申請寒天草仲介收購權，但臺灣水產株式會社出面阻止，結果未能如願。**❸**

3、廢除寒天草採集權及收購權申請制

　　1920 年全臺行政區劃分為五州，臺北、基隆歸屬臺北州管轄。1926 年臺北州政府認為臺灣水產株式會社收購寒天草價格低廉，收購等級也不公平，為恐降低寒天草輸日質量，因而廢除以往對採集者、收購者公告，必須事先提出申請之規定。**❸**

---

❸〈臺灣水產會社成行〉，《臺灣日日新報》，1910 年 12 月 20 日，版 5；〈水產會社創立〉，同，1910 年 12 月 25 日，版 5；〈臺灣水產會社近況〉，同，1911 年 1 月 22 日，版 3。辛德蘭（朱德蘭），〈基隆社寮島的石花菜與琉球人村落（1895-1945）〉，頁 228。

❸辛德蘭（朱德蘭），〈基隆社寮島的石花菜與琉球人村落（1895-1945）〉，頁 228。

❸〈石花菜規則廢止漁民喜出望外〉，《臺灣日日新報》，1926 年 5 月 25 日，夕刊漢文版 4。

六、社群衝突與融合

　　1930 年，社寮島原住民人數很少，而且也已漢化，僅有 20 餘戶分布於八尺門渡口一帶。福建人有 200 餘戶，住在社寮島南部面對海灣的地方。沖繩人約有 74 戶，集居於島的西北端。日本內地職工約有 34 戶，分布於八尺門日本社會之中。❸❹（見圖 3-7）社寮島面積狹小，不同社群雜居於此島有何利益衝突？如何解決彼此紛爭？頗須做一分析。

（一）沖繩人與福建人關係

　　16 至 19 世紀福建漁民從季節型移民轉變成定居型移民期間，先後在社寮島南端建蓋了一間「天后宮」（媽祖廟）、二間「福德宮」（土地公廟）、一間「天顯宮」（祭祀大陸五嶽神明、媽祖與關公）、一間「社靈廟」（王爺公廟）。福建人興建寺廟的目的，主要是為祈求神明保佑行船安全、漁獲豐收及驅除疫病。❸❺（見圖 3-8）

　　據學者調查，社寮島沖繩人聚落是最早在臺灣形成的沖繩人聚落，規模要比島內其他地方大。❸❻唯，島上福建籍漁民認為，新來的沖繩人是其生活上的侵略者，總覺得不高興，很排斥、歧視他們，稱他們是日本內地的「生番」（野蠻人）。福建人、沖繩人為了爭奪漁業權或漁獲物，不僅在海岸、海面常常發生爭鬥，日常生活方面也時起衝突。如，1921 年 8 月 1 日晚上 9 點左右社寮島有人通報基隆郡

---

❸❹〈世に出る社寮島（上）基隆築港計畫の完成から特異な一大市街化せん〉，《臺灣日日新報》，1930 年 7 月 13 日，版 6。

❸❺ 楊景勻，〈基隆市和平島發展生態旅遊現況調查及推動策略之研究〉（基隆：國立臺灣海洋大學應用經濟研究所碩士論文，2006），頁 43；許梅貞等編，《洞窺和平島之美導覽手冊》（基隆：基隆市立文化中心，2002），頁 25-33。

❸❻ 又吉盛清，《日本植民地下の臺灣と沖繩》，頁 335。

役所，說島上沖繩人與福建人爆發聚眾打架的事。警察趕到現場，發現有 200 餘名沖繩人、福建村民各自拿著武器，正在蕃薯田對峙。不過，當時還在爭吵中，尚未開始動武。警察問明詳情，方知衝突的原因是起於島上沒有自來水（1932 年始有自來水設施），島民都靠井水生活，由於天氣炎熱，井水量減少，福建人村落為了用水，叫小孩半夜到沖繩人聚落去偷偷汲水，結果被沖繩人發現挨了一頓打。小孩回到自己的村落報告大人後，福建人以為沖繩人要來攻擊，拿起武器去偵查，沖繩人誤會福建人要來報復，出來防衛，結果形成兩隊人馬劍拔弩張之態勢。❸

　　值得提出的是，1932 年經濟景氣低迷，島上居民生活維艱，由於無力負擔往返基隆、社寮島間的渡船費，便公推糸數元德（沖繩人）等四位代表向基隆署、市當局陳情。代表們表示，井上龜太郎自 1931 年承辦原先由基隆市政府（1924 年廳改為市）經營的渡船業以來，調高了市營時期的渡船費，即：大人 2 錢漲到 3 錢，兒童 1 錢漲為 2 錢，通學兒童依例不收費，但井上龜太郎徵收 2 錢。島民屢屢同他交涉，井上龜太郎唯利是圖，置之不理。官員回答，漲價一事並不知曉，依照合約規定，大人渡船費 2 錢、兒童 1 錢、通學兒童免費，如有違約情事，必將依法處理。❸

　　社寮島渡船費問題關係著島民的生活作息。福建人、沖繩人以此問題為契機，團結起來，舉行島民大會，一致向當局請願，要求官府儘速以機動船代行，或者各戶以輪班方式使用漁船代行。1933 年基

---

❸ 〈二百餘名の本島人と琉球人が將に降らさんとした社寮島の血の雨　原因は水泥棒の事から　警官の骨折で無事和解〉，《臺灣日日新報》，1921 年 8 月 3 日，版 7。

❸ 〈渡賃の不當値上げに社寮島民が陳情　基隆市役所、警察署を訪ねて〉，《臺灣日日新報》，1932 年 6 月 15 日，夕刊版 2。

隆市政府在八尺門有架橋工事、興建漁民住宅工程、移轉魚市等計畫，基於多方面考量，便將渡船業交給消防署代營。此後，社寮島不同族群在追求公共福利上，漸漸地取得不可思議的共識。1936 年基隆橋竣工，社寮島對外交通便捷，沖、臺人隨著活動範圍的擴大，相互交流越來越頻繁。❸（見圖 3-9）

（二）沖繩人與沖繩人關係

　　社寮島優良的寒天草採收者幾乎都由潛水技術精湛的沖繩人所包辦。❹ 住居社寮島的田中三郎（來自宮古島）和糸數元春（來自中頭郡與那城村）為競爭寒天草採收權，兩人經常反目。舉例言之，1926 年〈因競爭濫採石花菜大損失，沒法支付漁夫工資，好不容易順利歸國〉一文報導：

> 自去年（1925 年）以來，為競爭石花菜採取權的社寮島琉球漁夫田中三郎、糸數元春兩派，一進入今夏採取期，田中就以前借款方式，從八重山、宮古、島尻方面雇用了 300 餘名漁夫，打算擴大採取石花菜，糸數不想輸他，從沖繩雇用 200 餘名漁夫，開始互相爭採、濫採。不料石花菜因經濟不景氣，日本輸出中國不振和有代用品出現之故，使得大阪仲介市場價格由去年每百斤 60

---

❸〈渡賃の不當值上げに社寮島民が陳情　基隆市役所、警察署を訪ねて〉，《臺灣日日新報》，1932 年 6 月 15 日，夕刊版 2；〈社寮渡消防組代營　該島民盛唱反對　謂火災時島民不受其惠〉，同，1933 年 3 月 23 日，夕刊漢文版 4；〈渡船代行權獲得に社寮島民が猛運動　新舊岸壁間は從前通り〉，同，1934 年 2 月 18 日，版 7；〈基隆、社寮島を結ぶ　基隆橋見事に竣功　社寮島民多年の念願達成す〉，同，1936 年 5 月 16 日，版 5。

❹〈原始的の漁業から組織的の漁業へ　移り組合を作るべく　奔走中の社寮島居住琉球人〉，《臺灣日日新報》，1925 年 4 月 1 日，夕刊版 1。

圓暴跌到 30 圓。石花菜價格的降低因不能回收其雇工採收費，使熱中爭取組合許可採收權而發生磨擦的田中、糸數兩派損失慘重，幾乎弄到發不出薪水的程度。陷入生活困境的漁夫沒有旅費回國，只好在島上滯留了一陣子，一直等到七月才開始每二、三十名一團，分別組團搭船返回八重山、宮古、島尻等地。最近佐藤市尹（佐藤得太郎市長）試圖仲裁田中派與糸數派之間的糾葛，聽說即使組織採集組合，也很難籌措出組合的維持費。❹

反映以田中、糸數爲首的沖繩人集團爲了謀取石花菜利益，兩派競爭十分激烈。社寮島漁夫古堅昌眞（宮古島出身）屬於田中派，曾到糸數元春的家說：「同縣人互相反目對他縣人來說很沒面子」等憤慨激昂的話。糸數和正在他家與他同派的親川正光兩人向古堅勸酒，想要安撫他，不料竟發生格鬥，釀成糸數右大腿被砍傷，到基隆署控告古堅昌眞傷害罪之事件。❷

　　儘管田中、糸數兩派不和，每年一到寒天草採收期，因有數百名沖繩漁夫前來爭探，和有大群捕漁者在社寮島沿岸出沒，使其生計受到威脅，爲期共存共榮，雙方盡釋前嫌，協議向出漁者提出「居留民申報書」、繳納「入漁費」之對策，並自覺性的成立「社寮島漁業組合」（1928 年），互助合作，共謀集體利益。❸

---

❹〈石花菜の競爭濫獲で大損失　漁夫の給料支拂に困り　やっと順繰歸國させる〉，《臺灣日日新報》，1926 年 7 月 11 日，版 3。

❷〈石花菜採取から沖繩縣人が反目の末　田中派の爲めに糸數派の首領が傷つけられる〉，《臺灣日日新報》，1926 年 5 月 28 日，版 5。

❸〈社寮島漁業組合創立總會〉，《臺灣日日新報》，1928 年 3 月 8 日，版 1；又吉盛清，《日本植民地下の臺灣と沖繩》，頁 336。

（三）沖繩人聚落特色

1909 年以前，到社寮島採收寒天草的沖繩漁民生活很簡單，僅於採收場附近搭建一座棚子（大部分呈拱形），一天飲食費只用 10 錢而已。[44]1910 年二艘八重山島來的漁船在社寮島經營漁業後，漸漸地，出現定居型的沖繩漁民。寒天草採集者於採收期結束，也有一些人留下來，島的西北端形成以寒天草採集爲核心的沖繩人漁村。[45]

寒天草採集業爲沖繩人漁村的主要收入，漁民們每到 5、6、7、8 月，就以三、四人爲一組，乘坐一隻獨木舟，從社寮島西北方航往宜蘭沿岸，進行潛水法採收活動。[46] 有關採收者收入，平均一艘船一個月約收穫 100 圓，每人平分可得 25 圓。唯，採收利益頗受海外市場價格的影響，收入很不穩定，加上漁民一到冬天也不能出海捕魚，因此生活相當貧苦，大部分住在很簡陋的茅草小屋裡。[47]

1920 年以降，八尺門一帶興建了海陸物產株式會社、造船廠、貨物倉庫、醫院等辦公、廠房設施。[48] 社寮島爲適應日本商人、職員、船員、工人休閒生活上的需要，開始有日本人經營的「濱之家」公共澡堂，一間料理屋，兩間 1910 年左右沖繩人經營的料理屋。1920 年代沖繩漁村建蓋了三間公用廁所，有一半住戶的屋頂也變成了鋅鋪頂，但一般漁民住屋仍很狹隘，且與豬舍並列，環境衛生很差。沖繩漁村的學齡兒童幾乎都無就學，爲了幫助家計，常常撿拾沖到海岸的

---

[44] 〈琉球人の基隆出稼〉，《臺灣日日新報》，1904 年 9 月 8 日，版 5。

[45] 基隆市文獻委員會編，《基隆市志水產篇》，頁 9-10。

[46] 又吉盛清，《日本植民地下の臺灣と沖繩》，頁 336。

[47] 〈世に出る社寮島（下）基隆築港計畫の完成から特異な一大市街化せん〉，《臺灣日日新報》，1930 年 7 月 15 日，夕刊版 3。

[48] 基隆市文獻委員會編，《基隆市志沿革篇》（基隆市：文獻委員會，1956），頁 183-186。

木片回家當燃料。❹沖繩婦女在家也因沒有適當的副業而愁眉不展。1932年沖繩漁村生活被記者報導後，基隆市政府爲改善沖繩人家計，開始補助經費，聘請講師舉辦講習會，指導婦女學習編帽子、製作棕櫚扇運銷日本內地。❺

　　社寮島沖繩人漁村除了普遍貧窮，生活水準低落外，還有若干特徵，即：一、漁民保留了沖繩漁業傳統文化習俗。如，舊曆五月四日沖繩各地漁港都會舉行的「爬龍船」（划龍舟）競賽，也在社寮島沖繩人聚落前的海濱舉行。二、糸滿漁夫使用魚叉戳魚的技術很好，他們潛入海底，捕蝦子、墨魚、章魚、底棲魚類等，或以「籠漬」方式，把餌食放進竹籠裡，將它沉入海底捕魚，或以拽繩法捕魚等技能，不僅博得日、臺人的稱讚，還因傳授臺灣人漁撈技術，而對族群融合起到積極作用。❺一三、對來自日本內地的觀光客而言，社寮島福建人漁村的傳統文化在臺灣到處可見，不算希罕，坐船雇琉球人潛水捕魚，在茅草房的琉球料理屋裡，一邊吃超級新鮮的生魚片，一邊聽琉球小姐彈唱蛇皮線（鼓膜以蛇皮製作的三弦樂器）哀調，特別富有「異國」情趣。❺（見圖3-10、3-11、3-12）

---

❹ 鈴木民部，〈基隆港に於ける一般海上生活者に對する社會的施設問題〉，頁116-117。

❺ 〈沖繩式帽最近勃興　社寮島民編製〉，《臺灣日日新報》，1934年4月13日，夕刊漢文版4；〈帽子編みの講習會　二度目の開催〉，同，1934年6月16日，夕刊版2；〈社寮島の帽子編好成績　今後は棕櫚團扇も作る〉，同，1934年8月25日，版6。

❺ 基隆市文獻委員會編，《基隆市志人口篇》（基隆：基隆市文獻委員會，1958），頁10；又吉盛清，《日本植民地下の臺灣と沖繩》，頁333-334。

❺ 〈基隆の別天地　情趣に富む社寮島　琉球乙女が蛇味線に哀歌を奏づる情調〉，《臺灣日日新報》，1924年2月25日，版5。

七、沖繩人在臺勞務網絡

　　1905 年臺灣總督府調查，沖繩人在臺寄留人數共 779 名，其中有 45 名出生於臺灣。如表 3-1 所示，在臺沖繩人分布地：北部 6 區，男 279 名、女 192 名，男女合計 471 名，約占總人數的 60.5％，位居全臺第一。南部 7 區，男 108 名、女 78 名，男女共計 186 名，約占總人數的 23.9％，排列第二，其他依序爲中部、澎湖、東部。[53] 有關沖繩人在臺形成勞務網絡狀況，茲據《日據時期臺灣寄留戶籍資料》，以社寮島沖繩人聚落爲例，分析於後。

(一) 親川○光寄留戶 [54]

　　親川○光，職業漁夫，1893 年於沖繩縣國頭郡本部村出生，1915 年 22 歲來臺，寄留於社寮島 219 番地。1931 年 10 月 1 日臺灣總督府實施街庄制（町村制），社寮島改稱「社寮町」，219 番地改爲 241 番地。1916 年親川○光和年齡大他 3 歲的 Kame 結婚。Kame 出生於沖繩縣島尻郡大黑村，1918 年 5 月來臺，戶籍上有一次「講會取締規則」犯行紀錄，1929 年 11 月返鄉，在社寮島居留 11 年 6 個月，屬於長期寄留型。

　　1929 年 9 月，親川○光之父（74 歲）寄留社寮島，二年後病故。Tsuru，女性，32 歲，國頭郡出身，1930 年遷入親川○光之戶籍內，幫忙料理家事。1931 年 Tsuru 叫弟弟 Kenroku（漁夫）來臺，參加親川○光的捕魚工作。親川○光寄留戶裡共有 4 名漁夫，年齡介於 24

---

[53] 〈地方及體性別內地人ノ原籍地（原籍地卜現在地）〉，收入臺灣總督官房臨時戶口調查部編，《明治 38 年臨時臺灣戶口調查結果表》（臺北：臺灣總督官房臨時戶口調查部，1908），頁 402-407。

[54] 《日據時期臺灣寄留戶籍資料》（臺灣地區戶政事務所藏）。戶籍資料姓名除了報紙報導人物外，均以隱蔽方式呈現，女性名字以譯音表示。

表 3-1 沖繩人 1905 年在臺居留分布地及人數

北部 / 人數	中部 / 人數	南部 / 人數	東部 / 人數	離島 / 人數
臺北 / 男 142、女 128	臺中 / 男 18、女 13	嘉義 / 男 14、女 8	宜蘭 / 男 5	澎湖 / 男 31、女 17
基隆 / 男 84、女 40	彰化 / 男 5、女 5	鹽水港 / 男 9、女 7	臺東 / 男 10、女 3	
深坑 / 男 19、女 1	南投 / 男 7、女 1	臺南 / 男 45、女 43		
桃園 / 男 7、女 6	斗六 / 男 3、女 4	蕃薯寮 / 男 2、女 1		
新竹 / 男 16、女 14		鳳山 / 男 22、女 18		
苗栗 / 男 11、女 3		屏東 / 男 7、女 1		
		恒春 / 男 9		
小計 / 男 279、女 192 男女共計 471 占全臺總數 60.5%	小計 / 男 33、女 23 男女共計 56 占全臺總數 7.2%	小計 / 男 108、女 78 男女共計 186 約占總人數 23.9%	小計 / 男 15、女 3 男女共計 18 占全臺總數 2.3%	小計 / 男 31、女 17 男女共計 48 占全臺總數 6.2%

資料來源：根據〈地方及體性別內地人／原籍地（原籍地卜現在地）〉，收入臨時臺灣戶口調查部編，《明治 38 年臨時臺灣戶口調查結果表》（臺北：臨時臺灣戶口調查部，1908），頁 402-407 製作。

到 31 歲之間，全部來自國頭郡，和戶主有同鄉關係。4 名漁夫之中，有 2 名寄留 3 年 6 個月，1 名寄留 4 年 5 個月，1 名寄留 2 年 9 個月，均屬長期寄留型。[55]（見表 3-2、表 3-3）

（二）內間○三寄留戶

內間○三，職業漁夫，1881 年出生於沖繩縣島尻郡知念村，1925

---

[55]《日據時期臺灣寄留戶籍資料》（臺灣地區戶政事務所藏）。

年和同鄉 Maka 結婚，1926 年寄留社寮島 220 番地。1933 年內間○三的長男○郎（1912 年出生，為內間○三第一任妻子所生）和島尻郡糸滿町的 Toyo 結婚。1934 年內間○郎夫婦帶一個女兒到社寮島，寄留父親家，1935 至 1944 年在社寮島生下三男二女，屬於長期寄留型，且屬三代同居的漁業家族。

據內間○三寄留戶籍記載，同居寄留人之中，除其家族人口 10 名以外，另有 46 名男子、8 名女子。有關同居寄留人的本籍地，分別為：與那國島 18 名、石垣島 1 名、宮古島 4 名、島尻郡 13 名、那霸市 5 名、中頭郡 1 名、國頭郡 2 名、大島郡 9 名、愛媛縣 1 名。反映渡航社寮島謀生者，大部分是距離基隆較近的與那國島、宮古島及沖繩本島居民。（見表 3-4，見附錄）

同居寄留人的出生別，分別是：長男 13 名、次男 15 名、三男 5 名、四男 6 名、五男 1 名、庶子 1 名、私生子 5 名，及長女 5 名、次女 1 名、三女 1 名、庶女 1 名。換言之，到社寮島來打工者，大部分是貧窮家庭的長男、次男和長女。

有關同居寄留人職業，在 46 名男性裡，除去 33 名未註明職業外，其餘 13 名有業者之中，有 11 名是出海捕魚的漁夫，有 2 名是採集寒天草的裸潛漁夫。8 名女性裡，只有 1 名登記雇人，其餘沒有申報職業。

再論寄留人就業當時年齡，13 到 20 歲未成年 **❺** 男性有 18 名，21 到 56 歲已成年男性有 28 名，其中以 21 到 30 歲所占人數最多，共計 17 名。反映出海捕魚或見習捕魚的男性大部分是青少年。從業婦方面，除了 1 名 7 歲庶女不計外，20 歲以下的未成年女性共 4 名，21

---

❺ 據 1921 年國際聯盟規定，未成年指未滿 21 歲。參見吉見義明，《從軍慰安婦》（東京：岩波書店，1995），頁 165-167。

表 3-2 親川寄留戶籍中的同居寄留人資料（一）

No	出生別	年齡	本籍	職業	1寄留戶主	1年月	1地址	2寄留戶主	2年月	2地址	3寄留戶主	3年月	3地址	返鄉年月
1	長男	22	國頭	漁夫	親川○光	T4/9	社寮		S6/8	社寮	親川○光	S8/2	社寮	S9/4
2	長女	28	島尻		親川○光	T7/5	社寮							S4/11
3	一男	74	國頭		親川○光	S4/9	社寮							S6/2 死亡
4	私生男	24	國頭	漁夫	親川○光	T11/3	社寮							T14/9
5	三男	31	國頭	漁夫	親川○光	T11/3	社寮							T14/9
6	五男	27	國頭	漁夫	親川○光	T14/4	社寮							S4/9
7	二女	32	國頭		宮國○	S5/3	社寮	親川○光	S6/8	社寮	親川○光	S8/2	社寮	S9/4
8	長男	25	國頭	漁業	親川○光	S6/7	社寮	親川○光	S6/8	社寮	親川○光	S8/2	社寮	S9/4

備註：T＝大正年號、S＝昭和年號。1寄留戶號。1寄留戶主是第一次寄留戶籍戶主，1寄留戶主是第一次寄留戶籍內的護主，1年月是指第一次寄留時間，1地址是指第一次寄留地址，其餘編號以此類推。

資料來源：據《日據時期臺灣寄留戶籍資料》製作。

表 3-3 親川寄留戶籍中的同居寄留人資料（二）

出生別／人數	本籍地／人數	身分／職業／人數	寄留時年齡／人數	寄留期間／移動方向
長女 1	島尻郡 1	平民／主婦 1	28 歲 1	寄留 11 年 6 個月／返鄉
一女 1	國頭郡 1	平民／不明 1	22 歲 1	寄留 4 年 1 個月／返鄉
長男 2	國頭郡 2	平民／漁夫 2	a22 歲 1 b25 歲 1	a 寄留 18 年 9 個月／返鄉 b 寄留 2 年 9 個月／返鄉
一男 1	國頭郡 1	平民／無 1	74 歲 1	寄留 1 年 5 個月／死亡
三男 1	國頭郡 1	平民／漁夫 1	31 歲 1	寄留 3 年 6 個月／返鄉
五男 1	國頭郡 1	平民／漁夫 1	27 歲 1	寄留 4 年 5 個月／返鄉
私生男 1	國頭郡 1	士族／漁夫 1	24 歲 1	寄留 3 年 6 個月／返鄉
小計女 2、男 6 共計 8	國頭郡 7、島尻郡 1	士族 1、平民 7、漁夫 5、主婦 1、無職 1、不詳 1	22 歲 -31 歲 7、74 歲 1	

資料來源：據《日據時期臺灣寄留戶籍資料》製作。

到 25 歲已成年婦女有 3 名。

　　值得留意的是，表 3-4 第 11 號名叫西銘○造的漁夫 1910 年出生於島尻，是戶主內間○三的姻親。1930 年西銘 20 歲第一次來臺，到 1935 年 9 月返鄉為止，寄留社寮島長達 5 年 6 個月。1937 年 7 月 16 日西銘 27 歲第二次來臺，同年 8 月 5 日返鄉，僅僅滯留 20 天而已。1938 年 6 月第三次來臺，1940 年 2 月返鄉，寄留 1 年 8 個月。1942 年 8 月 28 日第四次來臺，同年 11 月 3 日返鄉，寄留 66 天。西銘○造數度往返沖、臺的動機不明，推測第一、第三次長期寄留是為參加內間○三漁夫的出漁活動，第二次夏季短期寄留可能是為採集寒天草。

　　表 3-4 第 18 號名叫橫山○雄的男子，1920 年出生於鹿兒島大島郡，1935 年 9 月 15 歲以「同居寄留人」身分寄留內間○三戶籍裡，1939 年 11 月返鄉。橫山○雄寄留 4 年多期間，一直跟隨內間○三出漁。1940 年 1 月橫山○雄第二次寄留內間○三戶內，同年 6 月轉寄留內間○三住所對面，社寮町 250 番地青山○澤的戶籍裡。

　　有關婦女移動方面，如第 48 號名叫眞境名○エ的女性，1918 年出生於中頭郡，初次到高雄打工年齡不詳，1942 年 4 月 24 歲離開高雄中村○吾的寄留戶，轉寄留內間○三的戶籍內，迄 1944 年 4 月返鄉為止，在社寮島就業兩年，推測是幫內間○三料理家事。

　　有關同居寄留人住居社寮島時間，男性：有 24 名寄留 1 年以下，有 17 名寄留 1 年以上、不滿 3 年，有 10 名寄留 3 到 6 年，有 1 名寄留 7 年 5 個月。女性：有 4 名寄留 1 年以下，有 4 名寄居 1 年以上、不滿 3 年。反映前來社寮島打工的沖繩人大部分屬於長期寄留型。

　　表 3-4 的社會關係包括：同鄉關係（如第 9 號、第 10 號、第 11 號來自島尻郡）、父子關係（第 34 號、第 35 號）、夫婦關係（第 23 號、第 24 號）、兄弟關係（第 1 號與第 2 號、第 23 號和第 27 號）、

親戚關係（第 11 號與戶主、第 23 號與第 50 號）。要言之，內間○三的同居寄留人是戶主家族、四組家族和許多同業、同鄉的跨境集合體。❺

（三）糸數元德寄留戶

　　糸數元德，1872 年出生於中頭郡與那城村的士族家庭，1909 年 37 歲渡臺，曾經在基隆義重橋 26 番地、社寮島 55 番地、社寮島 49 番地、社寮島 220 番地遷入遷出，後與家族長期住居社寮町 251 番地。糸數元德本來職業是藥局生，1912 年轉業，在社寮島經營一間名爲「糸數屋」的料理店。糸數屋生意很好，相當有名，1931 年糸數元德被選任社寮町委員、社寮島漁業組合長，在沖繩人聚落有很高的社會聲望。

　　糸數元德在故鄉娶過二個妻子，他和第一任妻子離婚後，1916 年第二任妻子來臺，協助經營糸數屋事業。長男○春出生於 1895 年，爲第一任妻子所生。○春的職業是漁夫，也娶二個妻子，第一任妻子 ×ma（中頭郡與那城村出身）不能生育，1925 年返鄉。1929 年 ×mato（島尻人）帶一個 4 歲大的私生女、一個 1 歲大的私生男和○春結婚，第二任妻子爲○春生育一男一女。

　　如同表 3-5（見附錄）所示，糸數戶籍裡的同居寄留人除了家族人口外，糸數屋一共雇用 36 名女子。婦女勞務包括：酌婦 11 名、仲居（指招呼客人的年長婦女）1 名、下女 17 名、雇人（雜工）5 名、畑作（種菜）2 名。婦女從業年齡爲：16 到 19 歲的酌婦有 3 名，21 到 30 歲的酌婦有 8 名。17 到 20 歲的下女有 6 名，21 到 29 歲的下女有 11 名。仲居 1 名 32 歲。雇人 2 名，各爲 16、18 歲，3 名在 22 到

---

❺《日據時期臺灣寄留戶籍資料》（臺灣地區戶政事務所藏）。

29 歲之間。畑作 2 名，各爲 24、25 歲。從業婦的本籍地，除了 1 名下女來自廣島外，其他來自：八重山 5 名、宮古島 2 名、島尻郡 8 名、那霸 14 名、中頭郡 2 名、國頭郡 2 名。統計從業婦的出生別：長女 16 名、次女 6 名、三女 5 名、四女 2 名、私生女 6 名、庶女 1 名。反映在糸數屋從事勞務的女性，幾乎都來自沖繩貧窮家庭的長女及特殊家庭的私生女。

有關婦女寄居社寮島期間，酌婦：有 4 名寄留 1 年以下，6 名寄留 1 年以上、不滿 3 年，1 名居留長達 13 年 8 個月。下女：有 8 名寄留 1 年以下，3 名寄留 1 年以上、不滿 3 年，3 名寄留 3 年以上、不滿 5 年。仲居 1 名寄留 1 年 9 個月。雇人：有 1 名寄留 1 年以下，2 名寄留 1 年以上、不滿 3 年，1 名寄留 3 年 10 個月，1 名沒有返鄉定居下來。畑作：有 1 名寄留 1 年，1 名寄留 2 年 5 個月。

再看婦女移動方向，1 名酌婦 1927 年從糸數元德戶轉出，轉寄留高雄鳳山松本○メ戶籍內。5 名下女、3 名雇人、2 名酌婦分別從社寮島其他沖繩人戶籍遷出，遷入糸數元德戶籍內。4 名下女、1 名雇人寄留糸數元德戶內一段期間，轉寄留社寮島其他沖繩人戶籍內。1 名畑作、2 名酌婦從糸數戶籍遷出，各自遷入蘇澳沖繩人比嘉○眞、上江洲定○、糸數○シ的戶籍內，2 名下女分別轉寄留花蓮沖繩人與那嶺○吉、西見○○郎戶籍內，1 名雇人轉寄留高雄北島○吉戶籍內。

以上酌婦、下女、雇人、畑作在社寮島沖繩人聚落中，有的做短距離移動，有的追隨漁夫出漁方向，分別往蘇澳、花蓮、高雄等漁港做長距離移動，從業婦的遷移方向，反映社寮島與全臺各地沖繩人聚落已有密切的情報傳遞網及勞務仲介網關係。

其實，漁夫到基隆、蘇澳、花蓮、高雄等地出漁，以基隆沿岸的漁業活動比較興盛。究其原因，源於每年 4 到 9 月除去颱風來臨的日子，北部海面頗爲平靜，南部海面則吹起西南季節風，風浪很高，加

上低氣壓常從呂宋通過巴士海峽、香港到大陸，漁船在高雄出漁為預防海難，故多改到北部或東部海面出漁。進入 10 月到翌年 3 月，則因東北季節風強烈，東北海面連日陰雨，天氣險惡，所以除了大型機動船可以出漁外，一般漁船都呈休止狀態。相形之下，南部海面比較平穩，漁船為了安全，不得不開往高雄出漁。❺⑧

　　要言之，沖繩漁夫因臺灣漁業蓬勃發展、不同魚類分佈不同漁場，以及季節變化必需移動，故其勞務範圍越來越大。距離沖繩群島最近的社寮島，則不單單是彼等來臺從事經濟活動的第一個立足點，而且也成為日後全臺沖繩人勞務情報的傳遞地。

八、結語

　　水產品含有豐富的動物性蛋白質，為人類攝取養分的重要來源之一。日治時代社寮島和基隆沿海地區，雖以出產石花菜、多種多樣的魚類聞名日本，但臺灣總督府認為臺灣人漁業知識缺乏，漁業工具、漁業技術也很落後，所以開放漁業權，讓擁有投資條件的日本漁業家及生活貧困的沖繩漁民來臺，共同參與石花菜採集與購銷日本之活動。

　　石花菜為生長在深海岩石上的一種海草，其用途廣泛，擁有很大的消費市場。沖繩和石花菜著名產地社寮島距離很近，每年石花菜採收期，因有數百名漁夫渡島濫採濫售，基隆廳為維護石花菜繁殖環境，除了對採收者訂立採收期、採收區、申請採集許可權等法規外，尚制定石花菜出口檢查規則，令採集者不得對非經核可的仲介商出售，以期提升石花菜在日本之聲價。

　　唯，擁有收購權的仲介商不顧漁民利益，壟斷暴利，阻礙了石花

---

❺⑧ 武內貞義，《臺灣》（臺北：新高堂書店，1927 年改訂版），頁 324-325。

茱輪日質量。殖民當局欲革除弊害，並促進漁業經濟發展，便於 1924 年發布「漁業法」，1926 年廢除採集者、收購者申請許可制之規定，俾使各漁村各自組織漁業組合，讓漁民納入組合，以互助合作精神，謀求共同利益。

社寮島沖繩人聚落是全臺出現最早、規模最大的沖繩人聚落。1930 年居住該島的有平埔族、福建人、沖繩人、日本人四大族群。以人數較多的福建人和沖繩人來說，雖然沖繩人內部、沖繩人與福建人之間，為競爭漁業利益時起紛爭，但當面對公共問題時，都能擯除己見，團結一致，追求集體福利。

值得一提的是，近代日本漁業邁向動力化、規模化發展期間，漁業情報網、勞動力仲介網的作用越來越大。如，社寮島漁業家親川○光、內間○三的寄留戶籍裡，登記了許多同居寄留人。同居寄留人來自各地漁村，分別通過業緣、地緣、血緣關係渡臺，與戶主一同參加出漁關聯性活動。又如，糸數屋店主雇用不少特種行業婦女，這些婦女大部分來自貧窮家庭的長女或私生女，在臺居留時間很長。社寮島特種行業婦女跟隨漁民追逐漁獲的方向，頻繁地在島內外遷入遷出，其移動方向反映，1910 年左右社寮島沖繩人聚落隨著臺灣漁業迅速發展，已與各大漁港建立了沖繩人情報互聯網、勞務供需網、同居寄留網等多元複合關係。

第四章
臺灣米與沖繩豬貿易

一、前言

　　米爲臺灣人、沖繩人（琉球人）的主食，豬肉爲其重要副食品。沖繩稻作很少，米糧多賴進口，對外大宗輸出品有：黑糖、布料、草蓆、瓷器、泡盛酒、生豬、漆器等。據 1928 年統計，沖繩縣生產額之中，糖業排名第一，其他產值依序爲輕工業、水產業、畜產業、林產業、礦產業。❶

　　明清時期臺灣與琉球很少往來，19 世紀後半葉兩地歸屬日本統治後，由於 1896 年大阪商船株式會社開設大阪→神戶→鹿兒島→大島→那霸→八重山→基隆定期航路，臺、日之間的海洋變成日本帝國的內海，做爲中途站的沖繩隨著臺、日貿易額的增大，其商貿網絡也不斷地向臺、日地區伸展。❷

　　有關臺、沖之間人群移動的探討，又吉盛清、水田憲志、松田良

---

❶ 伊地知貞馨，《沖繩志（琉球志）》（熊本：青潮社，1982），頁 177；當間嗣合，《沖繩の經濟難局との對策》（東京：新極東社，1930），頁 131。

❷ 真榮平房昭，〈近代の臺灣航路と沖繩──外來・在來をめぐる東アジア海運史の一視点〉，《史學研究》第 268 號，2010 年 6 月，頁 14-31。

孝、松田ヒロ子、野入直美、卞鳳奎分別就：二戰以前沖繩人移居臺灣、沖繩婦女來臺打工、臺灣人移居八重山、八重山臺灣季節工等議題，做過一些調查與研究。❸ 相形之下，臺、沖兩地的商品流通，尤其是商品交換之研究，似乎比較罕見。本文鑑於大米與生豬在臺灣、沖繩有很大的消費量，為闡明臺米與沖繩豬交易實況，主要利用《沖繩縣史》、《臺灣日日新報》及諸先學著作，針對：一、臺灣米穀產量與貿易量；二、日本政府介入米交易活動；三、臺灣米交易方式；四、米貿易商；五、臺灣進口生豬量；六、沖繩養豬業；七、臺灣養豬業；八、生豬商人等項，做一具體的分析。

二、臺灣米穀產量與貿易量

臺灣米屬於二期作，1922 年新品種蓬萊米（日本種）上市以前，出現在消費市場中的臺灣米幾乎都是在來米。在來米（以下統稱臺灣米）具有耐旱、早熟、生產量大、價格便宜，米質優於南洋米，形狀類似日本米，商家可以南洋米價格買入，經過調製與日本米混合後，

---

❸ 有關臺灣、沖繩之間人群移動的研究，參見又吉盛清，《日本植民地下の臺灣と沖繩》（沖繩：沖繩あき書房，1990）；水田憲志，〈沖繩縣から臺灣への移住——第二次世界大戰前における八重山郡出身者を中心として〉，關西大學文學部地理學教室編，《地理學の諸相——實證の地平》（東京：大明堂，1998），頁 380-397；水田憲志，〈日本植民地下の臺北における沖繩出身「女中」〉，《史泉》第 98 號，2003 年，頁 36-55；松田良孝，《八重山の臺灣人》（沖繩：南山舍，2004）；松田ヒロ子，〈沖繩縣八重山地方から植民地下臺灣への人的移動〉，蘭信三編著，《日本帝國をめぐる人口移動の國際社會學》（東京：不二出版，2008），頁 529-558；野入直美，〈生活史から見る沖繩・臺灣間の雙方向的移動〉，蘭信三編著，《日本帝國をめぐる人口移動の國際社會學》，頁 559-592；卞鳳奎，〈日本臺灣統治時代における臺灣人の八重山諸島への移民活動〉，《南島史學》第 74 號，2009 年 12 月，頁 15-31；朱德蘭，〈基隆社寮島の沖繩人集落（1895-1945）〉，上里賢一、高良倉吉、平良妙子共編，《東アジアの文化と琉球・沖繩－琉球／沖繩・日本・中國・越南》（東京：彩流社，2010），頁 49-77。

可按日本米價格銷售賺取厚利等特徵，所以參加臺灣米貿易者多不勝數。❹

　　追溯日本人大量食用臺灣米的起源，似以日治之初駐臺日軍為嚆矢。當時日軍來臺討伐抗日分子，抗日分子神出鬼沒，經常奪取軍糧，為了儲存戰備米，並預防日本內地時而荒歉，米價高漲，收購困難，或有船腹不足，載運延遲，發生緩不濟急之情事，故自1896年起臺灣總督府就在報紙刊登廣告，公開招標採購軍用食糧米。約與此同期，日本稻作受到人口急遽增加、都市化和工業化蓬勃發展、資本主義經濟擴張迅速、農村青年出外就業等因素的影響，食糧問題日趨嚴重，為適應民生需要，臺灣米便成為商界熱衷投資買賣的一大商品。❺

　　表4-1為歷年臺灣米收穫量之變化，即：1900年2,150千石，1911年4,491千石，1921年4,976千石，1931年7,480千石，1941年8,393千石，呈現年年向上增產之狀態。臺灣米貿易方面，1905年輸移出714千石之中，對日銷售630千石，約占總出口量的88.2％。1911年出口總數655千石之中，運銷日本650千石，約占總出口量的99.2％。1921年輸移出1,027千石裡，運輸日本1,024千石，約占總出口量的99.7％。1931年出口2,656千石之中，銷售日本2,656千石，占總出口量的100％。1941年總出口1,994千石中，對日運銷1,958千石，占總出口量的98.2％。明顯的反映臺灣米幾乎都以日本本土為

❹ 辛德蘭（朱德蘭），〈臺灣與日本之間米與海產品的交換：長崎華商泰益號的跨越海洋網絡（1901~1910）〉，朱德蘭主編，《第四屆國際漢學會議論文集：跨越海洋的交換》（臺北：中央研究院，2013），頁195。
❺ 辛德蘭（朱德蘭），〈臺灣與日本之間米與海產品的交換：長崎華商泰益號的跨越海洋網絡（1901~1910）〉，頁195-197。

表 4-1　臺灣米穀生產量及貿易量

年度	米穀數量（1,000 石）				比率（%）	
	收穫 A	輸移出 B	輸出	移出 C	B/A	C/B
1896			166			
1900	2,150	333	323	10	15.5	3.0
1905	4,354	714	84	630	16.4	88.2
1911	4,491	655	4	650	14.6	99.2
1921	4,976	1,027	3	1,024	20.6	99.7
1931	7,480	2,656	0	2,656	35.5	100.0
1941	8,393	1,994	36	1,958	23.8	98.2

備註：臺米以糙米換算。米穀收穫年始於前年 11 月至當年 10 月。米穀貿易量使用西曆紀年。
資料來源：據堀內義隆，〈日本植民地期臺灣の米穀產業と工業化──籾摺‧精米業の發展
　　　　　を中心に〉，《社會經濟史學》第 67 卷第 1 號，2001 年 5 月，頁 37 製作。

唯一銷售市場。❻

　　臺灣米銷售沖繩方面，1910 年 11 月 27 日《臺灣日日新報》刊載
〈琉球與臺灣白米〉一文記述：「琉球人來臺採集石花菜，知道臺灣米
味美價廉後，便對琉球大開販路，年年有急遽的發展。」（見圖 4-1）

　　表 4-2 為臺灣米運輸沖繩之數量。根據統計，1907 年臺灣米銷售
沖繩 434,340 斤，其中以名瀨（位於奄美大島）採購 255,265 斤數量
最多。1908 年臺灣米銷售沖繩 833,590 斤，仍以名瀨購買 803,010 斤，
所占比重最高。1909 年臺灣米運銷沖繩 1,781,300 斤，那霸消費
1,410,680 斤，排名第一。1910 年 1 月至 10 月止，臺灣米運銷沖繩
12,375,539 斤，仍以那霸消費 10,330,080 斤獨占鰲頭，其次為宮古島

---

❻ 大豆生田稔，《お米と食の近代史》（京都：ミネルヴァ書房，1993），頁 153、
　194；高橋龜吉，《現代臺灣經濟論》（東京：千倉書房，1937），頁 186、315；
　堀內義隆，〈日本植民地期臺灣の米穀產業と工業化──籾摺‧精米業の發展を
　中心に〉，《社會經濟史學》第 67 卷第 1 號，2001 年 5 月，頁 37。又，日本統
　計資料中，所謂「移出」是指戰前日本帝國圈內之商品交易，「輸出」是指日本
　帝國以外地區之出口貿易。

表 4-2 臺米移出沖繩數量

年別／數量／地區	1907 年／斤	1908 年／斤	1909 年／斤	1910 年 1 月至 10 月／斤	小計／斤
那霸	3,750	3,000	1,410,680	10,330,080	11,747,510
八重山	166,475	16,950	73,380	179,710	436,515
宮古	8,850	10,630	22,950	1,388,849	1,431,279
名瀨	255,265	803,010	274,290	476,900	1,809,465
共計	434,340	833,590	1,781,300	12,375,539	15,424,769

資料來源：據〈琉球と臺灣白米〉，《臺灣日日新報》，1910 年 11 月 27 日，版 5 製作。

消費 1,388,849 斤。又，1910 年十個月份臺灣米對沖繩出口之總量，要比 1907 全年銷售量增加 30 餘倍。

　　1909 年那霸消費臺灣米數量激增之原因不詳，據不完整資料統計，1910 年以後，那霸進口境外米數量如下：1923 年採購日本米 17,033 石、外國米（指南洋米）130,260 石、中國米 10,569 石、臺灣米 13,095 石、碎米 12,380 石，臺灣米占那霸進口米總數的 7.14%。1931 年購買日本米 18,588 石、臺灣米（多由日本轉運沖繩）195,672 石、碎米 27,444 石、朝鮮米 6,032 石、外國米 16,073 石，臺灣米占那霸進口米總數的 74.2%。1940 年採購日本米 10,441 石、臺灣米 161,593 石、朝鮮米 4,000 石、外國米 32,279 石，臺灣米占那霸進口米總量的 77.6%。顯而易見，臺灣米廣受那霸消費者歡迎，擁有很高的市占率。❼

---

❼〈那霸港県外輸移入ノ部〉，《沖繩縣史》第 20 卷資料編 10（沖繩：琉球政府，1967），頁 363、367。

三、日本政府介入米交易活動

1868 至 1890 年間，日本米除了在本國可以自給自足外，剩餘米尚輸出歐洲賺取外匯。其後，日本米受到國內人口迅猛膨脹，養蠶業與軍需產業勃興，青年離村到都市就業，稻作勞動力缺乏，加上天災頻仍等因素的影響，生產量銳減，形成食糧不足問題。日本政府為應市場需求、調節米價、平衡國際貿易收支，便於 1912 年公告輸入外國、朝鮮、臺灣產地米，並規定全國交易所須將殖民地米做為定期代用米。

不料，1914 年日本本土稻作豐收，米價跌落，日本政府為救助農民生計，就下令廢止代用米。一戰期間，南洋航往歐洲之船舶不足，多將在地米直接運銷日本。降至戰爭末期，日本米價因為南洋米歉收，各地實施限制或禁止米輸出政策；復因 1918 年日本應英、美列強要求，出兵西伯利亞（資本主義國家干涉俄羅斯成立社會主義政權），價格暴漲，導致富山縣魚津町之漁戶為阻止米穀運出縣外，而於 7 月 23 日掀起「米騷動」事件。此一社會運動進入 8 月中旬達到巔峰，到 9 月底為止，統計全日本共有 37 市 134 町 139 村爆發民眾暴動事件。❽

日本政府為了抑制米市出現投機性的交易活動，採取匯率補貼措施，也就是說，指定三井、湯淺、岩井等大商社承購外地米，提供市場需求。然而匯率補貼帶來巨大的財政負擔，為此，1920 年代便將食糧自給訂為目標，努力推行日本本土、殖民地米增產及米價調節政策。❾

---

❽ 大豆生田稔，《近代日本の食糧政策》，頁 18-25、42-49、139、154、157-164；三和良一，《概說日本經濟史近現代》（東京：東京大學出版會，2012 第 3 版第 2 刷），頁 93-94。

❾ 大豆生田稔，《近代日本の食糧政策》，頁 181。

　　米爲臺灣運銷日本的大宗商品之一。1904 年臺灣總督府爲防止米商交易常起糾紛，和建立統一、標準化規格，提高臺灣米輸日品質，故頒布「本島米運出內地檢查章程」，規定：臺灣米穀由基隆運往日本內地者都須接受檢查；檢查是在設有檢查所之處執行，但也依地制宜，可於米穀所在地申請檢查；米穀等級按照品質優劣、粒形完整、混合物多寡，依據總督府鑑定規則，劃分爲一等、二等、三等及等級外四級；米穀內如混入碎米、粟、糠、秕、土砂、塵芥等，檢查員得下令重新調製；違背檢查章程或拒絕臨時檢查，以及行使詐僞手段逃避檢查，和與已檢查之袋米，使用不正行爲者，均依犯行之輕重，處二百日圓內之罰金。❿

　　臺灣在來米缺乏粘性，口感差，儘管市場對它評價不高，但因日本米、朝鮮米均屬一期作，4 至 8 月臺灣米收穫期可補充日本米青黃不接，所以輸出量很大，臺灣本地食用米不足，則輸入便宜的南洋米或以甘藷充飢。⓫

　　值得一提的是，爲適應日本人消費米習慣，臺灣總督府在殖民之初就已補助各地方農會，進行米種改良計畫。經過長時期的試驗研究，1922 年終於育成近似日本米的蓬萊米。臺灣改良品種「臺中 65 號」運銷日本後，廣受市場歡迎，由於商品價值提高，蓬萊米漸漸普及於全臺各地，以至於 1930 年代其種植面積已呈飛躍性的發展狀態。⓬

❿〈本島米運出內地檢查章程〉，《臺灣日日新報》，1904 年 8 月 10 日，漢文版 3。

⓫李力庸，《米穀流通與臺灣社會（1895-1945）》，頁 42；蔡承豪，〈天工開物——臺灣稻作技術變遷之研究〉（臺北：國立臺灣師範大學歷史研究所博士論文，2009），頁 225。

⓬川野重任，《臺灣米穀經濟論》（東京：有斐閣，1941），頁 16-20、62-65。

四、臺灣米交易方式

水稻生長是否順利，頗受土壤肥沃度、雨量、氣溫、日照、風等條件左右。有關育成過程，以氣候溫和的臺中地區為例，一二月間播種，二三月間插秧，接著定時施肥，讓秧苗生長茁壯。秧苗發芽到幼穗分化約需 30 天，幼穗分化到開花約需 40 天，開花後到穀粒成熟約需 30 天，六月下旬到七月上旬為收穫期。稻穀收割經過日光、風力曝曬乾燥後，可用杵臼搗去稻殼，或送到碾米廠（俗稱土礱間）碾殼，以竹篩過濾米與殼，成為糙米，糙米經過一番調製、精選後，才成為白米。❸

以上作業完成，農家將其收穫量的一部分留做自用，一部分繳納佃租，剩餘米則流入市場銷售。在臺灣，島內米穀交易途徑分為：一、農家或地主賣給仲介商、碾米業者；二、仲介商、碾米業者賣給米店、米批發商、大仲介商、精米業者；三、米批發商、大仲介商、精米業者賣給出口商、零售商。臺灣米出口方面，貿易商鑑於水稻生長過程繁複，豐欠難以掌握，為圖搶占商機，其交易方式有：

1. 現貨買賣。此指講定數量、價格，在成交時支付貨款並授受現貨。

2. 預約購貨（先物買賣）。此指講定數量、價格及交貨期限，買方先付賣方貨款六成，等待期限一到，於授受現貨之同時結付餘款。

3. 委託販賣。普通委託販賣期為兩個月，較長的有三個月。臺灣出口商委託日本受貨主賣米，分為講定買賣價格和依照市價出售兩種，並不訂定收取貨款期限。

4. 與日本內地直接買賣。此指講定米穀買賣數量、價格及發貨期

---

❸ 蔡承豪，〈天工開物——臺灣稻作技術變遷之研究〉，頁 18、155-161、225。

限，直接運交日本本土販賣。❶

　　以上四種方式，是以第二種預約買賣比較普遍。有關交易契約，內容包括：包裝依照官方規定、檢查合格米證明、價格、交貨期限、交貨地點、付款方式等要點。❶

　　應該留意的是，臺灣農家大部分缺乏耕種資金，無法以當期收穫支持到下一期收穫，為了納稅或家計需要，一般在收穫前兩個月，就和碾米業者或仲介商簽訂買賣契約，承諾賣米並接受預付款。由於預付款不收利息的米，價格很低，買主也無農家不交米的顧慮，所以碾米業者、仲介商多在收穫前預購稻穀，將稻穀或糙米搬入自家營業所加以調製、精選，連同麻袋以一袋 50 公斤的重量裝袋，通過檢查所或米商組合檢驗合格後，運輸日本出售。❶

　　碾米店、仲介商預購米穀，也有違反約定交貨期限的情形。倘若超過期限，米價引起變動，較當初約定價格昂貴，買主可以獲得意外的利益。反之，如果米價滑落，買主對拖延約定期限的制裁，是將約定價格和交貨當時價格進行比較，讓賣主承擔其差額（俗稱「退價金」）。❶

五、米貿易商

　　臺灣中北部米的交易中心在臺北大稻埕，南部米在臺南商業區、安平港。1896 年軍政時期，石田庄七、天野光五郎、廣瀬鎮之等日商，獲得臺灣總督府認可，創設「株式會社臺北米穀市場」，開啓臺

❶〈中部米取引狀態（一）〉，《臺灣日日新報》，1911 年 9 月 28 日，版 5。

❶ 前引〈中部米取引狀態（一）〉；〈土壟間與移出米商 為保留金一圓問題 且議契約根本改正〉，《臺灣日日新報》，1927 年 7 月 27 日，漢文版 4。

❶〈中部米取引狀態（四）〉，《臺灣日日新報》，1911 年 10 月 4 日，版 5。

❶ 前引〈中部米取引狀態（四）〉。

灣米買賣事業。1897 年，商機敏銳的山田保太郎、東鄉七之助、西來路茂十、桑田與一、桑田支店等，得到臺灣總督府許可，經營臺北米穀市場仲介業，展開臺灣米現貨交易及期貨買賣事業。❶⑧

1909 年左右，採取企業經營、資本密集型生產技術的日系新式製糖公司興起，臺灣本地小規模生產的製糖商無力競爭，改營臺灣米買賣者增多，迎來了米商競相爭購米運銷日本的全盛時代。臺北地區著名商家有：三井物產株式會社臺北支店、大倉組臺北支店、宮副商店、津坂商店臺北支店、兒島商店、大塚商店、源順號、勝記號、建祥號、大和行等。基隆地區重要米商有：瑞泰號、金德發號、萬和號、日發號等。臺灣南部有：三井物產株式會社支店、大阪糖業株式會社、阿部商店、香野支店、德昌號、海興號、捷興號等。米商為了掌握商機，在日本或臺灣設立本店、支店、聯號（聯盟關係），直接從事米貿易者越來越多。❶⑨

臺灣米輸出日本後，主要集散中心是：東京、橫濱、大阪、神戶，其次為下關、門司、名古屋、四日市、三池、長崎、那霸等地。1924 年神戶成為臺灣米一大交易市場，成交額約占日本總移入額的三分之一，販售對象包括：名古屋、大和、伊勢、高知、今治、宇品、高濱、鹿兒島、尾之道、小樽、青森等地之低收入戶。❷⓪

在日本，經營臺灣米買賣的大商家有：三井物產、大倉組、增田屋、湯淺商店、岩崎商店、津坂商店、睦商會、米穀公司，這些行號在神戶、橫濱、東京及其他重要市場設有店鋪，年年以預約、現貨交

---

❶⑧〈廣告〉，《臺灣日日新報》，1896 年 12 月 26 日，版 4；〈開店廣告〉，同，1897 年 8 月 6 日，版 4；〈臺灣興業會社支店〉，同，1897 年 10 月 19 日，版 2。

❶⑨ 江夏英藏，《臺灣米研究》（臺北：臺灣米研究會，1930），頁 79-80。

❷⓪〈內地市場と臺灣米（二）〉，《臺灣日日新報》，1924 年 8 月 1 日，版 3；〈本島米の內地需要益益昂進〉，同，1925 年 7 月 17 日，版 2。

易兩種方式買賣臺灣米。臺灣米穀運到日本，先在東京和各大市場的精米所調製成白米，與日本米混合後，再以鐵路運輸內陸市場或以輪船運輸沖繩。❷❶

　　言及沖繩，沖繩自 1887 年以來，縣內商業、金融、海運幾乎都被來自鹿兒島、大阪的寄留商人所壟斷。沖繩重要物品米穀、砂糖、泡盛酒、布料等商權幾乎也都被他們所掌握。❷❷鹿兒島系著名米商有：矢野雄藏、中馬辰次郎、大坪岩次郎、海江田丑之助、若松太平。其中，矢野雄藏 1881 年出生於鹿兒島，1899 年跟隨叔父治右衛門寄留那霸，在叔父開的商店學習米穀買賣。1907 年矢野雄藏之兄彥兵衛接任商店負責人，後由矢野雄藏繼承店業，累積許多財富。據 1918 年統計，矢野雄藏的納稅額位居縣內第五名。❷❸

　　值得指出的是，1909 年臺灣米運銷橫濱、神戶、東京等地，時值日本內地稻作豐收，米價低落，由於交易不振，在臺經營米穀貿易業的津坂商店（店主津坂鹿次郎，名古屋人）就將臺米轉銷沖繩，結果成績良好，自此開始，津坂商店便派員到那霸，一面推銷食用米，一面販賣可充當製造泡盛酒原料的碎米，提高了臺灣米銷售沖繩的數量。❷❹1915 年把臺灣米賣到沖繩的在臺商家有：和豐、森隆、金德發等臺籍米商，及日商經營的津坂商店、三井物產會社。❷❺

❷❶〈內地に於ける本島米取引〉、〈本島米の用途と需要者〉，《臺灣日日新報》，1912 年 5 月 14 日，版 1；前引〈內地市場と臺灣米（二）〉。
❷❷琉球政府編，《沖繩縣史》第 3 卷（沖繩：琉球政府，1972），頁 247、258-272；西里喜行，《近代沖繩の寄留商人》（沖繩：ひるぎ社，1993），頁 47。
❷❸西里喜行，《近代沖繩の寄留商人》，頁 97、206。
❷❹〈臺灣米と泡盛〉，《臺灣日日新報》，1910 年 1 月 30 日，版 3；〈臺灣米の沖繩移出〉，同，1910 年 4 月 9 日，版 3。
❷❺〈島米移出好調〉，《臺灣日日新報》，1915 年 11 月 5 日，版 2。在臺經營米穀貿易者，大多從事雜貨、砂糖、煙酒、茶葉等行業。參見李力庸，《米穀流通與

沖繩本地也有直接進口臺灣米的商人。舉例言之，小松琢次郎
1873 年出生於福岡，1910 年到那霸創設南洋商會，以輸入臺北三井
物產支店出口的臺米嶄露頭角。（見圖 4-2）1915 年兼營滿洲豆粕輸
入業，1916 年他與三井物產會社合作，買賣臺米、外國米，並將沖
繩黑糖推銷到名古屋。❷⑥

1920 年代在日、臺兩地同時擁有堅固地盤，資金豐富的米貿易
商，計有：三井、瑞泰、岩崎、安部、和豐、方協豐、吳榮豐等七家
商號。其中，臺北米界巨商瑞泰行資本雄厚，幾乎可以和三井物產會
社臺北支店抗衡。❷⑦

進入 1930 年代，日本農村先後受到美國紐約股市崩盤（1929
年），發展成世界經濟危機，及日本實施金解禁之通貨緊縮政策
（1930 年），引起經濟蕭條之雙重打擊，而陷入疲弊不堪的淒苦境
地。日本政府為了振興農業，1933 年開始實施「米穀統制法」，即以
公定米價措施，調整殖民地稻作生產量。❷⑧ 投機性格強、資本力量弱
的米商，在「米穀統制法」下，默默的退出競爭市場，臺灣米對日貿
易幾乎都歸日系資本所掌握。如，三井、三菱兩社的米輸日額約占
50%，加上杉原、加藤兩社，四間會社之米銷售額高占日本進口米總
額的 90% 以上。❷⑨

沖繩採購米方面，1937 年三菱商事臺北支店長代理人谷口清氏記

臺灣社會（1895-1945）》，頁 164-176。

❷⑥ 西里喜行，《近代沖繩の寄留商人》，頁 132。

❷⑦ 江夏英藏，《臺灣米研究》，頁 118；〈三社之移出米〉，《臺灣日日新報》，1919
年 9 月 19 日，漢文版 5。

❷⑧ 三和良一，《概說日本經濟史近現代》，頁 118-122。

❷⑨〈京濱沖繩需要增加　臺灣米移出激增　島人移出商次第凋落〉，《臺灣日日新
報》，1932 年 4 月 12 日，漢文版 8；涂照彥，《日本帝國主義下の臺灣》（東京：
東京大學出版會，1975），頁 203-204。

述：

> 沖繩米的生產額有 13 萬石，第一期、第二期各占一半比率，米
> 的品種以改良之臺中 65 號最普遍，味道和蓬萊米差不多。沖繩
> 消費米為當地出產米與購買臺灣、日本內地米 20 萬石，共需 33
> 萬石。沖繩人口以 60 萬計算，每人消費量約 5 斗 5 升，比起日
> 本內地平均消費 1 石餘要低，此因食用甘諸者居多。甘諸產額約
> 一億五千萬貫（1 貫＝3.75kg），其中有 20 萬貫充當蔬菜、薯類
> 運銷日本內地，甘諸如果歉收，便由鹿兒島購入補充。沖繩移入
> 外地米之中，臺灣米（主要是蓬萊米）高占九成。……三年前
> （1934 年）三菱商事在那霸開設辦事處，漸漸變更往昔普通過那霸
> 經紀人販運臺灣米到沖繩的交易方式，今年（1937 年）1 月臺北
> 三菱已和那霸辦事處開始直接展開臺米交易活動。❸⓪（作者中譯，
> 以下同）

指出：一、1930 年代沖繩自產 13 萬石米，米的品種是以種植改良之
臺中 65 號最普遍；二、沖繩一年消費 33 萬石米，在進口米 20 萬石
之中，臺灣蓬萊米高占九成；三、沖繩窮人多吃甘諸，每人平均消費
米量比日本內地低一半；四、三菱會社本來委託那霸經紀人買賣臺灣
米，但自 1937 年那霸設置辦事處後，就讓該社臺北支店直接與辦事
處交易臺灣米。

　　1939 年第二次世界大戰爆發，東京成立「日本米穀株式會社」，
改由農林省監督及獨佔米穀買賣。斯時臺灣總督府配合國策，公告實

---

❸⓪〈沖繩の產米は臺中六十五號種　移入米の九割迄は臺灣米　一人当り消費率五
斗五升〉，《臺灣日日新報》，1937 年 2 月 25 日，版 3。

施「臺灣米穀移出管理令」，開始全面性的管制臺灣米穀買賣活動。❸

六、臺灣進口生豬量

　　豬是中國大陸、臺灣、沖繩食料理中不可欠缺的食材。戰前臺灣生豬相關研究，戈福江〈臺灣之豬〉一文，針對臺灣養豬業的重要性、養豬量、豬種改良、豬肉供需等項，做了綜合性的論述。松浦章〈清國產地豬運輸日本殖民地臺灣〉一文，從陸、臺嗜好肉食文化、中國船參加沿岸貿易及渡臺交換商品之視角，指出 1895 年以前，淡水入港的清國船載來不少生豬，日治以後，大陸豬受到臺灣當局嚴格監視，以及臺灣養豬業漸漸興起的影響，輸臺生豬量因而急遽的下降。❸

　　如表 4-3 所示，臺灣豬隻之生產量、消費量變化頗大，即：1910年生產小豬 609,255 頭，屠宰豬隻 675,602 頭。1920 年生產 750,544 頭，屠宰 803,683 頭。1930 年生產 1,428,676 頭，屠宰 1,007,791 頭。1940年生產 1,061,752 頭，屠宰 958,658 頭。反映除了 1940 年以外，豬肉消費量年年增加，豬隻生產量與屠宰量也呈大幅度成長情形。

　　日治初期中國生豬輸臺方面，1897 年 9 月 30 日《臺灣日日新報》刊登〈舊港後瀄生豬輸入統計〉一文報導：

---

❸ 川野重任著、林英彥（譯），《日據時代臺灣米穀經濟論》，頁 169；外務省編，《外地法制誌》第 4 卷（東京：文生書院，1990 複刻本），413-414；大豆生田稔，《近代日本の食糧政策》，頁 322-323。

❸ 戈福江，〈臺灣之豬〉，臺灣銀行經濟研究室編，《臺灣之畜產資源》，臺灣研究叢刊第 17 種（臺北：臺灣銀行經濟研究室，1952），頁 50-66；松浦章，〈清國產豚の日本統治臺灣への搬出〉，同氏著，《近世東アジア海域の文化交涉》（京都：思文閣，2010），頁 373-393。

表 4-3　臺灣豬隻之生產、消費、屠宰量

年別	每年每人平均豬肉消費量 / 公斤	生產頭數	現有頭數	屠宰頭數	屠宰頭數占現有頭數 %
1910	9.861	609,255	1,308,256	675,602	51.64
1915	11.837	675,674	1,318,903	704,361	53.40
1920	12.943	750,544	1,303,027	803,683	61.68
1925	14.614	1,039,341	1,435,752	898,665	62.59
1930	15.060	1,428,676	1,750,399	1,007,791	57.57
1935	16.866	1,505,669	1,873,188	1,158,247	61.83
1940	11.690	1,061,752	1,205,030	958,658	79.56

備註：1910 年以前統計資料從缺。
資料來源：據戈福江，〈臺灣之豬〉，臺灣銀行經濟研究室編，《臺灣之畜產資源》，臺灣研究叢刊第 17 種（臺北：臺灣銀行經濟研究室，1952），頁 65 製作。

自本年 3 月 16 日起到 9 月 24 日止，有中國生豬船 192 艘搭載 5,445 頭豬（大豬 5,203 頭、小豬 242 頭）運到新竹縣下舊港。3 月到 8 月有 1,418 頭運到後壠港。另，運到淡水的數量更多，1 頭市價 15 圓，生豬貿易額相當可觀，臺灣獎勵繁殖豬應為當務之急。❸❸

1899 年 1 月 10 日〈豚價復起〉一文記述：

臺北各處屠場每日宰豚不少，茲就當地所飼畜，以充臺人日食甚是不敷，唯視泉州、溫州諸口岸陸續運來方有可應用，若遲一二個月不來，則豚肉漸次昂騰固不待言矣。茲客歲十一、二月間帆船鮮到，豚肉因之而起價，每（每枚）龍銀 1 圓值買 3 斤 6 兩而已，及十二月半後，帆船多運豚入口，（市場）維持價格漸低，1 圓銀買至 5 斤 12 兩。若二三日前，因運來之豚宰割甚多，未有

---

❸❸〈舊港後壠の豚輸入統計〉，《臺灣日日新報》，1897 年 9 月 30 日，版 2。

復儗入口，則市場肉價每 1 圓銀起至不上 5 斤，況此際舊曆將近年終，正豚肉多銷之期，兼之帆船餓東風往返甚難，如再遲一個月未來，彼時豚肉昂貴必更甚於從前可如（可知）。❸

反映臺北各處每日屠宰豬數量不少，消費市場仍顯不足，頗需仰賴對岸輸入，倘若豬船緩到，豬價必定高漲的狀況。

表 4-4 為臺灣歷年進口生豬量之變化，即：1896 年全部購自對岸，共 42,090 頭。1900 年全部從大陸進口，計 37,477 頭。1905 年進口對岸生豬 11,208 頭，購自日本生豬 678 頭。1915 年對岸生豬遽降，僅僅進口 41 頭而已，反之，採購日本生豬激增，共計 17,779 頭。1920 年日本本土產豬量劇減，只購入 253 頭，不足數由對岸補充 23,406 頭。1925 年日本豬隻恢復增產，臺灣進口量增為 15,047 頭。其後臺灣市場缺口被日本生豬所獨佔，取代了對岸生豬的商品地位。

其實，殖民政府對於中國生豬輸入臺灣，感到神經緊繃的是豬疫蔓延問題。如，1897 年 9 月 26 日報載〈關於禁止輸入生豬〉一文記述：

向來，從對岸廈門、福州、溫州等地輸入臺灣的豬，有傳染病的非常多，最近像彰化地方正流行豬疫。雖然當局也講究種種預防法加以治療，但仍有從本島附近港口進口豬的傾向。似此，無論怎麼做都白費力氣。如前本報記載，當局只限定基隆、淡水兩港可以進口生豬，禁止其他港口輸入，可是新竹地區的舊港、中港、後壠港，有一個港也允許進口，目前高橋農商課長正出差調查中。以後基隆、淡水之外再加上新竹某一個港，總共有三個港

---

❸〈豚價復起〉，《臺灣日日新報》，1899 年 1 月 10 日，漢文版 3。

表 4-4　臺灣購自中國大陸、日本之生豬量

年別	購自中國大陸（頭數）	購自日本（頭數）	總計（頭數）
1896	42,090	－	42,090
1900	37,477	－	37,477
1905	11,208	678	11,886
1910	529	4,113	4,642
1915	41	17,779	17,820
1920	23,406	253	23,659
1925	281	15,047	15,328
1930	－	4,615	4,615
1935	－	3,661	3,661
1940	－	2,122	2,122

資料來源：據戈福江，〈臺灣之豬〉，臺灣銀行經濟研究室編，《臺灣之畜產資源》，臺灣研究叢刊第 17 種（臺北：臺灣銀行經濟研究室，1952），頁 64 製作。

　　允許豬隻進口。[35]

指出臺灣購自廈門、福州、溫州等地的生豬，帶有傳染病的豬很多，時值彰化流行豬瘟，臺灣總督府認為地方政府無力控制疫情，唯有限定進口港，禁止他港輸入，方可阻擋豬疫禍患。[36]1899 年 11 月 16 日一篇〈豚疫又見〉文章報導：

　　淡水海港自去月二十五日至本月七日間由清國輸來生豚共有 404
　　頭，內有病豚 207 頭（中）有疫斃之豚，由淡水輸入獸醫檢查所
　　焚棄 170 餘頭，此種斃豚不准入港者，誠於衛生經旨大有裨，其

---

[35]〈豚の輸入禁止に就て〉，《臺灣日日新報》，1897 年 9 月 26 日，版 2。
[36]〈輸豚頓減〉，《臺灣日日新報》，1909 年 2 月 21 日，漢文版 3。

保護人民豈僅一方之福哉。**㊲**

可知中國帆船從事兩岸生豬貿易頗爲活躍，但舶載豬隻中，病死豬不少。**㊳** 臺灣總督府鑑於病死豬危害健康及環境衛生至甚，便於 1896 年公告「屠獸場取締規則」、1897 年設立「病豚檢疫所」，嚴加防備豬疫蔓延。又爲維護公共衛生起見，1899 年制定「獸疫預防規則」，包括：病豬之通報、撲殺、屍體處分、檢疫等法規，以及與冲繩、福建（1898 年成爲日本勢力範圍）成立疫情通報網，嚴禁載運病豬入臺，並實施高關稅壁壘政策，極力的阻礙兩岸生豬貿易。**㊴**

1908 年 7 月 22 日報載〈關稅與輸入生豬〉一文敘述：

從對岸進口的生豬年年減少數量，如本年（1908）1 月到今天，僅僅 400 頭而已。此肇因於關稅，當初免稅時代，生豬占進口重要品中第二名，其輸入價格甚巨，之後徵五分關稅，接下來加稅一成，等提高到二成五分後進口幾乎杜絕，只有為祭祀用特別需要的時候，才看見少量生豬進口。儘管這樣，島內需要因有漸漸增加的趨勢，杜絕進口反倒促進島內養豬數的增加。另為滿足市場需要，也自鹿兒島及冲繩兩縣輸入，因此，實施關稅的結果，一方面刺激島內增加生產，一方面以日本國內生豬產量來填補其

㊲〈豚疫又見〉，《臺灣日日新報》，1899 年 11 月 16 日，漢文版 3。

㊳ 松浦章氏推估，中國生豬船渡臺，載運病死豬的比率約占一二成。參見松浦章，〈清國產豚の日本統治臺灣への搬出〉，頁 382。

㊴〈艋舺の豚肉販賣者〉，《臺灣日日新報》，1896 年 12 月 12 日，版 3；〈病豚撿（檢）疫所〉，同，1897 年 9 月 30 日，版 2；〈豚疫告示〉，同，1900 年 1 月 30 日，漢文版 3 版；前引《外地法制誌》第 4 卷，頁 68-70；〈告示第 19 號〉，《臺南新報》第 462 號附錄，明治 34 年 2 月 17 日，頁 9。

不足。❹

指出臺灣無關稅時代，中國生豬輸臺位居兩岸貿易的重要地位。但1905年殖民當局開始對進口中國豬按從價稅課徵5％，同年調高至15％，1906年再增為25％，生豬貿易商受到關稅過重的影響，紛紛收手停止買賣中國豬，從而促使臺灣農家增加飼養豬，不足數改向鹿兒島、沖繩購買，以應市場需求的情形。其實，長崎、熊本、宮崎等地也對臺灣出口豬，不過，沖繩與臺灣相距咫尺，人來人往頻繁，市場情報傳遞迅速，較佔商業競爭優勢。❹

七、沖繩養豬業

沖繩為日本豬隻之著名生產地及一大消費地。表4-5為歷年沖繩飼養豬之數量，即：1899年93,512頭，1906年111,329頭，1916年96,958頭，1930年121,154頭，1940年128,793頭。大體呈現年年穩定成長，而且是以島尻、中頭、國頭三地飼養頭數居多的情形。

沖繩產地豬有在來種與外國種兩種。在來種俗稱為「唐豚」，是指六、七百年前從福建地區引進，與琉球種交配繁殖，體軀黑色，下腹著地，腹部白色，面長耳大的種豬。外國種原產於英國盤克夏（Berkshire），是指與中國廣東豬雜交培育而成的種豬。盤克夏種豬在明治初期輸入日本，1905年導入沖繩，主要特徵為：鼻頭、四隻腳蹄、尾巴末梢呈白色，耳大前垂、多產、早肥早熟。此外，英國約克夏（Yorkshire）原產地，體軀白色的種豬也於明治初期輸入日本，1905年導入沖繩。1907年沖繩在來種豬飼養數約占89.3％，1916年

---

❹〈關稅と輸入豚〉，《臺灣日日新報》，1908年7月22日，版3。
❹〈移入豚近況〉，《臺灣日日新報》，1914年2月20日，版2。

表 4-5 沖繩飼養豬數量

地區	1899 年 （頭數）	1906 年 （頭數）	1916 年 （頭數）	1930 年 （頭數）	1940 年 （頭數）
那霸	2,902	7,288	1,657		875
首里	10,672	13,011	7,284		2,718
島尻	21,072	23,041	30,871		37,666
中頭	23,698	31,401	30,446		37,981
國頭	19,678	23,064	21,100		29,186
宮古	6,523	9,695	2,010		13,248
八重山	4,156	3,829	3,590		7,119
久米	1,723				
各離島	3,088				
共計	93,512	111,329	96,958	121,154	128,793

備註：空白欄為資料缺載。
資料來源：據琉球政府編，《沖繩縣史》第 16 卷（沖繩：琉球政府，1968），頁 155、
　　　909；同，第 17 卷，頁 829-830；同，第 20 卷，頁 584-585；當山真秀，《沖繩縣畜
　　　產史》（那霸：那霸出版社，1979），頁 245-246、253-255 製作。

降至 52.5%，劇減的原因與盤克夏種、在來種與外國種交配的新雜種豬，四肢強健、不容易生病、味香肉美，被縣民漸漸地接受有關。❷

　　豬在沖繩鄉土料理中是很重要的食材，養豬業是農家最主要的副業。據官方調查，沖繩人飼養豬有五大特色：一、豬舍用粗石塊建造，一間豬舍長約 4 尺、寬約 3 尺，屋頂後方築有高牆，前、左、右三面矮牆離地面 2 尺，陽光直射，不擋風雨，空間狹隘，沒有運動設施，入口處設置一道汙物溝。二、飼主爲逃避課稅，以自家名義消費，私宰豬的情形很普遍。三、屠宰場缺乏檢驗疫病器具及相關設

---

❷當山真秀，〈第 5 部　豚〉，沖繩縣農林水産行政史編集委員會，《沖繩縣農林水産行政史 第 5 卷畜產篇·蠶業篇》（東京：農林統計協會，1986），頁 238-239。

備。四、豬飼料有：甘藷、甘藷藤蔓、甘藷葉、豆腐渣、豆腐汁、泡盛酒釀造渣、米汁、海產品製造渣、廚餘、人糞等，農家普遍餵食甘藷、甘藷皮、甘藷莖、甘藷葉。都市造酒業發達的地區，養豬戶多以泡盛釀造渣餵食。五、沖繩人稱生豬買賣商為「ウワーサー」（Wuwasa），家畜商兼營屠宰業，隨手帶著一根像鞭子般的長棒，每日挨家挨戶的查訪養豬戶。家畜商一進入豬舍，先用長棒撥動一下豬隻，以肉眼概算斤重，與飼主議價完成交易後，即將生豬搬運到屠宰場動手屠殺，再把解體的豬肉運到市場中販賣。據文獻記載，1924、1925 年公私設屠宰場共有 17 個。**❹**

　　1907 年那霸、首里養豬戶有意識的創立「養豚獎勵會」，每月舉行討論會，審查：會員豬舍飼養豬之頭數、品種、飼育狀態，並向會員宣導改造豬舍、經常保持豬舍之清潔與乾燥、附設運動場促進豬隻發育、防止人之糞尿流入豬舍、預防傳染病等改善措施。**❹**（見圖 4-3）

　　1908 年東京、神奈川、兵庫流行豬疫，沖繩購自東京的種豬中，罹患傳染病的生豬有 18,249 頭，病豬之中暴斃的有 14,167 頭，被撲殺的有 2,913 頭，治癒好的僅存 1,169 頭。1909 年沖繩本地發生豬瘟。農商務省鑑於瘟疫打擊畜產業至甚，1910 年便在本土試用免疫血清防疫，並將血清提供給沖繩。沖繩當局認為東京獸疫調查所配給的血清，運送路程較久，為恐影響預防注射之時機，1922 年就設置縣營獸疫血清製造所，生產預防液自給自足。**❹**

　　值得一提的是，沖繩縣立糖業試驗場名護支場於 1916 年開啟種

---

❹ 當山真秀，〈第 5 部　豚〉，頁 247-249、252。

❹ 琉球政府編，《沖繩縣史》第 16 卷《新聞集成》，（沖繩：琉球政府，1967），頁 899。

❹ 當山真秀，〈第 5 部　豚〉，頁 241-246、249-251。

畜之繁殖、育成及配給事業。1921 年名護支場所轄畜產部獨立出來，首創縣立種畜場。1924 年種畜場搬遷至普天間，1936 年轉移到古波藏（今縣立家畜衛生試驗場）。與此同期，沖繩縣政府為改革養豬業，推行：精選種豬、貸借優良種豬、開設品評會、每年施行雄豬檢查；優良種豬優先配給成績好的飼養區、町村養豬組合或養豬團體；鼓勵養豬組合改建有衛生設施的豬舍、改善飼育法、定期注射預防液等畜產政策。❹ 遺憾的是，改革畜產事業並未普及全縣，離島是到 1938 年才開始進行。❹

　　1939 年沖繩進入戰時體制，因臺灣總督府管束米糧買賣活動，沖繩食用米缺乏，許多人一天二、三餐都吃甘藷充飢，甘藷變成大眾主食品，餵豬飼料減少，以致養豬業衰退。根據統計，1940 年沖繩生產豬 128,793 頭，1941 年減為 123,314 頭，1942 年滑落為 114,620 頭，呈現每況愈下的情形。❹

八、臺灣養豬業

　　豬是臺灣畜產業之大宗。長久以來，臺灣有一種專門從事種豬交配的行業，本地人俗稱「牽豬哥」（見圖 4-4）。牽豬哥一手牽著一頭公豬，一手吹著喇叭，以喇叭聲招徠養豬戶，為其飼養母豬進行交尾，每次交尾收取酬勞白米 3 升及 25 至 50 錢。牽豬哥交配的種豬，以黑色、矮肥、鼻梁短，出產於中壢的桃園種豬最受好評。但，臺灣總督府認為牽豬哥沒有辨識公豬體質的能力，為圖牟利任意進行交

❹ 當山真秀，〈第 5 部　豚〉，頁 239-241、255-257。

❹ 前花哲雄，《八重山の畜產風土記》（沖繩：沖繩コロニー，1976），頁 304-305。

❹ 當山真秀，〈第 5 部　豚〉，頁 254-255；當山真秀，《沖繩縣畜產史》（那霸：那霸出版社，1979），頁 246。

尾，不僅降低了種豬的繁殖力，也使種豬發育變得遲緩，產生飼養費增多、體重增長少的缺陷。臺灣總督府為改良品種，改善農民養豬法，1896 年引進盤克夏種豬，1900 年輸入約克夏種豬，卻沒想到臺灣人祭祀神明，忌諱用白豬當供品，種豬改良政策因而未見多少成效。❹

　　1908 年臺灣總督府補助地方農會，使之派員調查飼養戶，指導飼養戶選育優良種豬，並買盤克夏種豬貸與飼養戶繁殖。❺1910 至 1920 年臺灣人消費豬肉量增加，島內飼養豬不足，年年仰賴進口。1920 年沖繩飼養豬減產 10,000 餘頭，臺灣轉由中國進口 23,406 餘頭。1926 年臺灣總督府一面向飼養戶宣導飼養發育快、不容易生病、飼料費少的洋種豬，一面以洋種豬所含蛋白質多、脂肪多、水分少，較桃園種豬品質佳為由，力行統一品種（盤克夏種豬），或飼養土洋雜交種豬之畜產政策。❺（見圖 4-5）

　　唯，臺灣總督府的畜產政策因地方政府施政不同，而未普及全臺。有關地方推行畜產政策的情形，以高雄州為例，養豬業是高雄的重要地方產業，但農家採用粗放式的養豬法，豬舍設備簡單，衛生環境不佳，養豬經濟損失不少。1921 年高雄州農會實施衛生和堆肥政策，對改良豬舍優秀的飼養戶給予獎勵金，當年新式豬舍竣工 5,974

---

❹ 戈福江，〈臺灣之豬〉，頁 54。有關牽豬哥行業，參見〈種牡豚の改良〉，《臺灣日日新報》，1906 年 2 月 20 日，版 4；〈一日一商　牽豬哥〉，同，1909 年 3 月 17 日，版 7。桃園種豬之特徵，見〈臺灣の養豚業〉，《臺灣日日新報》，1924 年 6 月 22 日，版 4。

❺ 〈種牡豚の檢查〉，《臺灣日日新報》，1906 年 9 月 16 日，版 4；〈養豚改良に就いて〉，同，1908 年 1 月 30 日，版 2；〈養豚改良〉，同，1910 年 10 月 6 日，版 3。

❺ 武上耕一，〈在來種豚存廢問題を中心として〉，《臺灣農事報》第 27 年第 8 號（臺北：臺灣農友會，1931 年月），頁 21-25、30；當山真秀，《沖繩縣畜產史》，頁 245。

間。豬舍改良前，每頭豬一個月增肉 3 斤餘，改良後，增肉 9 斤餘。
1929 年高雄州改良豬舍共建蓋 21,000 餘間。❷臺東廳方面，1925 年臺
東廳爲獎勵農家興建改良豬舍，每間豬舍補助 20 圓，同年建築 10
間，1926 年建造 20 間。新式豬舍使用混凝土建蓋，建坪約 4 坪，設
有飼料所、休眠所、土糞窖、汙物堆處，每間可供農家飼養豬 4
頭。❸

九、生豬商人

1896 年 11 月 20 日《臺灣日日新報》刊登〈生豬輸入量及消費額〉
一文報導：

> （對岸）輸入基隆的生豬，本（1896）年 4 月 750 頭，5 月 404
> 頭，6 月 619 頭，7 月 1,327 頭，8 月 251 頭，9 月 690 頭，10 月
> 116 頭，7 個月合計 4,155 頭。1 個月平均 593.6 頭，1 年共 7,123.2
> 頭。基隆 1 日消費量 20 頭至 30 頭甚或 50 頭，平均以 30 頭計算，
> 1 年消費 259,996.8 頭，1 頭約有 90 斤，價格 11 圓 20 錢，消費
> 價額總共 311,996.16 圓。近來沖繩商人把沖繩某地、八重山產的
> 生豬 500 餘頭賣到基隆，獲得好評，頗有壓倒中國大陸輸臺生豬
> 之傾向。❹

---

❷〈高雄改良豚舍　完成後採取堆肥十五億斤　價格四百五十萬圓〉，《臺灣日日新
　報》，1922 年 9 月 11 日，漢文版 3；〈改良豚舍獎勵　高雄岡山地方成績〉，
　同，1929 年 2 月 10 日，漢文版 4。

❸〈臺東廳下改良豚舍補助獎勵〉，《臺灣日日新報》，1926 年 11 月 21 日，漢文版
　4。

❹〈豚の輸入高及消費高〉，《臺灣日日新報》，1896 年 11 月 20 日，版 3。

1903 年 3 月 7 日〈獸畜輸入量〉一文敘述：

前月（2 月）鹿兒島縣及沖繩縣輸入基隆的獸畜，生豬 304 頭、牛 7 頭、山羊 3 頭，生豬 1 頭平均 157 斤，其售價鹿兒島產的每百斤 16 圓 70 錢，沖繩產的每百斤 14 圓 70 錢。**⑤⑤**

1913 年《沖繩縣產業要覽》記載：

本縣之養豬數占全國各府縣之首位，多達十萬頭，其三分之一以上飼養管理周到，肉味美，非他府縣可以類比，近時由宮古、八重山運送臺灣的生豬，每艘船有數十頭。**⑤⑥**

反映沖繩商人將物美價廉的產地豬運銷臺灣頗受歡迎，生豬貿易是項有利可圖的生意。

在沖繩，生豬從產地到消費地的流通路徑是，家畜商以預借款先對農家進行融資，以便確保生豬來源。等到豬隻長大，農家把生豬賣給家畜商，家畜商運銷縣外市場或仲介商，市場批發商、仲介商再賣給貿易商。**⑤⑦**

日治時期日本、臺灣及沖繩商人從事沖繩豬交易實況，茲舉例說明於後。

【事例 1】

⑤⑤〈獸畜の輸入高〉，《臺灣日日新報》，1909 年 3 月 7 日，版 3。

⑤⑥當山真秀，〈第 5 部　豚〉，頁 235。

⑤⑦吉田茂，〈廣域流通環境下における豚の地域內自給流通構造に關する經濟的研究〉，《琉球大學農學部學術報告》第 30 號（沖繩：琉球大學農學部，1983），頁 20。

1897 年 3 月 30 日《臺灣日日新報》刊登〈豚商渡航〉一文報導：

臺籍商人陳江明、林水、王鳳飛三人，為購買沖繩產生豬，1897 年 2 月 27 日搭乘須摩丸前往那霸採辦。[58]

【事例 2】

1898 年 1 月 16 日〈飼養豬一半病斃〉一文記述：

日籍商人高瀨四郎住在大稻埕建昌街，他租下東門外的舊軍營遺址，1897 年 7 月開始輸入數百頭沖繩產的小豬，雇用日本人、臺灣人飼養，小豬起初發育得很健全，但到 9 月中突然有 1 頭罹患虎列拉（hogcholera，家畜傳染病），為防止傳染，立即將病豬殺死，可是病毒沒有清除，不出幾日又病死幾頭。高瀨四郎趕緊請獸醫設法預防，然而病情日益猖獗，導致 200 餘頭飼養豬隻中，有百餘頭暴斃。鑑此，高瀨四郎與獸醫、雇工不分晝夜竭力進行隔離與滅毒，本年雖說已經獲得控制，病豬沒有全部病死，但高瀨已經損失了千餘圓。[59]

【事例 3】

1915 年 12 月 7 日〈生豚輸入做種豬〉一文報導：

永井春次郎在大稻埕建成街經營皮革業，1912 年 1 月經木下新三郎（佐賀人，臺灣家畜保險株式會社監事）介紹，認識來自鹿兒

---

[58]〈豚商渡航〉，《臺灣日日新報》，1897 年 3 月 30 日，版 3。
[59]〈養豚半ば斃る〉，《臺灣日日新報》，1898 年 1 月 16 日，版 3。

島市的生豬輸出商森山豬之助。永井春次郎借給森山三、四百圓做為經營生豬輸入之資金，後來發覺森山營業不實在，3月左右考慮收回貸借款，終止交易，但森山託人再三懇求，永井頗感為難，就簽下投資400圓的訂貨合同，並以電報向返回鹿兒島的森山匯款，結果森山背信，竟連一頭豬也沒運來。永井和他屢屢交涉，森山不予理會。永井不得已提出訴訟，控告森山詐欺。1915年12月4日森山渡臺，即被警察傳去審訊。**❻⓪**

【事例4】

1913年4月3日〈養豚會社創設〉一文記載：

日前大稻埕本島人之間集資20萬圓，計畫組織「養豬株式會社」，從事養豬及移入生豬販賣事業。最近大稻埕李厝街的劉金聲和二、三位有力商人決定，股金全部由發起人承受，近日繳納即著手營業。養豬株式會社主要發起人有：劉金聲、吳文秀、陳朝駿、楊礎卿、林啟三郎。

文中所謂「養豬株式會社」的發起人，是指：從事臺灣米輸日貿易業，經營「金德發商行」的劉金聲；經營茶業、製酒公司的大稻埕豪商吳文秀；經營大稻埕「永裕茶行」，擔任臺灣防疫組合委員、臺北茶商公會總幹事長的陳朝駿；大稻埕聞人楊礎卿；從事食品加工業及

---

❻⓪〈廣告〉，《臺灣日日新報》，1905年2月11日，版12；〈生豚輸入を種に〉，同，1915年12月7日，版7。

經營米、糖、海產物貿易的林啓三郎。**❻**

十、結語

明清兩代，臺灣、琉球分別與中國大陸有類別多元的土特產交換關係。19 世紀後半葉 20 世紀前半葉，兩地相繼被劃歸日本統治後，在大阪商船公司經營日本本土→那霸→八重山→基隆定期航線下，臺灣與沖繩島鏈間的商貿關係，很快的成為日、臺商品流通網中的一環。

以臺灣米貿易為例，近代日本稻作受到人口快速膨脹、都市化、工業化迅猛發展、農村勞動力缺乏，以及天災頻仍等因素的影響，食糧問題越來越嚴峻。臺灣米屬於二期作，米型類似日本米，經過一番調製，與日本米混合後，因可以日本米價格出售獲利，加以臺灣米產量大，具有收穫期可補充日本米青黃不接的優點，因此對日輸出量相當可觀。臺灣米主要銷售：東京、橫濱、大阪、神戶、下關、門司、名古屋、四日市、三池、長崎、那霸等地，其中，神戶為臺米流通日本內地的重要集散中心。沖繩稻作很少，進口外地米之中，是以臺灣米位居首要位置。

日治時期從事臺灣米貿易的大商家有：三井物產、三菱會社、大倉組、津坂商店、增田屋、瑞泰商店等商社。沖繩方面，掌握米穀買賣的幾乎都是來自鹿兒島、大阪的寄留商人。

豬肉為臺灣食文化、祭祖拜神供桌上不可缺少的食物，清代仰賴對岸供應，進入殖民地時代，臺灣總督府為預防疫病蔓延，除頒布法令嚴加防疫，及實施高關稅政策，打擊兩岸生豬貿易外，為發展臺灣

---

❻〈養豚會社創設〉，《臺灣日日新報》，1913 年 4 月 3 日，版 2；〈平糶義舉〉，《臺灣日日新報》，1911 年 9 月 6 日，漢文版 3。

養豬業，尚推行一系列畜產政策，俾使飼養戶通過種豬改良、興建新式豬舍、講求衛生等措施，增進豬隻產量。臺灣市場消費豬肉量很大，如果食用不足，則由鹿兒島、沖繩輸入。

　　沖繩是日本豬之重要生產地及著名消費地。比起臺灣人忌用白豬當供品，排斥飼養洋種豬，沖繩人為了提高豬產量，很早就普及飼養繁殖力強、增長速度快的優良雜種豬。沖繩豬自產地到消費地，家畜商、市場批發商、仲介商代理買賣，起到促進商品流通，發展地方產業的積極作用。參與日、沖、臺三地生豬貿易者，包括有：資金豐富的畜產商、進出口貿易商，及從事米穀買賣、製糖、製茶等行業的商人。

参　労務協助（1937-1969）

第五章
西沙群島的沖繩、臺灣勞工

一、前言

　　西沙群島（Paracel Islands）位於南中國海（South China Sea），離高雄港 720 浬，離香港 380 浬，離海南島 280 浬，是由 20 幾個珊瑚島礁所構成的群島。西沙群島分為二部分，東北端稱為 Amphitrite Group（日譯海神群島，中國命名宣德群島），包括：Tree Is.（樹島）、North Is.（北島）、Middle Is.（中島）、South Is.（南島）、Woody Is.（林島、多樹島）、Rocky Is.（石島、多岩島）、Lincoln Is.（東島、玲洲島）和其他島礁；西南端稱為 Crescent Group（呈新月形，日本譯名新月群島，中國命名永樂群島），包括：Pattle Is.（筆島、珊瑚島）、Money Is.（金銀島）、Robert Is.（墨島、甘泉島）、Dramond Is.（伏波島）、Duncan Is.（大三腳島）及其他島礁。多樹島是香港往來南洋群島的要衝，金銀島是聯絡越南與香港及歐亞航路的交通要道，地理位置十分重要。❶（見圖 5-1、表 5-1、5-2）

---

❶ 臺灣總督府外事部編，《南支那綜覽》（臺北：南方資料館，1943），頁 1152-1155；臺灣總督府官房調查課編，《パラセル群島燐礦調查報告》（臺北：臺灣總督府官房調查課，1926），頁 1-12。

表 5-1　Amphitrite Group（海神群島，宣德群島）地理特徵

島名	形狀	面積	標高	備註
Woody I. 林島（多樹島）	卵狀	525,000 坪	25 尺	樹木叢生，有三分之二是直徑一尺以上的大樹。
Rocky I. 石島（多岩島）	全裸的斷崖	25,000 坪	50 尺	全島多屬岩石，幾乎沒有樹木。
Tree I. 樹島	略呈橢圓形	70,000 坪	15 尺	樹木叢生。中式帆船避泊地。
North Sand 北島	狹長	109,000 坪	25 尺	十五、六尺灌木叢生。
Middle Sand 中島		37,000 坪	15 尺	十五、六尺灌木叢生。
South Sand 南島	長方形	37,800 坪	15 尺	十五、六尺灌木叢生。
Lincoln I. 東島	東西狹長	521,000 坪	15 尺	十五、六尺灌木叢生，淺灘處岩礁很多。

資料來源：根據臺灣總督府官房調查課編，《パラセル群島燐礦調查報告》，頁 1-11；臺灣總督府外事部編，《南支那綜覽》，頁 1153 製作。

表 5-2　Crescent Group（新月群島，永樂群島）地理特徵

島名	形狀	面積	標高	備註
Money I. 金銀島	甘藷狀	123,000 坪	25 尺	灌木叢生。
Robert I. 甘泉島（墨島）	橢圓形	97,500 坪	20 尺	灌木叢生。日本人來此採掘燐礦。
Pattle I. 珊瑚島（筆島）	略呈橢圓形	99,800 坪	20 尺	灌木叢生。滿潮時小船可以上陸。
Dramond I. 伏波島	蘿蔔形	68,900 坪	15 尺	灌木叢生，島中有椰子樹。
Duncan I. 大三腳島	東西島狹長、西島呈三角形	104,100 坪	15 尺	灌木叢生。

資料來源：根據臺灣總督府官房調查課編，《パラセル群島燐礦調查報告》，頁 1-11；臺灣總督府外事部編，《南支那綜覽》，頁 1153 製作。

　　當代有關西沙群島的研究，學者以主權爭議為核心，圍繞著南海諸島的發現、海洋資源、戰略位置、運輸利益、領土歸屬等，由歷史、地理、經濟、法律、軍事等不同角度，做過一些文獻考證、實地調查及國際關係分析。❷唯，以臺灣拓殖株式會社文書為線索，探討戰前日本人、沖繩人、臺灣人到西沙群島從事採礦活動的研究似乎沒有。本文為考察 20 世紀前半葉燐礦有何價值？日商如何推展西沙群島事業？沖繩人、臺灣人勞務分工情形如何？擬以臺灣拓殖株式會社文書、臺灣總督府出版品為基礎，針對：一、西沙群島燐礦；二、開洋燐礦株式會社經營西沙群島採礦業；三、沖繩人從業實況；四、臺籍工人騷動事件；五、礦業所作業改善方針等項，做一深入的分析。

二、西沙群島燐礦

　　1943 年臺灣總督府出版品中，對華南地方的西沙群島地形、物產做了這樣的介紹：

> 本群島位於北緯 15 度 45 分起至 17 度 55 分、東經 111 度 13 分
> 起至 112 度 47 分，距離臺灣 720 浬，距離海南島海口港 280 浬，
> 是中國最南邊的領土。……本群島為遠洋漁業的根據地，但海岸
> 附近被暗礁圍繞，缺乏良港可以停船，島內沒有居民，沒有浮

❷「南海問題」相關著作頗多，臺灣方面出版品有：俞寬賜、陳鴻瑜主編，《外交部南海諸島檔案彙編》（臺北：外交部研究設計委員會，1995）；陳鴻瑜，《南海諸島之發現、開發與國際衝突》（臺北：國立編譯館，1997）；俞寬賜，《南海諸島領土爭端之經緯與法理：兼論東海釣魚臺列嶼之主權問題》（臺北：國立編譯館，2000）；劉復國，〈國家安全定位、海事安全與臺灣南海政策方案之研究〉，《問題與研究》第 39 卷：第 4 期（2000 年 4 月），頁 1-14；宋燕輝，〈東協與中共協商南海區域行為準則及對我可能影響〉，《問題與研究》第 39 卷：第 4 期（2000 年 4 月），頁 17-26。不一一列舉。

標、燈臺、氣象觀測所、無線電信臺等設施，春季濃霧氣候不良時，通過此地十分危險。本群島因由珊瑚島礁構成，所以除了砂石、海鳥糞之外，沒有其他礦產，燐礦品質含有 15.4％燐酸，上等礦不劣於ラサ島（沖大東島）燐礦，就過燐酸石灰製造原料來說，具有相當高的開採價值。……各島周圍淺海處生產珊瑚、海龜、蝶螺、海菜、海參、海棉、海藻、海膽、玳瑁、魚蝦、石斑貝、巢蟹、蚌蛤、魚類等。海南島漁船一年往返此地二次，每船大約搭載二十餘名船夫前來捕魚。……❸（原文為日文，筆者中譯，以下同。）

即謂西沙群島距離海南島很近，是中國最南邊的領土。又謂，西沙群島沿岸有許多暗礁，並不利於船舶停靠，但因生產種類豐富的海草、海龜、海膽、貝、魚等海產品，所以吸引海南島漁民年年駕船前往捕魚。此外，西沙群島還出產上等燐礦石和海鳥糞，這對製造化學肥料原料來說，具有很高的開採價值。

言及化學肥料，距今二百多年前，農民栽種植物只知使用草木灰、燒土、動物屍體、植物殘渣、石灰等自給肥料，幾乎沒有使用氮、燐、鉀化學肥料的知識與技術。進入 19 世紀，農作物隨著人口遽增，耕地面積漸形固定化，出現食糧不足的問題後，人類為了增加土壤生產力，越來越重視化學肥料在農業經營上的價值。1840 年德國人 Liebig 發現礦物質為植物的主要養分，將骨粉、硫酸與水溶解成燐酸鈣，增進肥料效益後不久，英國人 Fleming 也用骨粉製造過燐酸石灰，1841 年再用糞化石取代骨粉。1843 年 Lawes、Gilbert 二人建設大型肥料工場，大量使用骨粉、海鳥糞製造過燐酸石灰後，肥料工

---

❸ 臺灣總督府外事部編，《南支那綜覽》，頁 1152-1155。

業迅速普及於歐洲，呈現蓬勃發展的狀況。❹

　　有關日本化學肥料的啓用，源於 1886 年農商務省技師高峰讓吉從美國帶回燐礦石，交給硫酸製造會社（後稱大阪アルカリ土地株式會社）的大阪工場試製，以爲四國地區藍栽培之肥料。1887 年高峰讓吉與澁澤榮一、益田孝等人出資 25 萬圓，共同創設「東京人造肥料會社」，確信過燐酸石灰的肥效後，很快地，促進日本化學肥料工業的勃興。❺

　　燐礦石爲過燐酸肥料的主要原料。過燐酸肥料的製造方法是，將燐礦石、矽石及炭素混合物置於電氣爐中，加熱攝氏 1,300 度到 1,500 度之間製造成燐，加水爲燐酸，再將燐酸與阿摩尼亞化合成燐酸銨，即爲優良的化學肥料。❻

　　20 世紀前半葉，日本對過燐酸肥料的生產與消費年年增加。據官方調查，1938 年世界燐礦主要生產國依序是：法國、美國、俄羅斯、英國、日本。世界燐礦埋藏量最多的國家分別爲：美國、俄羅斯、法國、波蘭、英國。根據統計，1926 年日本移入燐礦 148,295 噸、輸入燐礦 406,763 噸（每噸價格 22.5 圓）、生產過燐酸肥料 786,263 噸（每噸價格 36.7 圓）、消費過燐酸肥料 751,425 噸（每噸價格 36.13 圓）、輸移出過燐酸肥料 34,838 噸。1938 年日本移入燐礦 298,902 噸、輸入燐礦 580,529 噸（每噸 42.87 圓）、生產過燐酸肥料 1,230,000 噸、消費過燐酸肥料 1,370,000 噸。如將以上兩個年度做一比較，則可察知

---

❹ 石川一郎，《現代日本工業全集 12 化學肥料》（東京：日本評論社，1937 版），頁 15-16、20、28。徐水泉，〈臺灣之肥料問題〉，臺灣銀行金融研究室編，《臺灣之肥料問題》，臺灣特產叢刊第 5 種（臺北：臺灣銀行金融研究室，1950 年 11 月），頁 1-5。

❺ 石川一郎，《現代日本工業全集 12 化學肥料》，頁 207-212。

❻ 徐水泉，〈臺灣之肥料問題〉，頁 46。

1938 年日本移入燐礦增加 150,607 噸、輸入燐礦增加 173,766 噸（每噸價格高漲 20.37 圓）、生產過燐酸肥料增加 443,737 噸、消費過燐酸肥料增加 618,575 噸，以及該年消費過燐酸肥料大於生產過燐酸肥料 140,000 噸，亟需仰賴海外供給燐礦的情形。❼

亞洲燐礦出產地主要分布於：沖大東島、北大東島、Pratas Islands（東沙群島）、西沙群島、Spratly Islands（南沙群島，日本名稱新南群島）等處。其中，沖大東島、北大東島均對日本出口燐礦。❽

西沙群島燐礦的發現，緣起於一個名叫平田末治的商人，1917 年他以高雄為據點，前往東沙群島採集海人草（驅蟲藥原料）及從事沉沒船解體事業之際，無意中發現西沙群島蘊藏有豐富的燐礦石，其後與齋藤藤四郎等人毫無顧忌的開採了七、八萬噸。❾ 平田末治的渡島行動引起廣東官民的注意。進一步說，1921 年何瑞年等幾名廣東商人於三亞設立「西沙群島實業公司」，向政府註冊承墾西沙群島獲准立案後不久，便遭瓊崖人民激烈的反對。瓊崖人民控告何瑞年公司有數千噸大船從日本載運工人前往採礦，其勾結日商行徑不僅侵害了縣民利益，且有開門揖盜出賣國土之嫌。廣東省政府基於民意，和為杜絕外人覬覦，保衛海權起見，便於 1922 年 11 月批示註銷何瑞年的承墾案。1923 年 2 至 5 月徐紹楨出任廣東省長期間，何瑞年再度呈文

---

❼ 阿曾八和太，《燐礦》（東京：丸善株式會社，1940），頁 288-302。日本對國與國之間的商品交換稱為「輸入」或「輸出」，對日本帝國圈內的商品交換稱為「移入」或「移出」。

❽ 阿曾八和太，《燐礦》，頁 101、286。

❾ 阿曾八和太，《燐礦》，頁 106-107、110。齋藤藤四郎，1886 年出生於栃木縣，1935 年歿。歷任大阪化學肥料會社、帝國人造肥料會社、日本化學肥料會社取締役、日本眾議院議員（1924 年當選）等要職，是日本產業界頗負名望的人物。參見興南新聞社編，《臺灣人士鑑》（臺北：興南新聞社，1943），頁 337。

申請，經官員查報，該公司沒有攙入外股與雇用外勞情事，遂又恢復核准該案。❿

值得留意的是，1922 年 2 月 4 日至 3 月 5 日，崖縣縣長曾派委員陳明華偕同「西沙群島實業公司」經理陳介叔等，搭乘何瑞年公司所雇日本船南興丸，調查西沙群島 10 個島，經測勘沙灘、荒地、礦區面積後，掌握了東島面積最大，東島、多樹島、北島、墨島、筆島蘊藏有大量的燐礦石，各島都有文昌、樂會、瓊東三縣漁民前往捕魚，獲利豐潤的情報。⓫

同年 3 月臺灣總督府派遣殖產局礦務課技師高橋春吉、技手長屋裕、農務課技師小野勇五郎，與船員 9 名、引路人 1 名、幫辦 2 名等組織一支調查隊，18 日從臺北出發，先抵高雄備齊物資，21 日航往香港寄泊，25 日續向南方航行，29 日抵達多岩島，30 日起迄 4 月 23 日為止，共計調查 13 個島。經測勘西沙群島燐礦埋藏量約計 978,616 噸，其中，以東島占 320,834 噸最多，多樹島占 243,028 噸居次，墨島占 133,889 噸復次。⓬

1923 年何瑞年獲准承辦「西沙群島實業公司」，向廣東省繳納註冊費、官地補償金、第一期礦產稅後，轉發包日商經營，然因採掘成效不佳，不符省府期望，致使實業廳擬撤銷何案，提議由粵商馮英彪

---

❿ 陳天錫、鄭資約、楊秀靖編，《南海諸島三種》（海口：海南出版社，2004），頁 59-90。中華民國 11 年 12 月 28 日霜字第 1121 號，〈瓊崖全屬公民大會代電一件：何瑞年等勾結日本人承墾西沙群島實業公司一案〉；中華民國 12 年 4 月 30 日水字第 1296 號，〈瓊崖僑港公民維持會會長邢文芳呈：日籍民何瑞年前與日商合資承墾西沙群島實業公司經陳省長任內將該公司撤銷，詎政局變更該公司死灰復燃恢復銷案〉（中央研究院近代史研究所檔案館數位典藏），館藏號 03-20-042-02-001、03-20-042-02-004。

⓫ 陳天錫、鄭資約、楊秀靖編，《南海諸島三種》，頁 59-61。

⓬ 臺灣總督府官房調查課編，《パラセル群島燐礦調查報告》（臺北：臺灣總督府官房調查課，1926），頁 58-64。

承辦採集西沙島鳥糞，讓馮某一次報效政府 10,000 元、每年完納稅銀 4,000 元，以裕財政收入之方案。不料，省府官督商辦提案遭到各界各團體的猛烈反對，在軍方無艦可以渡島探查，及廣東政情紛擾不安下，結果不了了之。[13]

　　1936 年 11 月成立於臺北的「臺灣拓殖株式會社」，創業資金 3,000 萬日圓，主要股東有臺灣總督府以國有地出資二分之一，大日本製糖、明治製糖、臺灣製糖、鹽水港製糖、三井物產、三菱公司、東洋拓殖等日系財閥企業認股三分之一，剩餘六分之一向民間募股，是以開發、補給戰時日本軍需資源為目的，配合日本政府推行南進政策的國策公司。1937 年臺拓會社鑒於化學肥料不足，燐礦來源的擴充日趨重要，為調節過燐酸肥料市場之供需關係，故與平田末治合作，3 月在高雄市湊町 2 丁目 9 番地（指門牌號碼，以下同）創設「開洋燐礦株式會社」，積極地開展西沙群島燐礦採掘事業。[14]

三、開洋燐礦株式會社經營西沙群島採礦業

　　開洋燐礦株式會社創業資金 100 萬日圓（全額繳納），臺拓會社在總數 20,000 股之中占 6,000 股，經營項目包括：一、礦業；二、礦物買賣及加工；三、鳥糞採掘與販賣；四、與人共同經營或投資上列相關事業。1937 至 1939 年第一任社長平田末治，理事 3 人：三毛菊次郎、黑田秀博、後藤章司；監事 3 人：坂本威郎、三田村朗、小野誠一。[15]

---

[13] 陳天錫、鄭資約、楊秀靖編，《南海諸島三種》，頁 95-105。

[14] 臺灣拓殖株式會社，《事業要覽》（臺北：臺灣拓殖株式會社，1939），頁 64。有關臺灣拓殖株式會社之研究，參閱朱德蘭，〈臺灣拓殖株式會社的政商網絡關係（1936-1945）〉，《臺灣史研究》第 12 卷第 2 期（2005 年 12 月），頁 75-119。

[15] 臺灣拓殖株式會社，《事業要覽》，頁 63-64。

　　1938年9月28日臺拓會社派遣技師搭乘社有船金令丸（1,300噸）前往西沙群島視察，斯時多樹島已經完成倉庫、棧橋等設施，島上有240餘名採礦工。❶臺拓會社透過技師確認西沙群島的燐礦石價值後，1940年增加持股至10,000股，成爲公司的最大股東，由於握有主導權，便將社址遷移臺北市榮町3丁目1番地臺拓會社本店內，將事業地設於多樹島，出張所（辦事處）設於高雄市新濱町1丁目1番地。1940至1944年開洋燐礦株式會社第二、第三任社長改由臺拓會社社長加藤恭平兼任，理事5名：高山三平（臺拓理事兼任）、大西一三（臺拓理事兼任）、三毛菊次郎、德萬秀三、山城盛貞；監事3名：大西文一、三田村朗、小野誠一。❷

　　向來，領導幹部的人脈資源、營業方針是左右企業經營成敗的重要關鍵。有關開洋燐礦株式會社核心幹部的出身背景，茲簡介於後。

（一）開洋燐礦株式會社領導幹部
1. 第一任社長平田末治

　　平田末治，1893年出生於秋田縣，1916年23歲來臺踏勘東臺灣礦產，1917年以高雄爲據點，從事東沙島海人草採集業及沉沒船解體業中，到南海探險發現西沙群島埋藏有豐富的燐礦，1918年經詳細測量，隨即聯合友人著手採掘。1923年平田末治擔任合資會社平田商行代表，經營土木建築承攬業及土木設計業。1924年被選任高雄市協議會員。1926年出任高雄酒精株式會社常務取締役（常務理事）。1932年從事遠洋漁業。1933年成立高雄海人草採集組合及海人

---

❶〈臺拓が船舶課擴張〉，《臺灣日日新報》，1938年8月24日，版2；〈パラセル群島の燐礦〉，同，1938年9月29日夕刊，版2。

❷臺灣拓殖株式會社，《事業要覽》（臺北：臺灣拓殖株式會社，1941），頁70；朱德蘭，〈臺灣拓殖株式會社的政商網絡關係（1936-1945）〉，頁106-107。

草販賣組合，當選組合長。1936 年被選任高雄市 業調 會委員、臺灣海務協會理事。1937 年擔任臺灣都市計畫委員會臨時委員，迄 1943 年為止，出國視察南洋三回，每年到華南考察二回。平田末治尚兼任高雄土木建築承包業組合顧問、開洋興業株式會社專務取締役、開洋燐礦株式會社取締役等要職，為臺灣產業界十分活躍的商人。⑱（見圖 5-2）

2. 第二、第三任社長加藤恭平

加藤恭平，1883 年出生於東京，為德川將軍部屬加藤祖一之次子。1905 年於東京帝國大學法學部英法科畢業後，進入三菱合資會社門司、長崎、香港等支店工作，1918 年轉任三菱商事株式會社神戶、大阪支店長、三菱本社金屬部及機械部部長。1921 年當選三菱商事常務取締役（常務理事）。1931 年出任三菱石油株式會社取締役。1936 年被臺灣總督選任臺灣拓殖株式會社社長。1937 年兼任福大公司社長、臺灣總督府評議員。1939 年兼任臺灣電力株式會社社長、三菱集團臺灣化成工業株式會社取締役，期間獲得佛領印度支那（今越南）、比利時、法國頒贈榮譽勳章。⑲（見圖 5-3）

3. 第一、第二任理事三毛菊次郎

三毛菊次郎，1888 年出生於愛媛縣，1912 年畢業於東京帝國大學採礦科。同年於久原礦業株式會社任職。1918 年擔任久原礦業會社豐羽礦山採礦係長（股長）。1929 年轉任日本礦業株式會社糟屋炭

---

⑱〈臺灣人物誌〉漢珍數位資料庫：tbmc.ncl.edu.tw:8080/whos2app/servlet/whois?simplegenso（2015/9/15 瀏覽）。

⑲ 朱德蘭，〈臺灣拓殖株式會社的政商網絡關係（1936-1945）〉，頁 78-79。

礦事務長。1933 年擔任臺灣礦業株式會社金瓜石礦山事務所所長，同年當選瑞芳庄協議會員。1934 年出任臺北州協議會員。❷⓿

4. 第一任理事黑田秀博

　　黑田秀博，1890 年出生於橫濱市，1914 年畢業於札幌農科大學農學科。1915 年於臺灣鹽水港製糖株式會社任職，1917 年擔任鹽水港製糖會社農務部農務次長，兼任旗尾製糖所代理所長、花蓮港製糖所所長、溪州製糖所所長。1931 年升任鹽水港製糖株式會社取締役。1936 年當選臺南州會議員。❷❶

5. 第二、第三任理事大西一三

　　大西一三，1890 年出生於大阪，大阪府立北野中學畢業。1907 年於臺灣銀行大阪支店擔任行員。1916 年周遊歐美諸國。1917 年擔任臺灣銀行倫敦支店幹事。1926 年出任日本製粉株式會社取締役。1928 年擔任三菱系鹽水港製糖株式會社常務取締役，兼任花蓮港木材株式會社取締役、臺灣生藥株式會社監查役（監事）、安部幸商店監查役。1936 年擔任臺拓會社第一任常務理事兼總務部部長，另兼任臺拓會社投資開洋燐礦株式會社常務取締役及監查役。❷❷

6. 第一、第二任監事小野誠一

　　小野誠一，1893 年出生於廣島市，1913 年於三菱合資株式會社

❷⓿〈臺灣人物誌〉漢珍數位資料庫：tbmc.ncl.edu.tw:8080/whos2app/servlet/whois?simplegenso（2015/9/15 瀏覽）。

❷❶〈臺灣人物誌〉漢珍數位資料庫：tbmc.ncl.edu.tw:8080/whos2app/servlet/whois?simplegenso（2015/9/15 瀏覽）。

❷❷ 朱德蘭，〈臺灣拓殖株式會社的政商網絡關係（1936-1945）〉，頁 80-81。

吉岡礦山任職，1914 年轉任三菱會社尾去澤礦山。1917 年離職，同年擔任日本礦業株式會社成興礦山所所長。1919 年轉任日本礦業會社白瀧礦山所庶務係員（股員）。1936 年擔任日本礦業會社尾山小屋礦山所庶務課代理課長。1938 年擔任臺灣礦業株式會社金瓜石礦山庶務課代理課長。同年被選任臺灣化學工業株式會社監查役、開洋燐礦株式會社監查役、基隆輕鐵株式會社監查役。1942 年當選臺北州會議員。❷❸

由上人物履歷裡，可知開洋燐礦株式會社幹部有礦業、農業、法學等專科知識，有採礦、製糖、化學工業、土木工程、機械、金融等專業才能，並具跨部門高階行政管理經歷，實屬一群有高學歷、有高技術、有豐沛人脈關係的精英集團所經營的礦業公司。

（二）西沙群島礦業所人事規模

開洋燐礦株式會社事業地設於多樹島，機構名稱爲「西沙群島礦業所」。1937 至 1939 年礦業所資料從缺，人事組織不詳。1940 年礦業所頗具規模，其雇用職工如下：

1、技手（指技師以下的技術員）7 名：菊池有剛（兼任西沙群島礦業所所長）、山城加那、金城善盛、山田秋行、岩田光義、多田輝夫、仲吉朝新。

2、書記 5 名：桃原良興、伊倉謙治、別宮孝、抱井均、石川正仁。

3、技士（經認證有特定專業之技術者）1 名：帶刀進。

4、雇員（專任）2 名：太田正和、津田秀二。

---

❷❸〈臺灣人物誌〉漢珍數位資料庫：tbmc.ncl.edu.tw:8080/whos2app/servlet/whois?simplegenso（2015/9/15 瀏覽）。

5、傭員（約聘）6 名：中野十三郎、江里口喜八、鍾庚輝、許調立、簡進丁、謝金相。

6、船員 7 名：西銘松龜、前田正成、前田松五郎、宮城次弘、諸見里秀二、上原藏盛、古宇利源一。

7、船大工（船匠）1 名：廣內爲美。❷

以上職工姓氏，反映出身於日本本土者有 13 名，約占總人數的45％，來自沖繩者有 12 名，約占總人數的 41％，來自臺灣者有 4 名，約占總人數的 14％。職級方面，管理層多由日本人擔任，重勞力作業由臺灣人充當，中間階級的技手、書記、船員由沖繩人出任。

表 5-3 爲 1941 年 2 月西沙群島礦業所雇用船員名單。從中可知，第二平安丸（平田商行所有船）之船長、船舶機關長、操機手、船員全部來自沖繩。又，原先擔任船員的西銘松龜、前田松五郎、前田正成，皆因航海技術優異而升任船長、機關長、操機手。

表 5-4 是 1941 年西沙群島礦業所雇用工具職稱及薪俸。統計 41名勞工中，大船頭兩名，均屬沖繩人；船夫 7 名之中，沖繩人占 5 名；運轉工 19 名之中，沖繩人占 16 名；採礦工 13 名裡，沖繩人占 12 名。顯出沖繩人在運輸、漁撈、採礦技術等項，擁有很獨特的才能，爲礦業所十分重要的專業群體。

四、沖繩人從業實況

沖繩縣位於日本列島南端，縣民分布於沖繩島、宮古島、八重山島。沖繩人習慣島嶼生活，由於沖繩群島溫暖濕潤的亞熱帶氣候和西

---

❷ 昭和 15 年（1940）12 月 4 日開燐高第 292 號，〈パラセル礦業所職員勤怠〉，收入臺灣拓殖株式會社文書（以下簡稱臺拓文書）第 2590 號，〈現地施設ニ關スル件〉。

表 5-3　西沙群島礦業所租用第二平安丸聘僱船組員俸給（1941 年）

姓名	1940 年	1941 年	1941 年月薪	本籍	摘要
西銘松龜	船員	船長	70 圓	沖繩	
前田松五郎	船員	機關長	85 圓	沖繩	船長承諾
前田正成	船員	操機手	60 圓	沖繩	
山城末吉		操機助手及後方甲板水夫（新雇用）	55 圓	沖繩	
上原藏盛	船員	水夫	60 圓	沖繩	
古宇利源一	船員	水夫	60 圓	沖繩	
宮城行富		水夫（新雇用）	55 圓	沖繩	

資料來源：昭和 16 年 2 月 3 日開燐高第 392 號，〈第二平安丸乘組員俸給ノ件〉，臺拓文書第 2590 號〈現地施設ニ關スル件〉。

表 5-4　西沙群島礦業所雇用勞工名冊（1941 年）

編號	職稱	姓名	本籍	月薪	摘要
1	大船頭	内間新文郎	沖繩	75 圓	自抵達高雄港日期開始採用
2	大船頭	仲泊加那	沖繩	75 圓	同上
3	船夫	本田森次	日本	65 圓	同上
4	同上	安村盛善	日本	65 圓	同上
5	同上	親川秀明	沖繩	65 圓	同上
6	同上	永吉盛行	沖繩	65 圓	同上
7	同上	名嘉清英	沖繩	65 圓	同上
8	同上	桑江松太	沖繩	65 圓	同上
9	同上	仲桝貢市	沖繩	65 圓	同上
10	運轉工	山城太男	沖繩	65 圓	有機械經驗，擔任發電機股長
11	同上	金武川武	沖繩	65 圓	同上
12	同上	太田德順	日本	65 圓	同上
13	同上	赤峯精巧	沖繩	60 圓	同上
14	同上	新垣繁雄	沖繩	60 圓	同上
15	同上	平良忠吉	沖繩	60 圓	同上
16	同上	上原滿造	沖繩	60 圓	同上
17	同上	川田直峯	日本	60 圓	同上
18	同上	松竹安正	日本	60 圓	同上

19	同上	知念政仁	沖繩	60 圓	同上
20	同上	上原　勇	沖繩	60 圓	同上
21	同上	平良忠三郎	沖繩	60 圓	同上
22	同上	大城信弘	沖繩	60 圓	同上
23	同上	屋比久松	沖繩	60 圓	同上
24	同上	山内盛勝	沖繩	60 圓	同上
25	同上	仲里豐三	沖繩	60 圓	同上
26	同上	屋比久山戶	沖繩	60 圓	同上
27	同上	下地廣治	沖繩	55 圓	同上
28	同上	神谷厚明	沖繩	55 圓	同上
29	採礦夫	伊波行善	沖繩	60 圓	同上
30	同上	西平　寬	沖繩	55 圓	同上
31	同上	大城松三	沖繩	60 圓	同上
32	同上	前城竹助	沖繩	55 圓	同上
33	同上	幸地安太郎	沖繩	55 圓	同上
34	同上	手登根正一	沖繩	55 圓	同上
35	同上	福里景松	沖繩	50 圓	同上
36	同上	屋我嗣進	沖繩	50 圓	同上
37	同上	山城正榮	沖繩	55 圓	同上
38	同上	比嘉　吉	沖繩	55 圓	同上
39	同上	上原三郎	沖繩	45 圓	同上
40	同上	前森太良	日本	65 圓	船夫之炊事員（依照原文）
41	同上	伊佐良德	沖繩	50 圓	同上

資料來源：昭和 16 年 2 月 3 日開燐高第 391 號，〈船夫廿五名俸給ノ件〉，臺拓文書第 2590 號〈現地施設ニ關スル件〉。

沙群島相似，所以是開洋燐礦株式會社募集勞動力的主要對象。有關招募過程，反映於臺拓文書之中。如 1941 年 2 月 24 日開洋燐礦株式會社高雄出張所致臺北本社一函敘述：

> 沖繩玉城盛重氏來電說，船夫 15 名 3 月 1 日從那霸出發，該如何處理？
> 高雄出張所雖努力安排便船或租船，但到今天為止，還沒找到租

船或便船，為此，我方與臺拓會社南洋課小阪書記商量，拓生丸預定 3 月 11 日抵達高雄，若要搭乘便船的話，請向玉城氏寄發信息，就說該船 3 月 11 日到達高雄。

又謂：

向沖繩玉城氏通知第三回配船從高雄出港的預定日，到出港前天為止，要求安排船夫到達高雄。此外，玉城氏要求船夫旅費及墊付壹千圓，款項從本社送去，先此知會如上。❷❺

可知玉城盛重是沖繩當地的勞務仲介，他向會社要求先提供船夫旅費與預付款 1,000 圓，募集人選比較容易。然而，高雄出張所聞知拓生丸不停靠高雄，因無船舶接載船夫，故請本社與岡田組（本店在大阪，支店在神戶）連絡，探聽岡田組所有船拓園丸（5,514 噸）航班，好讓船夫搭乘來臺。1941 年 3 月 10 日本社電覆：「昨晚 8 點，拓園丸已從長崎向基隆出發了。」又向大阪商船公司高雄支店確認，拓園丸行程：「3 月 13 日基隆入港。13 日、14 日補給煤炭、飲用水。15 日基隆出港。16 日高雄入港，搬卸肥料 3,000 噸，停泊 3 天。20 日高雄出港。」❷❻

玉城盛重掌握拓園丸的行程後，回覆：「船夫已在那霸等待，如果嘉義丸不寄港基隆的話會很困擾，請安排 3 月 16 日乘湖南丸出

❷❺ 昭和 16 年（1941）2 月 24 日開燐高第 448 號，〈沖繩船夫ノ件〉，臺拓文書第 2590 號，〈現地施設ニ關スル件〉。

❷❻ 昭和 16 年 3 月 11 日岡神第 909 號，〈拓園丸パラセル行積荷之件〉、昭和 16 年 3 月 12 日開燐高第 472 號，〈拓園丸動靜ノ件〉，臺拓文書第 2590 號，〈現地施設ニ關スル件〉。

發。」3 月 12 日高雄出張所詢問大阪商船公司高雄支店，知道湖南丸預定 13 日從那霸出發，17 日抵達基隆的信息後，才確定沖繩船夫可以在高雄趕上 20 日啓航的拓園丸前往多樹島。❷

　　高雄出張所除了委託沖繩人募集船夫外，也雇用臺拓會社投資的拓洋水產會社人員。如，1941 年 3 月 29 日高雄出張所向西沙群島礦業所報告：

（沖繩）船夫 3 名從拓洋水產（株式會社）來到我社，他們在新南諸島長島（今太平島）的時候，從事船夫與監督工人業務。倘若他們進入西沙群島礦業所，本船入港時可以做船夫，其他時候可以做雜役（和工人一起勞動，並監督工人），我想這樣雇用。不過，礦業所也可考慮和其他沖繩船夫做相同的工作。有關薪水，我方先說明每人日薪 1 圓 20 錢，另，本船入港時從事搬卸貨物的話，每噸增加 27 錢，如此，月平均收入大約 60 圓。但，此事在和本社及吉富書記商量過後，取消了以上條件，改定月薪65 圓。❷

　　燐礦、鳥糞和其他礦物相比，採掘方法比較容易。圖 5-4 爲西沙群島礦業所作業工具，包括採掘器具：鐮、鋸、斧頭、耙土器、畚箕、擔棒；挖礦器具：尖形鐵器、鐵鍬、鋤頭、鐮刀、鎚子、鑿石、鐵棒、畚箕、擔棒；搬運工具：四隻爪、鐵鍬、鋤頭、鐮刀、畚箕、繩子、台車。破礦工具：石斧、鎚子、畚箕；乾燥入庫工具：四隻

❷ 昭和 16 年 3 月 12 日開燐高第 470 號，〈沖繩船夫ノ件〉，臺拓文書第 2590 號，〈現地施設二關スル件〉。

❷ 昭和 16 年 3 月 29 日開燐高第 497 號，〈拓園丸便乘沖繩船夫ノ件〉，臺拓文書第 2590 號，〈現地施設二關スル件〉。

爪、鐵鍬、鋤頭、鐮刀、畚箕等。㉙圖 5-5 為燐礦從採掘區到搬運上船的作業流程，即：採礦區→原礦放置處→日曬乾燥→篩別→破碎→水洗→乾燥→貯藏→棧橋→裝上本船運輸海外。

有關業務分工，採礦、搬運、破礦、乾燥、入庫等項，交給承包工負責，西沙群島礦業所職員在燐礦石入庫時負責點收。工具、苦力募集、炊事、物品配給等項，委託小工頭負責。駁船、拖曳船、裝運設備及器具由公司提供。陸地裝運礦物交給臺灣人林天財承包，棧橋駁船、拖曳船讓沖繩人山城佳那負責。㉚

表 5-5 是多樹島燐礦、鳥糞的預定搬出量。西沙群島礦業所規劃 1941 年度搬運 31,500 噸，1942 年度搬出 39,000 噸，1943 年度運出 50,000 噸。就月平均量來說，1942 年採礦量約 2,967 噸，貯存量約 9,281 噸。搬運量方面，秋冬兩季船隻受到海浪洶湧的阻礙，運輸艱難，一年安全出航按七個月計算，月平均運輸量約 5,571 噸。（見表 5-6）1943 年，月平均採礦量為 4,150 噸，貯存量為 7,015 噸，春夏兩季波平浪靜，運輸比較容易，運出量約 7,143 噸。（見表 5-7）

臺灣與多樹島之間沒有定期船往返，開洋燐礦株式會社為運輸西沙群島礦業所需要的勞動力及物資，包括去程裝載：建物材料、採礦工具、爆破火藥、食糧、飲料水、生活用品等，回程運輸：燐礦石、海鳥糞，及契約屆滿的勞工，除借用臺拓會社持有船金令丸、平田商行所有船第二平安丸外，還需向肥料關係會社租船，行駛臺灣與多樹島之間。1941 年春夏海浪平穩期，運輸船共計 9 艘。1942 年太平洋戰爭緊迫期，租船、配船相當困難，往返臺灣與多樹島之間的船隻只

㉙ 昭和 16 年 7 月〈事業改善具體案〉，收入臺拓文書第 2676 號，〈パラセル現地事業ニ關スル件〉。

㉚ 昭和 17 年（1942）4 月 27 日開燐第 302 號，〈墨島移轉工事及事業經營ニ關スル件〉，臺拓文書第 2676 號，〈パラセル現地事業ニ關スル件〉。

表 5-5　西沙群島礦石搬出預定量（1941-1943 年）　　　單位：順

年別 / 品目	昭和十六年度 1941 年		昭和十七年度 1942 年		昭和十八年度 1943 年	
	燐礦	鳥糞	燐礦	鳥糞	燐礦	鳥糞
1 月	－	－	6,000	－	－	6,000
2 月	6,000	－	－	5,500	6,000	－
3 月	6,000	－	5,500	－	6,500	－
4 月	4,000	－	－	3,500	6,500	－
5 月	4,000	－	－	5,500	6,500	－
6 月	4,000	－	5,500	－	6,500	－
7 月	－	－	－	－	6,000	－
8 月	4,000	－	－	5,500	6,000	－
9 月	3,500	－	－	－	－	－
計	31,500	－	17,000	22,000	44,000	6,000
共計	31,500		39,000		50,000	

資料來源：昭和 15 年 12 月 25 日開燐高第 332 號，〈自昭和十六年至昭和十八年　三ヶ年礦石搬出預定表〉，臺拓文書第 2590 號〈現地施設ニ關スル件〉。

有 4 艘。（見表 5-8）

　　表 5-9 為 1941 年 1 月至 1942 年 3 月西沙群島礦業所的運輸成績。從中可以獲知，燐礦石、海鳥糞的交貨地是以日本本土為主，受貨量以石原產業株式會社（本店在大阪，支店在神戶）及大日本燐礦株式會社（本店在東京，支店在大阪）較多。有關多樹島搬出量所占日本輸移入量之比重如何，資料乏載，不詳。不過，對照表 5-6、5-9，應可明瞭運輸成績頗不理想，僅占預定搬出量的四成而已。

　　1942 年 5 月多樹島事業完畢，6 月起礦業所擬將設備遷移墨島，準備在墨島展開採掘活動。[31] 同年 8 月 18 日西沙群島礦業所技手與儀

---

[31] 昭和 17 年 5 月 15 日開燐第 352 號，〈スレート仕樣書〉，收入臺拓文書第 2678 號，〈現地物資設備ニ關スル件〉。

表 5-6　西沙群島礦業所 1942 年度作業目標　　　　　　　　　　　單位：噸

月別	結存礦量	採礦量	在礦量	搬出量	相扣結餘礦量
1 月	10,998	2,500	13,000	6,000	7,498
2 月	7,498	3,500	10,998	5,500	5,498
3 月	5,498	5,000	10,498	5,500	4,998
4 月	4,998	5,000	9,998	5,500	4,498
5 月	4,498	5,000	9,498	5,500	3,998
6 月	3,998	5,000	8,998	5,500	3,498
7 月	3,498	5,000	8,498		8,498
8 月	8,498	3,000	11,498	5,500	5,998
9 月	5,998	500	6,498		6,498
10 月	6,498	500	6,998		6,998
11 月	6,998	300	7,298		7,298
12 月	7,298	300	7,598		7,598
共計		35,600		39,000	

資料來源：昭和 15 年 12 月 25 日開燐高第 332 號，〈自昭和十六年至昭和十八年　三ヶ年礦石搬出預定表〉，臺拓文書第 2590 號〈現地施設ニ關スル件〉。

表 5-7　西沙群島礦業所 1943 年度作業目標　　　　　　　　　　　單位：噸

月別	結存礦量	採礦量	在礦量	搬出量	相扣結餘礦量
1 月	7,598	2,000	9,598	6,000	3,598
2 月	3,598	5,000	8,598	6,000	2,598
3 月	2,598	6,000	8,598	6,500	2,098
4 月	2,098	6,000	8,098	6,500	1,598
5 月	1,598	6,000	7,598	6,500	1,098
6 月	1,098	6,000	7,098	6,500	598
7 月	598	6,000	6,598	6,000	598
8 月	598	6,000	6,598		598
9 月	598	2,000	2,598		2,598
10 月	2,598	2,000	4,598		4,598
11 月	4,598	2,000	6,598		6,598
12 月	6,598	1,000	7,598		7,598
共計		50,000		50,000	

資料來源：昭和 15 年 12 月 25 日開燐高第 332 號，〈自昭和十六年至昭和十八年　三ヶ年礦石搬出預定表〉，臺拓文書第 2590 號〈現地施設ニ關スル件〉。

喜代藏、菊池有剛向開洋燐礦會社報告：

關於事業經營方針，現在配置船舶困難之際，現地作業狀況要以極小的經費，努力發揮最大的效率，在等待配船以前，要做好以下作業態勢，即：

1）現於多樹島作業的 112 名勞工，儘速把他們送回去。

2）讓在多岩島從事採掘作業的沖繩船夫處理多樹島、多岩島礦石。

3）這次未用金神丸撤回的多樹島勞工，讓他們將乾燥場堆積的海鳥糞乾燥入庫，如不能乾燥入庫，就到礦區整理殘礦。關於實地作業，要時時以本年度預算單價作標準，注意不要超過預算，好好思考如何提高效率。

4）關於多岩島作業，現在採掘的燐礦、鳥糞要努力運到多樹島，船隻遇到低潮不能迴送時，就勿採掘、破礦，儘量不要在多岩島貯存礦物。

5）整理貯礦場方面，現在乾燥場堆積的鳥糞，要從海岸入庫乾燥，從多岩島迴送到燐礦放置場。砍伐貯礦場西邊的雜樹地帶，貯存燐礦。

6）關於事務分擔，與儀技手執掌多岩島及多樹島現場總監督。桃原書記負責販賣股兼現場監督。岡本技手管理無線通信股兼內勤助手。高山技手負責醫務兼水分檢定。廣內備員負責倉庫及艀船管理。江里口備員負責營繕。

此外，以往進出多樹島礦業所的船舶，要向本社報告正確的進出港時間。作業當日要整理業務工程表，旬報在期限後五天內向本社報告燐礦與鳥糞採掘、入庫、累計量。月報在期限後十天內向本社報告工資明細、採掘、破礦、運礦、乾燥入庫量及販賣額。

表 5-8 開洋燐礦株式會社雇船往返多樹島運輸内容（1940-1942 年）

年別 / 船名	1940 年 / 起訖地 / 運輸内容	1941 年 / 起訖地 / 運輸内容	1942 年 / 起訖地 / 運輸内容
東晃丸		3 月基隆→多樹島 沖繩船員 15 名、職員、米穀、飲用水、重油、車輪、黃麻繩、洋釘等	3 月多樹島→高雄 燐礦
第二平安丸	11 月多樹島→高雄 鳥糞 12 月高雄→多樹島 沖繩船員 25 名	1 月多樹島→高雄 燐礦 2 月高雄→多樹島 沖繩船員 25 名	
海幸丸	12 月高雄→多樹島 社員、備員、平安丸沖繩船員、臺灣工人		
金令丸	12 月高雄→多樹島 火藥	3 月基隆→多樹島 臺灣地瓜乾約 10,000 斤 5 月、7 月多樹島→高雄 燐礦	2 月高雄→多樹島 社員、臺灣工人 2 月多樹島→高雄 燐礦
第三大寶丸		1 月高雄→多樹島 臺灣工人 200 名、火藥、食糧、建築材料、水、米穀 3 月多樹島→高雄 燐礦	
祥洋丸 共進丸		2 月高雄→多樹島 沖繩船員	
宇佐丸		2 月高雄→多樹島 臺灣工人	8 月多樹島→榆林 燐礦
拓園丸		3 月高雄→多樹島 沖繩船員、飲用水 100 噸、米 8 石、爆破火藥 4 月多樹島→高雄 燐礦、臺灣工人 120 名	
第八基興丸		3 月高雄→多樹島 臺灣米 37 石	
登喜丸			5 月基隆→多樹島 沖繩船員 25 名
金神丸			5 月基隆→多樹島 沖繩船員 21 名
しどにい丸		9 月多樹島→高雄 燐礦、臺灣工人（船内設有死亡工人遺骸安置所）	

備註：由於臺拓文書資料龐大，尚未整理，故本表僅呈現一部分船隻運輸内容。據若干資料
顯示，開洋燐礦株式會社租船來源，東晃丸為石原產業株式會社所有船，平安丸為平田

商行所有船，金令丸為臺拓會社所有船，第三大寶丸為臺灣運輸株式會社所有船，祥洋丸、共進丸為喜納泰榮氏所有船，拓園丸為岡田組所有船。

資料來源：昭和 15 年 12 月 10 日開燐第 302 號，〈金令丸貨物運賃ノ件〉，收入臺拓文書第 2590 號，〈現地施設ニ關スル件〉；昭和 15 年 12 月 25 日開燐高第 336 號，〈パラセル礦業所事業及勞務者動靜報告ノ件〉，臺拓文書第 2590 號，同；昭和 15 年 12 月 6 日開燐第 302 號，〈海幸丸出港報告ノ件〉，臺拓文書第 2590 號，同；昭和 16 年 1 月 17 日開燐第 352 號，〈第三大寶丸高雄ニ於ケル動靜證明書ノ件〉，臺拓文書第 2590 號，同；昭和 16 年 1 月 27 日開燐第 370 號，〈パラセル向ケル輸出米穀ノ件〉，臺拓文書第 2590 號，同；昭和 16 年 2 月 3 日開燐第 398 號，〈パラセル行キ汽船ノ件〉，臺拓文書第 2590 號，同；昭和 16 年 2 月 5 日開燐第 406 號，〈第三大寶丸高雄於高雄諸費用ノ件〉，臺拓文書第 2590 號，同；昭和 16 年 2 月 5 日開燐第 402 號，〈東晃丸ノ件〉，臺拓文書第 2590 號，同；昭和 16 年 2 月 14 日開燐第 433 號，〈神殿輸送ノ件〉，臺拓文書第 2590 號，同；昭和 16 年 3 月 12 日開燐第 472 號，〈拓園丸動靜ノ件〉，臺拓文書第 2590 號，同；昭和 16 年 3 月 13 日開燐第 476 號，〈多樹島礦業所近況ノ件〉，臺拓文書第 2590 號，同；昭和 16 年 3 月 30 日開燐第 499 號，〈多樹島用消費米ノ件〉，臺拓文書第 2590 號，同；昭和 16 年 10 月 9 日東第 4068 號，〈十月六日橫濱入港しどにい丸積パラセル燐礦石〉，收入臺拓文書第 2658 號，〈礦石代金精算ノ件〉；昭和 17 年 5 月 21 日開燐第 371 號，〈苦力歸還ニ關スル件〉，收入臺拓文書第 2676 號，〈パラセル現地事業ニ關スル件〉；昭和 17 年 5 月 25 日開燐第 379 號，〈自昭和 16 年 1 月至昭和 17 年 4 月礦石積出實績表〉，臺拓文書第 2676 號，〈パラセル現地事業ニ關スル件〉。

表 5-9　西沙群島礦業所運輸礦石成績（1941 年 1 月至 1942 年 3 月）

月別	裝運船名	類別	運輸量	交貨對象
1941 年 1 月	第三大寶丸	燐礦	2,535 英順 324	石原產業株式會社
3 月	東晃丸	燐礦	3,656 英順 312	石原產業株式會社
4 月	拓園丸	燐礦	4,357 英順 021	石原產業株式會社
5 月	金令丸	燐礦	942 英順	臺灣肥料株式會社
5 月	金令丸	燐礦	318 英順 7	臺灣肥料株式會社
7 月	金令丸	燐礦	828 英順 257	大日本燐鑛株式會社
9 月	シドニー丸	燐礦	5,445 英順 5	大日本燐鑛株式會社
1942 年 2 月	金令丸	鳥糞	775 英順 66	臺灣肥料株式會社
3 月	東晃丸	燐礦	3,205 英順 755	大日本燐鑛株式會社
合計			22,064 英順 529	
運輸地	日本本土 臺灣		20,028 英順 169 2,036 英順 36	

備註：昭和 16 年 5 月金令丸裝載燐礦運輸臺灣兩次，次年 2 月裝載鳥糞運輸臺灣 1 次。
資料來源：昭和 17 年 5 月 25 日開燐第 379 號，〈自昭和 16 年 1 月至昭和 17 年 4 月礦石積出實績表〉，臺拓文書第 2676 號，〈パラセル現地事業ニ關スル件〉。

每逢便船要託送上記報告、事務日誌、醫療月報、販賣品銷售額
及氣象報告等。……現在平安丸乘組員內，讓想下船者協助礦業
所業務，另補充船員陣容。平安丸來航後，讓船員從事漁撈、棧
橋補強、多岩島燐礦運送事務。……多岩島船夫撤到多樹島時，
不要各自離散，須注意任何時候都要一起行動。㉜

可知礦業所對沖繩人的勞務分配為：一、船員擔任採礦、漁撈、棧橋
修護、燐礦運輸等工作；二、技手與儀喜代藏掌管多岩島、多樹島現
場總監督；三、書記桃原良興負責販賣部門兼現場監督；四、雇員江
里口喜八負責營繕。反映沖繩人多樣化的專業才能為礦業所事業發展
付出不少心力。（見圖 5-6、5-7）

五、臺籍工人騷動事件

臺灣位處日本殖民地最南端，與南海諸島海路交通較近，氣候也
很相似，但臺灣人以務農人口居多，通曉日語者遠不如沖繩來得普
及，因無採礦、漁撈、駁船運輸等技術，所以到西沙群島打工的，大
部分是從事重勞力工作，開洋燐礦會社稱他們為礦業所的「苦力」。

（一）臺籍工人募集途徑

開洋燐礦會社招募臺灣勞工渠道有：臺灣勞務協會斡旋、㉝ 委託

㉜ 昭和 17 年 8 月 18 日パラセル礦業所，〈事務引繼事項〉，臺拓文書第 2676 號，
〈パラセル現地事業ニ關スル件〉。

㉝〈臺灣中央勞務協會設立〉，《臺灣日日新報》，1940 年 10 月 8 日，版 3；〈臺南
州勞務協會設立〉，同，1940 年 11 月 3 日，版 5。臺南州經由勞務協會仲介，
每人每日抽佣 3 錢，臺中州經由勞務協會斡旋，每人每日抽佣 4 錢。參見昭和
17 年 4 月 22 日支第 464 號，收入臺拓會社文書第 1432 號，〈榆林送り人夫關
係書類〉。

小工頭募集、透過臺灣鐵工所工員仲介。❸❹ 有關募集情況，如，1941
年3月高雄出張所呈開洋燐礦會社臺北本社一函報告：

> 苦力一事，桃原書記以電話和林天財交涉的結果，苦力日薪1圓
> 80錢，伙食費由會社負擔，但未商量好。此外，也和勞務協會名
> 叫林達的苦力頭交涉，苦力日薪1圓65錢，會社另負擔食費。
> 關於東信彥氏募集苦力方面，我方在思考怎麼處理。又，陳氏是
> 臺灣鐵工所職員，不是苦力頭，他今天休假，我們還沒見面。據
> 桃原書記傳達，即使拜託陳氏，也沒辦法在兩三天內募集到120
> 名苦力，募集苦力很難，謹此先向您報告。❸❺

反映高雄出張所要在二、三天內募集到120名苦力相當困難，必須四
處打聽，用各種途徑分別募集，方能達成任務。又，引文中的「苦力
頭」對礦業所來說，不只是苦力的職業介紹人、保證人，也是礦業所
現地作業的監督人。

　　值得關注的是，1941年3月、8月、10月、12月臺灣工人在西
沙群島爆發了四次集團性的罷工事件。臺灣工員究竟為何罷工？提出
甚麼訴求？礦業所如何解決問題？茲舉該年3月罷工風波為例，依據
礦業所工作日誌，將其罷工始末記述於後。（見圖5-8、5-9）

（二）工人提早回來始末

　　向來，西沙群島礦業所的勞務承包人只重視自己收益的增大，募

---

❸❹ 昭和16年3月開燐高第469號，〈苦力ノ件〉，臺拓文書第2590號，〈現地施
　　設二關スル件〉。
❸❺ 昭和16年3月開燐高第469號，〈苦力ノ件〉，臺拓文書第2590號，〈現地施
　　設二關スル件〉。

集工人時，因吝於募集經費，招募人選馬虎，雇用了體格差、素質低、怠工、脾氣不好的工人，所以無法提高作業效率。會社有鑑於此，便以直接招募方式，改善勞工素質。1941 年會社讓東信彥擔任承包人，要他在全臺灣各地募集。會社為使東信彥順利的招募工人，將以往承包人必須扣繳保證金才有資格做承攬工作的事，對他取消了這項規定。工資方面，雖由西沙群島礦業所規定，但會社希望採取溫情主義，以利提升勞務成績。不料，今年（1941）因為乾旱缺乏飲用水，而爆發一場集體要求提早返臺的罷工事件。有關罷工原因，分為下述五種。

1、因飲用水不足而引起工人不安

西沙群島礦業所自去年（1940 年）10 月起到今年 3 月 23 日止沒有下雨，由於飲用水儲存量不足，2 月 10 日約剩 50 石，就讓工人飲用雨水，炊事及雜物洗滌使用井水，結果發生下痢，工人情緒不穩，進而發生怠工，集體要求近期來船必須補給飲用水之態勢。期間礦業所一面告訴工人使用井水出於不得已，要他們繼續作業，另一方面，擬通報本社此地發生事故，但無線通信故障，無法拍電，廠方為恐人心動搖，就說飲用水無害。等到 3 月 3 日東晃丸入港，原本以為可以從東晃丸那裏得到分讓水，解除工人不安的，卻因事先沒有聯絡好，東晃丸未載充裕的飲用水，只能分給一隻接駁船的量，大約 1.5 噸，很難滿足工人需求，致使「不良分子」有機可乘，煽動大夥團結起來停止作業。礦業所見狀，立即集合工人代表聽取意見。結果代表主張東晃丸若不分給他們一個月的飲用水，便要搭乘下班船一齊返臺。礦業所不得已，只好和工人約定，讓他們搭乘下班船提早回臺。

2、工人在西沙島沒有契約期限

礦業所招募臺灣工員之初，因未訂立渡島契約期限，所以這次彼等要求提早返臺，無法留住他們。此外，今年礦業所預期配船順利，作業期間訂為 1 月至 8 月底止，但工人在島八個月，嫌惡日子太長，島上沒有慰安設施，過的是孤島生活，由於得了思鄉病，返臺氣氛瀰漫，作業效率低落，患病人數漸漸增加，導致業務運轉十分困難。據以往經驗來論，礦業所興業當初配船很不順利，每年工人在島僅留四個月就送他們返臺，從未發生過任何事故或疏失。探究原因，是因孤島沒有慰安設備，不能補充營養，與其強留他們在島，工作效率低下，營業負擔難以減輕，反倒不如以四個月為限，讓病患一有便船就運送回臺，常常補充新人，較有助於提升業績。

3、同一地方做集團募集之事

先前，會社募集方針為遍及臺灣全島，如，在臺南曾文郡募集的工人全無到外地打工的經驗，只是單純的農夫，他們體格好，經集團募集渡島後，採掘運礦比以往工人認真。據礦業所統計，去年每人平均採礦量 1.5 噸，這批工人採掘量 2.2 噸，作業效率明顯地增加。但今年工人因飲用水不足，生活不安，以致團結成強大的團體，並強拉所有工人參加抗議行動，其蠻橫行徑不僅阻礙作業，而且還利用礦業所的溫情主義（低調姿態），讓礦業所不聽其要求就罷工，出現集團性招募工人之缺失。

4、占卜者擾亂人心

通常工人都很迷信，相信算命人說的話。島上幾個工人利用占卜者說，飲用井水有害，會社補給飲料水困難，到 5 月底以前此地不會降雨，夜間煽動大夥搭乘拓園丸一同返臺，這種謠言讓礦業所很難予

以取締。

5、工頭監督能力不足

大體而言，一名小工頭要負責監督 25 名工人，如果小工頭不了解現地事情和缺乏指揮經驗的話，就沒有權威，只能按照公司的命令指揮工人，形成工人被社員直接監督，工頭不能管理工人作業，沒有鎮壓或安撫動搖者的情形。工人團結起來把小工頭拉去，也助長他們一意孤行的行爲。❸❻

綜上所述，礦業所認爲，工人在無慰安設備的孤島作業，性情暴躁，容易發生爭執，是募集方針失敗的結果。據此，草擬五項改革方策：一、承包人要選有雇用工人經驗的人，小工頭要聘僱有權威的人。二、礦業所作業方法的商量，應避免承包工與工人各自接觸。三、工人在島四個月期間，如果有人生病，就讓病患搭乘便船返臺，經常補給新人。四、新人輪替每月 100 名，最好選擇 30 到 40 歲有家眷的人，這段年齡的青壯年就業態度最認眞，可以提升工作效率。五、募集範圍應遍布臺灣全島，選擇鄉下農夫，儘量不做集團性的募集。❸❼

六、礦業所作業改善方針

西沙群島礦業所爲防止事務員出勤態度消極，工人怠工或誤工，另對臺北本社提出現地作業改進方針，即：

---

❸❻ 昭和 16 年 4 月パラセル礦業所，〈勞務者早期引揚顛末書〉，臺拓文書第 2676 號，〈パラセル現地事業ニ關スル件〉。

❸❼ 昭和 16 年 3 月開燐高第 469 號，〈苦力ノ件〉，臺拓文書第 2590 號，〈現地施設ニ關スル件〉。

（一）做一整年持續性的採礦事業

礦業所本來是在海波平穩的春夏季作業，秋冬兩季只雇幾十名工人採礦，幾乎處於休息狀態。1941 年礦業所為提高營業成績，增建了貯礦場，並預期運輸船配置順利，所以擬做一整年持續性的採礦事業。

（二）事務員每三個月給一個月休假

礦業所勤務與其他作業不同，不但要與家族分離一年以上，而且是過沒有慰安設備，無法補給營養的孤島生活。因此，不免對在地勤務常懷恐懼，甚至喪失青壯年應有的豪氣。1941 年礦業所有 12 名事務員，建議每 3 名編成一組，現地維持 9 名，剩餘 3 名在臺灣休養，每三個月給一個月休假，俾使人人保持活力，提升作業效率。

（三）工人每三、四個月做一次輪替

比較去年和今年成績，工人滯留四個月以上，因身心俱疲，病患人數增加，勞動效率降低，故建議夏季在島三個月，春冬兩季在島四個月。工作期間如需長久才能恢復健康者，就讓病患搭乘便船返臺，藉以安定群眾心神，達成各自預定的作業計劃。

（四）預定一個月搬運 3,500 噸燐礦量

礦業所以每月運出 3,500 噸燐礦量為基礎，依照每人作業能力做基準，分配作業類別、作業量，努力達成預定目標。作業類別包括：伐採、採掘、破礦、運礦、乾燥入庫、炊事及雜務、船內作業等八種。

（五）6 月至 12 月出礦計畫

計畫燐礦石採掘量 18,000 噸、海鳥糞採收量 3,200 噸，搬運量 14,500 噸。

（六）小工頭的充實

向來，小工頭因不懂現地事情，缺乏作業經驗，不了解採礦事業的價值，故不能增進作業效率。小工頭在孤島扮演很重要的角色，現任小工頭有：林和家（35 歲，在島勤務三年，有管理工人經驗者）、簡進丁（36 歲，在島勤務三年，擔任礦物分析經驗二年）、謝金相（31 歲，在島勤務三年，擔任礦物分析經驗二年，最適任小工頭）、洪慶（32 歲，1941 年 3 月來島，在高雄擔任林達旗下小工頭三年），其中最優秀的是簡進丁、謝金相。簡、謝兩人理解礦業所事業性質，懂得使役勞工方法，比起其他小工頭採掘運礦之效率很高。由此亦可佐證現地經驗者的重要性，小工頭應找懂得現地事業的人。

（七）增加優秀的工人

每年小工頭因輪替劇烈，旗下工人來去頻繁，不習慣島嶼風土，患病人數增加，遂致作業效率低下。自今年起應將優良工人當作本所專員登錄在冊，每四個月給予一個月假期，使其返臺休養後渡島，以便培養習慣風土和有作業經驗的工人。

（八）增設雨水槽

西沙群島水質惡劣，不能充當飲料水。現在貯水槽全部容量 1,400 石，從業人員 400 名，炊事、飲水一個月使用 500 石，貯水槽的貯水量才不過三個月而已。去年（1940 年）10 月到今年 3 月為止，約有五個月沒降雨，倘若臨時運輸水來島，需要增加很多費用，這也

是工人要求提早返臺，不能達成預定作業目標的一大要因。有鑑於此，建議增設四個 200 石容量的貯水槽。

（九）常設保安人員

工人在孤島勞動，殺伐氣氛瀰漫。礦業所沒有警察權，以致去年發生意外事件時，須請軍警人員前來處理。今年礦業所隨著增產計畫增加了雇工人數，為能維護礦業所秩序，讓所方消除不安，應考慮常設保安人員。

（十）作業處理方法

1941 年 6 月 3 日礦業所人員共計 264 名，包括：固定勤務者 33 名（夜警 2 名、炊事 13 名、車道安全運行 5 名、種菜 2 名、服務員 2 名、倉庫管理 2 名、浴場清潔 1 名、衛生 1 名、醫務分析 1 名、雜工 4 名）、患病缺勤者 17 名、現場作業員 214 名。214 名工人的勞務配置如下：

採伐工 20 名、燐礦採掘工 50 名（每人每日作業 2 噸）、鳥糞採掘工 20 名（每人每日作業 3 噸）、破礦工 40 名（每人每日作業 3 噸）、燐礦運礦工 50 名（每人每日作業 3 噸）、鳥糞運礦工 30 名（每人每日作業 3 噸）、雜工 4 名。今年 6 月以後預定招募 345 名工人。❸

綜上礦業所作業改革意見，反映開洋燐礦會社受到戰時人力、財力、物力各種資源的限制，不但無法應付西沙群島礦業所需求，而且租船搬運燐礦困難，必須仰賴食糧搬運船第二金神丸出航，才能將燐礦、鳥糞運送到海南島或臺灣。

---

❸ 昭和 16 年 6 月菊池有剛，〈パラセル礦業所事業經營改善意見書〉，臺拓文書第 2676 號，〈パラセル現地事業ニ關スル件〉。

　　言及第二金神丸，乃臺拓會社投資開南航運株式會社的所有船，載重量 50 噸。1939 年 2 月日軍攻佔海南島後，由於第二金神丸開通西沙群島—榆林港、西沙群島—高雄港、海南島沿岸等航路，所以開洋燐礦會社選在榆林港寄港，雇用海南島苦力搬卸貨物。❸ 唯，1942 年 5 月開洋燐礦會社結束多樹島事業，9 月準備到墨島（Robert I.）、筆島（Pttle I.）開採燐礦之際，發現安南民警隊佔據了島嶼，為恐引起武力衝突，遂決定停止原先預訂的採礦計畫。❹

七、結語

　　西沙群島位於南海海域，是以環狀珊瑚礁為基礎，由珊瑚塊片、介殼及其砂礫等所構成的群島。西沙群島出產種類豐富的魚類，離榆林港很近，每年都有海南島漁民前往捕魚。進入 20 世紀，平田末治與何瑞年密謀，以何瑞年名義成立「西沙群島實業公司」啟動採礦事業後，頗受臺灣總督府關注，進而組織一支調查隊渡島測勘礦藏。

　　燐礦、鳥糞是製造過燐酸肥料的主要原料，為農作物增產不可缺少的物資，日本本土需要量很大，大部分仰賴外地輸入。1937 年中日戰爭爆發，燐礦輸入困難，影響農業至鉅，臺拓會社為調節過燐酸肥料供需關係，就與平田末治合作，共同創立「開洋燐礦株式會社」，積極地推展西沙群島燐礦採掘、販售事業。❹

---

❸ 昭和 17 年 8 月 3 日開燐第 542 號，〈榆林揚荷ノ件〉、昭和 17 年 10 月 29 日開燐第 730 號，〈グアノ揚荷ニ關スル件〉，臺拓文書第 2676 號，〈パラセル現地事業ニ關スル件〉。

❹ 昭和 17 年 1 月 20 日開燐第 30 號，〈西沙群島ニ駐屯セル安南民警隊撤退ノ件〉，臺拓文書第 2678 號，〈現地物資設備ニ關スル件〉。

❹ 海南島漁民向廣東省官員報告，西沙群島被日本人佔據後，每島各設守望樓一座，和有水泥石碑一柱，上書「日本海軍停息處，昭和十一年」字樣。由於漁船常被日本船開炮及機關槍掃射，因此要求官方查察辦理。1937 年 4 月 27 日瓊

　　西沙群島礦業所設於多樹島，行政主管、礦業技術人員、書記多由日本人擔任。礦場監督、船長、船員、船匠等職務，交給漁撈、航海技術優異及適應島嶼生活能力強的沖繩人負責；臺灣人來自農村，除有幾名擔任小工頭外，其他工人都從事重勞力工作。

　　礦業所人員每隔三、四個月做一次輪替。工人在沒有慰安設備、物資與飲用水不足、勞務過重的環境下工作，由於病患、病故者不斷的增加，❷ 以致反對長期居留的罷工事件層出不窮。礦業所為安撫他們，雖然努力改善作業措施，但工人輪替頻繁，新人缺乏經驗，結果仍與預定生產目標有些落差。

　　開洋燐礦會社經營西沙群島與日本本土之間的運礦、售礦事業，大型船隻在長途運輸上起到關鍵性的作用。唯，開洋燐礦會社受到募工、調度補給品困難；船公司受到天候變化萬端，海上航行風險高，西沙群島沒有商品可供交換，以及戰時租船、配船不易等種種因素的影響，致使礦業所的採礦事業波折不斷。

　　要言之，20 世紀前半葉到西沙群島從事勞務活動的沖繩人和臺灣人，曾經度過氣候熾熱、飲料水及食糧不足、日用品缺乏、船舶回航遲緩，生活環境異常艱苦的歲月。包含亡故者在內，眾多沖繩人、臺灣人在孤島賣命，付出勞力的歷史事實，應該被人們了解，被世人記憶。（見圖 5-10）

東縣縣長潘岩將日佔西沙島實情致電廣東省政府，同年 5 月 13 日廣東省政府呈報外交部相關單位，在中央尚未商討如何對應之際，即爆發七七事變。事變期間，臺拓會社為補給過燐酸肥料，積極地開展西沙群島採礦事業。參見張中華主編，《日本侵略廣東檔案史料選編》（北京：中國檔案出版社，2005），頁 18-19。

❷ 臺籍工人病故多樹島之記錄，參見昭和 16 年 10 月 9 日東第 4068 號，〈十月六日橫濱入港しどにい丸積パラセル燐礦石ニ關スル件〉，臺拓文書第 2658 號，〈礦石代金精算ノ件〉。

第六章
臺灣勞務輸出國場組

一、前言

　　沖繩古名稱琉球，1879 年明治政府廢止琉球藩，設置沖繩縣，把琉球王國解體劃入日本國土後，沖繩經歷了近代化→日本化→被差別待遇→軍國主義教育→太平洋戰爭美軍登陸無差別攻擊，許多島民淪為砲灰的苦難歲月。1945 年日本戰敗投降，沖繩成為美軍對抗俄羅斯擴張主義的據點，1972 年脫離美國統治，回歸日本後，方始結束政局詭變、社會動盪的時代。❶

　　美軍支配沖繩，初行軍政，1950 年改行民政，軍政府改為美國駐琉球民政府（United States Civil Administration of the Ryukyu Islands，簡稱 USCAR），軍司令官兼任民政府副長官（High commissioner）。1952 年 USCAR 成立統轄沖繩居民的「琉球政府」。琉球政府實施行政、立法、司法三權分立制度，不過，權力有限，行政主席是由

---

❶ 沖繩縣文化振興會公文書館管理部史料編集室編，《概說沖繩の歷史と文化》（沖繩：沖繩縣教育委員會，2000），頁 8、62-63、74、84。

USCAR 副長官任命。❷

　　美國統治沖繩，流通貨幣是美軍發行的軍票 B 圓和新日本圓，經過幾次交換，1948 年統一通貨爲軍票 B 圓。1950 年美軍以 120B 圓兌換 1 美元的匯率，展開基地建設後，沖繩經濟依存基地經濟體制越來越強。❸1958 年美國爲導入外資，廢止 B 圓改用美元，自此時起到 1972 年爲止，美元成爲沖繩的法定通貨。❹

　　美軍治理下的沖繩，一切都以軍事優先。1965 年美國介入越南內戰（1960-1975 年），B52 轟炸機原本是從關島出擊，後來隨著戰局漸漸緊迫，便以颱風避難爲由，飛來嘉手納基地直接出擊。1968 年 B52 轟炸機常駐嘉手納，嘉手納成爲進擊越南的空軍基地。❺（見圖 6-1、6-2）

　　1960 年代沖繩各項建設日新月異，然而本地缺工，臺灣勞動力豐沛、工資低廉且無罷工習慣，因此各廠商紛紛聘僱臺灣工人。有關臺勞輸出沖繩問題，學者針對：沖繩糖廠聘僱臺灣季節工、中琉文化經濟協會選介工人事業、琉球華僑介入勞動市場、臺灣女工在沖勞動狀況，做過一些討論。❻ 唯，著名商社國場組雇用臺灣工人原委，尚未

---

❷ 伊志嶺惠徹，〈琉球政府〉，沖繩大百科事典刊行事務局編，《沖繩大百科事典》下卷（那霸：沖繩タイムス社，1983），頁 890。〈12 月 15 日琉球列島米國民政府（USCAR）設立（1950 年）〉，沖繩縣公文書館資料庫：http://www.archives.pref.okinawa.jp/publication/2012/12/uscar.html（2015 年 8 月 15 日瀏覽）。

❸ 沖繩縣文化振興會公文書館管理部史料編集室編，《概說沖繩の歷史と文化》，頁 73。

❹〈あの日の沖繩 9 月 16 日 B 円からドルへの通貨交換（1958 年）〉，沖繩縣公文書館資料庫：http://www.archives.pref.okinawa.jp/publication/2012/12/uscar.html（2015 年 8 月 15 日瀏覽）。

❺ 沖繩縣文化振興會公文書館管理部史料編集室編，《概說沖繩の歷史と文化》，頁 80。

❻ 松田良孝，《八重山の臺灣人》（沖繩：南山舍，2004），頁 143-154、175-178；野入直美，〈生活史から見る沖繩・臺灣間の雙方向的移動〉，蘭信三編著，

受到大家關注。本文主要利用中琉文化經濟協會關係文書、國場組書信，擬就：一、臺灣勞務輸出沖繩政策；二、國場組對工程隊的評價；三、國場組留用臺灣勞工等項，做一具體的分析。

二、臺灣勞務輸出沖繩政策

二戰末期，沖繩遭到美軍空襲、艦砲射擊、陸面作戰之摧殘，由於耕地荒廢，工廠設備毀壞，生產力衰退，因此相當仰賴日本、美國、香港、東南亞、臺灣等地進口大量物資，以應人民生活及各項建設所需。

（一）加強臺、沖貿易

1950 年 12 月臺沖貿易協定之初步草約在那霸簽訂，1951 年臺灣正式對沖輸出食糧、砂糖、茶、鳳梨罐頭、青果、雜貨，從沖繩輸入海產品、硫磺等物。❼

1957 年沖繩官員、商界人士爲加強臺、沖貿易，多次訪問臺灣。

《日本帝國をめぐる人口移動の國際社會學》（東京：不二出版，2008），頁559-592；卞鳳奎，〈日本臺灣統治時代における臺灣人の八重山諸島への移民活動〉，《南島史學》第 74 號，2009 年 12 月，頁 15-31；陳怡文，《亞太政治經濟結構下的臺日鳳罐貿易（1950-1972）》（板橋市：稻鄉出版社，2005），頁195-197；八尾祥平，〈戰後における臺灣から「琉球」への技術者・勞働者派遣事業について〉，《日本臺灣學會報》第 12 號，2010 年 5 月，頁 239-253；八尾祥平，〈戰後における臺灣から「琉球」への技術導入事業について〉，蘭信三編著，《帝國以後の人の移動——ポストコロニアリズムとグローバリズムの交錯点》（東京：勉誠出版，2013），頁 637-665；八尾祥平，〈分斷される琉球華僑社會——第二次大戰から沖繩返還にかけての時期を中心に〉，谷垣真理子等編，《變容する華南と華人ネットワークの現在》（東京：風響社，2014），頁 321-347；邱淑雯，〈1960 至 1980 年代八重山鳳罐產業的「臺灣女工」：再現、敘事、反身性〉，《亞太研究論壇》第 60 期，2014 年 12 月，頁 25-53。

❼〈臺琉貿易協定之初步草約 26 日在沖繩正式簽字〉，《徵信新聞》，民國 39（1950）年 12 月 29 日版 1。

臺灣當局為答聘琉球政府親善友好厚意，同年 8 月指派中央信託局組織貿易考察團，並派中央信託局理事主席何墨林擔任團長，網羅商工界領袖及有關貿易之政府機構代表，共計 20 名，10 月 7 日至 13 日赴沖訪問，從而開啟中華民國自開國以來首次組織考察團訪問沖繩之創舉。❽

何墨林一行受到沖繩接待委員會委員長神村孝太郎（琉球政府副主席）、副委員長富原守保（琉球銀行總裁、琉球商工會議所會長）、國場幸太郎（國場組社長）及委員：比嘉秀傳（琉球政府官房長）、長嶺秋夫（琉球政府立法院副議長）、當銘由憲（琉球政府經濟局次長）、宮城雍典（琉球製糖株式會社社長）、竹內和三郎（琉球食糧株式會社社長）等，24 名政商名流之隆重接待。❾

何墨林考察團主要行程為：拜訪 USCAR 美軍將官、琉球政府官員；參加琉球政府主辦「中琉貿易促進座談會」；與沖繩商工會議所商討舉辦臺灣商品展覽會事宜。有關考察團工作要項，茲摘錄於後。

1、解決臺灣、沖繩貿易障礙

首先，米與廢鐵之交換。考察團認為，臺灣、沖繩貿易未能展開之主要癥結是航運困難及運費高昂，航運困難源於兩地無大宗貨物互相交流。為此，與沖繩商洽，臺米輸沖，沖繩廢鐵輸臺，俾使往來臺、沖航輪每月有經常之貨載五百噸至一千噸，維持正常之航運，其

---

❽〈琉球握有大量美援盃盼對臺進行貿易〉，《微信新聞》，民國46年4月3日版2：〈琉球經濟訪問團昨日抵達臺北將與我交換貿易問題意見〉，同，民國46年4月17日版1：〈結束訪問琉球我考察團返臺〉，同，民國46年10月14日版3：何墨林，《中華民國訪問琉球貿易考察團報告書》（臺北：中央信託局，民國46年10月，未出版），頁1-2。

❾何墨林，《中華民國訪問琉球貿易考察團報告書》，頁86-88。

他貨物之交易可以跟進，臺、沖貿易之死結即可打開。其次，對可能成交之貿易事項予以協助。如，臺灣鋁製品輸沖、沖繩廢舊輪胎售臺。再次，協議開展臺、沖貿易，討論議題包括：

A. 交換商務代表問題。考察團說明，目前美國軍政府未接受任何國家設置外交或商務代表，希望沖繩同意中華民國設立駐沖代表，臺灣代表之職權限於經濟與貿易事項之調查報告，及臺灣產品之推銷、出入境簽證之聯絡事項。

B. 航空郵件問題。考察團指出，由臺北至沖繩航空郵運，每星期計有四次，但由沖繩至臺北僅有一次，因而建議沖繩郵政當局與民航公司磋商，在其飛機由東京返回臺北航程中，經過沖繩時攜帶郵件，以利商務通訊。

C. 通匯問題。促使美方迅速決定，同意臺灣銀行與琉球銀行直接通匯。

D. 展覽會問題。為使沖繩各界明瞭臺灣產品品質，擬定本（1957）年12月6日在那霸舉行「臺灣物產展覽會」，請沖方協助及合作。[10]

2、雙方貿易之檢討與調查

1950年USCAR制定沖繩貨幣B圓，與美元兌換率為1比120，國外匯入沖繩外匯及沖繩居民所持之外匯、票券須交琉球銀行照其額面兌換B圓，但B圓不得再換回外匯、票券。沖繩之入境因無外交機構在海外，必須經由美國領事館申請入境，入境需有在沖之親友、商社做生活行為之保障。又，商人入境最初准許兩個月，視其成績及

---

[10] 何墨林，〈本團在琉工作概要〉，收入同氏著，《中華民國訪問琉球貿易考察團報告書》，未編頁。

所帶外幣存款之多寡，斟酌展延其居留期限。如每日按 5 至 7 美元計算，每月須有 200 美元，若停留半年，須有 1,200 美元在沖存款，以目前臺灣外匯管理及外幣攜出限度而言，此一規定對臺商在沖商場競爭上頗為不利，打入沖繩國際市場尤其困難。**⓫**

3、進出口品之建議

A. 臺灣主要輸出品。沖繩每年約需進口 5 萬噸米，今年與緬甸購米合約已經滿期，但沖繩需要廉價的低級米，與臺灣為獲得更多外匯，欲輸出高價之蓬萊米原則不符，有待雙方努力協調。

砂糖方面，戰前沖繩每年產糖 9 萬餘噸，戰後人口增加，食糧缺乏，農村致力於稻米生產，兼以製糖設備幾乎全被戰爭毀壞，製糖業一落千丈，1951 年僅產 12,000 餘噸，且其生產零星，多由各農戶使用土法製造，成本極高，無法與國外競爭。但日本與沖繩船隻往來頻繁，因運費便宜，時間迅速，日本又免收沖繩黑糖之進口稅，並優先採購沖繩黑糖，所以近幾年來製糖業頗呈活躍狀況。1956 年沖繩產糖量50,000 餘噸，其中35,000 頓約值7,000,000 美元之黑糖輸出日本，現雖建有小規模之精糖工廠，仍不敷應用，1956 年輸入約 5,000 餘噸價值 600,000 美元之精糖，其中約 80％自日本輸入，其餘由臺灣及美國、香港各進口四、五萬美元。

沖繩鳳梨 1953 年僅生產 124,000 公斤，以後逐年均有增加，1954 年生產量約為 370,000 公斤，1955 年達到 900,000 公斤左右，現已自行開設鳳梨罐頭工廠，主要輸往國家為日本，年約 280,000 公斤，約值 125,000 美元。唯因風雨關係，加以土壤不適，種苗品質不佳，故盼臺灣能將優良種苗運往，以資改良。沖繩最近受到颱風影響，鳳梨

⓫ 何墨林，《中華民國訪問琉球貿易考察團報告書》，頁 23-24。

產量減少，廠商為維持鳳梨罐頭廠之產品，曾向臺灣採購生鳳梨，臺灣為敦睦友誼起見，已批准一批以供應用。沖繩前由臺灣直接進口鳳梨罐頭，或間接由香港進口之臺灣鳳梨罐頭，聞也有改包裝後轉運日本銷售，獲取厚利之事。另，駐沖美軍所食之生鳳梨，必須品質優良才肯採購，一星期約需一萬公斤，臺灣產品合其需要，倘若臺、沖航運班次增多，應該努力爭取運銷。

沖繩也產香蕉，1954 年生產量約 1,400,000 公斤，1955 年生產量約 1,860,000 公斤，除了自用外，其餘都輸往日本。1955 年出口約 21,000 公斤，金額 4,840 美元，1956 年出口約 29,000 公斤，金額 8,000 美元，不過品質不佳，不合駐沖美軍之需要。臺灣輸往沖繩之香蕉，大部分供應駐沖美軍消費，本年一至七月輸沖之香蕉有 70,000 公斤，價值 11,600 美元，美軍希望臺灣繼續供應，一星期需要量約 5,000 至 7,000 公斤左右。[12]

B. 沖繩主要輸出品。廢鐵一項，沖繩堆存許多廢鋼條、廢鋼板、廢鍋爐、廢砲彈、大砲筒等，現有兩家小型軋鋼工廠，每月生產鋼筋量約一千公噸。廢銅一項，沖繩廢銅量頗多，建議臺灣進口一、二百公噸試用。廢車胎一項，沖繩民間小汽車很多，故舊車胎亦多，加上軍方之飛機、卡車、吉普車之舊車胎數量甚夥，希望臺灣採購。舊卡車方面，希望每月輸出臺灣 20 輛以上。[13]

此外，沖繩並未要求雙方輸出入物資達到平衡，但冀望臺灣能以輸沖金額百分之十至二十酌購沖繩物品。考察團表示，沖繩如果每年由臺灣購入米、糖、鹽等物資數額達到 100 萬美元，臺灣可撥出百分之二十購買沖繩物資（廢鐵、硫磺、廢銅、舊車胎、舊卡車、空酒

---

[12] 何墨林，《中華民國訪問琉球貿易考察團報告書》，頁 42-43、45-46。
[13] 何墨林，《中華民國訪問琉球貿易考察團報告書》，頁 73-75。

瓶、鹹魚等）。

國場組社長國場幸太郎，執沖繩土木建築業、金融界之牛耳，經營沖繩通運、沖繩水泥工業、沖繩自動車等公司，國場幸太郎企盼以舊卡車或舊小轎車向新竹玻璃廠交換玻璃，雙方互惠互利。❹

值得關注的是，中央信託局乃1935年國民政府令中央銀行撥款，成立於上海，受財政部監督，爲中央銀行之附設機構。中央信託局主要執行政府政策，包括：辦理公務員與軍人儲蓄保險事項、辦理公有產物及政府或公共機關重要文件契據之保險與保管事項、經收公共機關之信託存款並代理運用、經理國營或公用事業債券股票之募集與發行，及公民營事業委託辦理國內外採購、貿易、運輸、倉儲、專用碼頭等業務。1946年中央信託局在臺設置辦事處，1947年臺灣辦事處改設臺灣分局，1949年本局從上海遷移廣州，自廣州遷移香港轉到臺北。1957年何墨林考察團返臺不久，中央信託局即於那霸開設駐沖代表處，派段子駿（美國密西根大學畢業）擔任駐沖代表，1966年駐沖代表由蕭兆綱接任。❺

又，臺灣公司行號約有10萬家，各縣市商會爲與政府溝通意見，1951年聯合成立「臺灣省商會聯合會（簡稱省商聯會）」，省商聯會爲開拓沖繩市場，推展臺、沖貿易，1959年組織「中琉貿易小組」，聘請中央信託局顧問、經濟部參事王德立擔任省商聯會駐沖商務代表，1963年商務代表由徐經滿接任。❻

---

❹ 何墨林，《中華民國訪問琉球貿易考察團報告書》，頁52、120-121。

❺ 中央信託局編，《中央信託局五十年》（臺北：中央信託局，1985），頁1-3、389、415-417。

❻〈省商聯會議通過設中琉貿易小組聘王德立駐琉商務代表〉，《微信新聞》，民國39年12月29日版1；方治，《中華民國琉球友好訪問團報告書暨琉球琉中協會主辦經濟文化人座談會建議事項摘錄》，民國55（1966）年（未出版）。

表 6-1 所示，沖繩輸入臺灣商品價額：1956 年 44 萬 4,490 美元，1959 年 225 萬 4,954 美元，1965 年 485 萬 8,384 美元，1970 年 921 萬 6,540 美元，1972 年激增至 1,507 萬 2,037 美元。臺灣、沖繩貿易額中，以臺輸沖爲主，沖繩輸出臺灣價額極少，約占前者之一成。**❼** 要言之，何墨林考察團訪沖活動與中央信託局及省商聯會駐沖辦事處相繼成立，對增進臺、沖貿易起到積極的作用。

（二）雙方交流渠道──中琉文化經濟協會

中華民國與沖繩無外交關係，爲聯絡雙方人民情感、擴展貿易事業，1958 年當局讓方治先生成立「中琉文化經濟協會」（簡稱中琉協會），欲以民間組織方式，從事文化交流、經濟合作事務。**❽**

中琉協會第一任理事長方治，號希孔，1895 年出生於安徽省桐城縣，1921 年考入東京高等師範學校，1925 年自東京高等師範學校升格之文理科大學畢業後，一生歷任：安徽省政府委員兼教育廳長、上海市黨部主任委員、福建省政府代理主席、中國國民黨中央評議委員、總統府國策顧問、國民大會代表兼國民大會主席團主席、中國大陸災胞救濟總會總幹事兼祕書長（1950-1964 年就任，1965-1972 年升任副理事長）等要職，1989 年辭世，享年 94 歲。**❾**（見圖 6-3、6-4）

---

❼ 〈琉球是好市場　廠商盍興乎來　徐經滿籲踴躍參加〉，《徵信新聞》，民國 52 年 10 月 31 日版 4；〈我在琉商品展揭幕中琉美首長共剪綵〉，同，民國 53 年 1 月 17 日版 4；琉球政府行政主席編集，《琉球要覽》第 4 卷 1961 年版（東京：不二出版，2013 復刻版），頁 296；沖繩縣統計協會編集，《琉球統計年鑑》第 14 卷第 17 回昭和 47 年版（東京：不二出版，2014 復刻版），頁 206。

❽ 中琉文化經濟協會，《中琉文化經濟協會簡報》（臺北：中琉文化經濟協會，1981），未編頁。

❾ 方治，《我生之旅》（臺北：東大圖書股份有限公司，1986），頁 297-298；汪詠黛主編，《救總六十：中華救助總會成立 60 周年專輯》（臺北：中華救助總會，2010），頁 222-229。感謝兼本 敏教授帶我參拜方治墓園（沖繩縣恩那村）。

表 6-1　1952-1972 年沖繩輸入臺灣商品價額

單位：美元

年別	食糧	茶	鳳梨罐頭	砂糖	其他	共計	占琉球輸入總額 %
1952	1,833,750	342,164	44,771	550,313	79,322	2,850,320	
1953	835,100	254,914	76,848	244,180	994,374	2,405,416	
1954		229,638	128,327	25,200	138,503	521,668	
1955		247,305	69,150	36,070	119,683	472,208	
1956						444,490	0.5
1957						577,701	0.7
1958						541,860	0.6
1959						2,254,954	2.0
1960						2,794,339	2.1
1961						2,995,245	2.0
1962		329,532		540,072	2,631,073	3,500,677	1.9
1963		397,800	369	1,237,506	2,337,158	3,972,833	2.0
1964						4,680,000	2.4
1965						4,858,384	2.1
1966						5,262,227	1.7
1967						5,839,919	1.6
1968						5,705,308	1.5
1969						6,648,482	1.6
1970						9,216,540	1.9
1971						11,454,284	1.8
1972						15,072,037	0.3

備註：1972 年數字統計到 5 月 14 日琉球回歸日本之前。空白欄為資料缺載。

資料來源：一、1952-1955 年引自臺灣銀行編，〈出口結匯統計〉，收入劉鳳文編，《認識琉球群島》，非洲及拉丁美洲經濟叢書亞字第 140 輯（臺北：經濟部工礦計畫聯繫組非洲及拉丁美洲資料中心，1966），頁 36。

　　二、1956-1972 年引自：

1. 琉球政府行政主席編集，《琉球要覽》第 4 卷 1961 年版（東京：不二出版，2013 年復刻），頁 296。

2. 琉球政府總務局涉外廣報課編集，《琉球要覽》第 8 卷 1965 年版（東京：不二出版，2014 年復刻），頁 377。

3. 琉球政府總務局涉外廣報部廣報課編集，《琉球要覽》第 11 卷 1968 年版，同上，頁 389。

4. 琉球政府總務局涉外廣報部廣報課編集，《琉球要覽》第 12 卷 1969 年版，同上，頁 230。

5. 琉球政府總務局涉外廣報部廣報課編集，《琉球要覽》第 13 卷 1970 年版，同上，頁 246。

6. 沖繩縣統計協會編集，《琉球統計年鑑》第 14 卷第 17 回昭和 47 年版（東京：不二出版，2014 年復刻），頁 206。

　　1963 年琉球政府行政主席大田政作率領內務局長、經濟局長、法務局出入管理局長、商工會議所會長國場幸太郎、合資會社國場組總代表大城朝亮等人來臺訪問經濟部、全國總工會。1966 年 5 月 14 日國場幸太郎、國場幸仁等代表團來臺參加中華民國總統、副總統就職大典。[20]

　　方治時任中國大陸災胞救濟總會（簡稱救總）副理事長，為答謝沖繩代表團訪臺，及聞知沖繩有日、美兩國經濟援助，各項建設發展迅速，勞動力不足，為輔導海外來臺義士、義胞[21]、歸僑（歸國華僑）就業，賺取外匯，改善生活，便以中琉協會理事長身分擔任「中華民國友好訪問團」團長，邀集立法委員陳紀瀅、謝仁釗、張希哲、行政院顧問李樸生、國民大會代表胡鍾吾、農工企業公司常務董事翁鈐、唐榮公司協理耿江深、蔡合源公司業務部經理翁遠等各界人士，共計 16 名，於 1966 年 5 月 15 至 18 日赴沖訪問琉球政府官員、商工界四大巨頭（國場幸太郎、具志堅宗精、大城鎌吉、宮城仁四郎），及琉球大學、沖繩大學、纖維工廠、國場組事業所、菸草廠。[22]

　　方治訪問團返臺後，沖繩各行各業，如：國場組、製糖業、水泥業、畜產業、進出口貿易、紡織業等廠商，接踵來臺聘僱工人，方治努力斡旋，成為 1966-1972 年促進臺、沖友好關係之重要推手。

---

[20] 中琉文化經濟協會，《中琉四十年交流紀要》（臺北：中琉文化經濟協會，1998），頁 3-5。

[21] 義士，緣起於 1950-1951 年韓戰時期被聯軍俘獲，1954 年 1 月 23 日志願來臺參加反共抗俄工作之韓境中國戰俘，其後指由各種途徑逃離共黨統治，來臺參加反共陣營的軍人。義胞指為爭取自由，逃出鐵幕來自大陸、港澳地區的難胞。參見周琇環，〈接運韓戰反共義士來臺之研究（1950-1954）〉，《國史館館刊》，第 28 期（2011 年 6 月），頁 125、129-130、146。

[22] 方治訪問團活動，參見《中華民國琉球友好訪問團報告書暨琉球琉中協會主辦經濟文化人座談會建議事項摘錄》，1966 年（未出版）；陳紀瀅，《瞭解琉球》（臺北：臺灣商務印書館，1971 版），頁 7-56。

（三）國場組請求勞務支援

國場幸太郎，1900 年出生於國頭村，小學畢業後師承比嘉松太郎，習得木工專業技術。1923 年關東大地震，國場幸太郎入鹿島組、大林組一流建設公司，參加震災復原工事。1931 年與弟弟幸吉、幸裕在故鄉國頭村創立「國場組」，取得土木建築業承包資格。（見圖 6-5）1945 年美軍攻佔沖繩，國場組被迫解散，次年於行政中心石川市（今うるま市）重新開張，承攬瓦礫清除、道路復原、美軍簡易設施、民間住宅等重建工事。同年 12 月承攬那霸港灣復興、民生用途及美軍物資搬運工程。1950 年韓戰爆發，沖繩興起一股基地工事建設潮。1951 年國場組結構轉型，從個人企業擴展為合資會社國場組（KOKUBA-GUMI CO.,LTD），本社位於那霸市奧武山區 80 號，設立資本額 1,000 萬 B 圓，同年開設東京、鹿兒島營業所。❷❸

1950 年以降，國場組採用機械化工法，發展多角化建設事業。如，設置火藥販賣所、商事部；設立沖繩通運株式會社、碎石場（見圖 6-6）；開設沖繩水泥工業株式會社、沖繩モータース株式會社；成立映畫部、沖繩汽船株式會社。1958 年美軍實施國際投標制，計畫在金武村（今金武町）建設 800 萬平方公尺的海軍基地，沖繩本地只有國場組投標。1959 年創設縣內唯一的三夾板製造廠。1965 年設立福岡營業所。❷❹1967 年開設港運部。1968 年成立株式會社國場組，3 月收購合資會社國場組全部股份，合併後資金由 10 萬美元增為 110

---

❷❸ 國場組社史編纂委員會編纂，《國場組社史——創立 50 周年記念　第 1 部國場幸太郎略傳》（那霸：株式會社國場組，1984），頁 15-44；國場組社史編纂委員會編纂，《國場組社史——創立 50 周年記念　第 2 部國場組社史》（那霸：株式會社國場組，1984），頁 414-418。

❷❹ 國場組社史編纂委員會編纂，《國場組社史——創立 50 周年記念　第 2 部國場組社史》，頁 418-420。

萬美元，8月開設大阪營業所。1969年興建國場大樓，1972年新設石油事業部。國場組社長國場幸太郎才幹出眾，長期間榮任沖繩建設業協會會長、全國建設業協會評議員，在沖繩擁有很高的社會聲譽。㉕（見圖6-7）

　　1950年代國場組承攬：琉球大學本館及校舍設施（1950年完工）、沖繩住宅公社外人住宅群（1952年完工）、琉球政府廳舍（1953年完工）、那霸航空隊大格納庫（1955年完工）等工程。1960年代承攬：普天間飛機場、港灣搬運、美國加爾夫公司石油庫（見圖6-8）、美國標準石油公司（Standard Oil Company）之煉油廠、嘉手納美軍住宅等基地關聯工程。㉖

　　1960、70年代日本經濟繁榮，沖繩青年多往內地發展，沖繩各項建設缺工，亟需臺灣支援勞務。1966年5月國場組致函中琉協會，託其代理選介技術工員、簽訂合約，並與該公司在臺連絡員李雪峰經常聯繫。㉗國場組雇工需求：一、工作類別。急需木工50人、水泥工10人、鋼筋工10人；二、工人條件。必須思想純正、經驗豐富、略諳日語、年齡30-40歲、身體強壯；三、工作待遇。技術工每日工資3-3.5美元，雜工每日工資2.2-2.8美元；四、契約期限。依照琉球入國管理局規定一年，期滿如果雙方同意，得續訂新約逐年延長。㉘

　　同年7月，國場組總務部長渡嘉敷勇、人事課長花城清明來臺，

㉕ 國場組社史編纂委員會編纂，《國場組社史──創立50周年記念　第1部國場幸太郎略傳》，頁108-109；同，《國場組社史──創立50周年記念　第2部國場組社史》，頁395、418-421。

㉖ 國場組社史編纂委員會編纂，《國場組社史──創立50周年記念　第2部國場組社史》，頁103、418-421。

㉗〈國場組致中琉文化經濟協會函〉，民國55年5月31日。

㉘〈中琉文化經濟協會議事日程〉，民國55年6月6日。

向救總表示，公司選僱工人原則爲具有五年以上經驗及通日語者，他們已請新竹玻璃工廠招募了 50 名，刻正商請代辦出國手續。救總查看應僱名單全屬臺籍，和其輔導工人赴琉目的除以技術與勞動力援助沖繩促進當地建設以外，主要目的是爲開展義士、義胞就業機會，不逕符合，經溝通磋商，國場組同意救總另行介紹，但要其中有半數會說日語。福利方面，國場組同意與當地工人同工同酬；供應宿舍、寢具；伙食自理；置備康樂器材，以應工人工餘康樂活動；同意工程隊製掛國旗、國父遺像、總統玉照；同意比照當地習俗休假日之外，凡屬臺灣重大紀念節日均允休假，以供赴沖工人集會、慶祝；休假日可按百分之六十計算工資。表 6-2 所示，1966 年第一批工人 75 名於 9 月 15 日搭乘專輪赴沖。1967 年第二批登記人數 359 名中，選介義士 51 名、義胞 12 名、歸僑 16 名、臺籍 24 名，共計 103 名於 5 月 2 日搭乘專輪赴沖。❷⁹

表 6-2　臺灣勞工輸出國場組人數

年度	救總 / 中六組 / 僑委會輔導人數	救總 / 中六組 / 僑委會分配人數			國場組駐臺連絡人選介人數	中琉協會斡旋輸沖總數
		義士	義胞	歸僑	臺籍工人	四種身分
1966	45	35	4	6	30	75
1967	79	51	12	16	24	103
1968	42	20	13	9	29	71
1969	115				推估 50	推估 165
共計	281				133	414

備註：空白欄為資料缺載。1969 年臺籍工人及輸琉總數依據 1966-1968 年臺籍工人所占各年總數平均比例推估。

資料來源：中琉文化經濟協會編，〈輔導琉球就業義士、義胞、歸僑統計表〉（臺北；中琉文化經濟協會，1970）；〈李善芳呈中國大陸災胞救濟總會文〉，1967 年 9 月 14 日；〈國場組致中琉文化經濟協會函〉，1969 年 8 月 2 日；〈國場組申請赴琉工員事由〉，1969 年 10 月 28 日。

❷⁹〈李善芳報告輔導義士、義胞赴琉就業情形〉，民國 56 年 8 月 23 日。

1968 年國場組聘僱第三批工人之勞務需求如下：

1、工程部門。木匠班（兩班）30 名，每班 15 名，從事建築木匠工作，須編制一個熟練之木匠班團體。

2、混凝土塊製造工廠。木匠班 5 名，除安排於該廠製作水泥混凝土製品之木框外，尚須從事營繕工作。雜工班 10 名，以製造、搬運混凝土塊爲主，須爲可耐重勞動者。

3、三夾板製造工廠。雜工班 10 名，從事三夾板之製造，分各半數爲晝夜兩班輪流工作。

4、國場商事公司。木匠班 5 名，專屬該公司，以從事美國人住宅之木匠工作及營繕爲主。雜役班 10 名，以從事製材場作業及搬運木材爲主。

5、建築工程師。爲補充目前 3 至 4 名工程師之不足，以工業學校或大學工科畢業之優秀青年工程師爲宜。建築工程師從事估算設計及管理工程，以通日語或英語者爲宜。

以上共需木匠 40 名、雜工 30 名、建築工程師 3 至 4 名。國場組強調，據第一、二批工人赴沖工作情形，發現語言不通引起工作障礙之案例不少，期盼中琉協會在評選工具時，能以通日語者爲主。❸

（四）臺灣勞務援沖措施

有關臺灣勞工輸沖，琉球政府規定各社聘僱外國工人，雇主須向勞動局提出導入雇工申請書，取得入境許可證。臺灣方面，聘僱方須先報請中華民國僑務委員會（簡稱僑委會）核備，僑委會交給中國大陸災胞救濟總會（簡稱救總）與中琉協會辦理，由救總負責國內協調

---

❸〈國場組致中琉文化經濟協會函〉，1967 年 10 月 5 日。

事項，由中琉協會聯繫沖繩各社。❸

　　臺灣勞務輸出從登記到出國，涉及許多部門。救總爲求妥愼起見，邀請外交部、內政部、國家安全局（簡稱安全局）、警備總司令部（簡稱警總）、司法行政部調查局（簡稱司調局）、中國國民黨中央委員會第六組（簡稱中六組）、僑委會、警務處、中琉協會等單位開會研議，會中推定中六組、僑委會、警總、救總組成「專案小組」，由救總出面召集，實施以下業務分工。❸

　　1、申辦登記。依照義士、義胞、歸僑之身分，分別由中六組、救總、僑委會（或歸僑聯誼會）開辦登記業務，定期登錄資料彙送救總列冊。

　　2、安全調查。由安全局、警總、司調局、警務處負責。進一步說，救總依據登記人之住址，區分縣、市整理成冊，分送安全局、警總、司調局、警務處預做安全調查。役男、後備軍人應徵，須附各地方團管區司令部核發役男出境同意書或後備軍人出境批答書。❸

　　3、審查分配。根據聘僱方所需技術類別人數，救總會同中六組、僑委會審查登記者資料，按照義士、義胞、歸僑登記人數進行比例分配。

　　4、講習訓練。爲鼓勵工人赴沖努力工作，在工程隊未出國以前，舉辦講習訓練營，俾使大家適應環境，促進臺、沖友好關係。

　　5、每批工人出國手續完成後，由救總將名冊函送中琉協會，轉

---

❸（58）交三字第 03112 號，〈臺灣省政府交通處致中琉文化經濟協會文〉，民國 58 年 2 月 15 日。

❸〈中國大陸災胞救濟總會商討辦理選送工人赴琉工作有關問題會議紀錄〉，民國 55 年 5 月 30 日。

❸（58）琉輔字第 1008 號〈商討應聘琉球製糖會社季節工人有關問題座談會紀錄〉，民國 58 年 12 月 27 日。

復聘僱方。❸

　　言及講習訓練，1966 年第一批赴沖工人講習會是假臺北市虎林街124 號救總義胞接待所舉行，9 月 2 日第一天課程：上午 9 時舉行開講典禮，由中琉協會理事長方治致詞，中六組主講「認識敵人與匪鬥爭」。中午 12 時中六組招待午餐（費用 2,400 元）。下午 3 時中六組主講「怎樣適應團體生活與討論」。下午 6 時救總招待晚餐（費用1,600 元）。9 月 3 日第二天課程：上午 9 時僑委會主講「琉球僑情」、中琉協會主講「中琉關係」。中午 12 時僑委會招待午餐（費用 2,400元）。下午 3 時救總講解「聘僱契約內容與討論」。下午 6 時由赴沖工程隊做東共進晚餐（費用 1,000 元）。❸

　　1967 年 4 月上旬第二批赴沖工員講習會採納國場組建議，安排第一批赴沖技術工曾○芳副隊長報告工程隊在沖活動狀況、講述勞務經驗、報告赴沖應注意事項和心理準備，並介紹工地現況及工作種類。國場組人事課花城清明課長代表公司致詞，另講解工員之管理規則、待遇福利、勤務規則、勞保償付。❸

　　1967 年 7 月 13 日第三批工員講習會，當天安排：上午 9:00-9:20方治理事長致詞。9:20-9:40 國場組常務取締役（常務董事）大田良雄致詞。9:50-10:20 方治理事長主講「中琉關係」。10:30-11:00 中六組主講「認清敵人，怎樣與匪鬥爭及如何適應團體生活」。11:10-11:30僑委會主講「琉球僑情與僑民應有之認識」。11:40-12:00 僑委會主講

---

❸〈中國大陸災胞救濟總會李善芳簽呈〉，民國 56 年 9 月 24 日、民國 58 年 9 月19 日。

❸（55）參字第 72556 號〈中國大陸災胞救濟總會致中琉文化經濟協會函〉，民國55 年 8 月 31 日。

❸〈國場組總務部長渡嘉敷勇致中琉文化經濟協會函〉，1967 年 4 月 6 日。

「日蓮教之認識」。12:00 聚餐。下午 2 時救總講解合約與座談。**❸⁷**

關於勞務契約，國場組承諾：提供工人住宿，每日勞務時間 8 小時，日薪比照沖繩工人儘量不做差別待遇，一律以日薪 2.80 美元（每日工人負擔食費 5 角）計算，雇主支付工人一個月工資之安家費。**❸⁸**

應該指出的是，中琉協會規定應聘工人必須填寫一份制式「志願書」（見圖 6-9）及「聯保保證切結書」。連帶保證人切結書記載：

> 茲保證 ×××先生在琉球工作期間恪遵法令，如有參加不法組織及窩藏包庇共匪或匪諜等情事，保證人負責舉發，否則願受政府戡亂時期檢肅匪諜舉辦聯保連坐辦法規定處分，所具保證是實。**❸⁹**

探究中琉協會收存這兩份文件的目的，主要是為防止工人赴沖行為不檢、參加政治性活動或發生事故，警惕工人自重自律，忠黨愛國。

中琉協會備齊赴沖工人入境許可證、履歷書、照片、雇傭契約書、健康診斷書等書類後，檢送名冊一份及人民出國許可證護照申請書，函送外交部護照科依工人出國優待辦法減半收費，並提前頒發護照，至此出境手續方告完成。**❹⁰**

---

❸⁷（56）琉總字第 687 號〈中琉文化經濟協會呈中六組、僑委會、救總第一組文〉，民國 56 年 7 月 11 日。

❸⁸〈國場組總務部長渡嘉敷勇致臺灣連絡員李雪峰函〉，1966 年 6 月 7 日。

❸⁹〈聯保保證切結〉，民國 57 年 6 月聯保人王振亮、宋子剛、王金洲。

❹⁰（57）琉總字第 651 號〈李善芳致僑務委員會文〉，民國 57 年 4 月 3 日。有關辦理工人出國之經費支出，聘僱公司負擔護照費、出入境證照費、黃皮書費、講習活動生活費、大宗郵電費、印刷費；外交部減收護照費；救總負擔申請登記表印製費、琉球聘僱公司代表來臺洽商接待費。參見〈中國大陸災胞救濟總會李善芳簽呈〉，民國 56 年 9 月 14 日。

三、國場組對工程隊的評價

1966 年 9 月 2 日中琉協會在舉辦第一次赴沖技術工人講習會時，替工程隊做了編組及選定幹部工作。如表 6-3 所示，臺灣第一批應聘國場組的工程隊包含：木工 47 名、水泥工 13 名、鋼筋工 13 名、廚師 2 名，總共 75 名。其中，義士、義胞、歸僑之本籍地幾乎涵蓋全中國各省；臺籍工人之本籍地包括：臺北、桃園、新竹、苗栗、臺中、高雄、臺東等地，尤以新竹玻璃廠介紹的新竹人居多。幹部方面，選定：隊長 1 名（印○亮）、副隊長 1 名（曾○芳）、幹事 3 名（葉○求、鍾○於、詹○）、木工總領班 1 名（林○）、副總領班 1 名（姜○三）。木工班下分設 5 小組，各設組長 1 名。鋼筋組、水泥工組各設組長 1 名。就幹部安排而言，大陸籍、本省籍人數配置堪稱平衡，大約各占一半。❹

（一）印○隊長爆發罷工風波

印○亮領導的臺灣第一批工程隊，起初工作表現良好，國場組也因人數不敷運用，而請中琉協會繼續支援 110 名工員，分成兩批來沖。但沒想到半年後，印隊長突然掀起一場「罷工風波」。有關罷工事件原委，國場組連絡員李雪峰敘述：

> 本（3）月 19 日（星期日）上午 7 時接到曾副隊長電話謂：「隊長（印○亮）宣布本日停止派工，並在宿舍內召集全體工人緊急會議，請部長與勞務主任列席。」等語。我對隊長此一獨斷作法至感意外，當即報告社長。社長答以港運部人手不足，美軍方面時有微言，立即派出工人。我即將社長之指示轉達隊長，然而隊

---

❹〈中琉文化經濟協會選介赴琉技術人員幹部名冊〉，民國 55 年第一批。

表 6-3　國場組聘雇第一批臺灣工程隊員一覽

中琉文化經濟協會選介赴琉技術人員名冊				
職稱	姓名	年齡	籍貫	住址
木工 / 木工組第 1 小組長	辛○堂	40 歲	山東濟南	臺北市
木工 / 木工組第 2 小組長	張○培	43 歲	臺中	臺北市
木工	陳○萬	46 歲	臺北	臺北市
木工 / 木工組總領班	林○	44 歲	臺北	臺北市
木工	陳○	40 歲	臺北	臺北市
木工	王○懷	40 歲	河南經扶	臺北市
木工	詹○龍	38 歲	臺北	臺北市
木工	林○	38 歲	臺中	臺北市
木工	吳○印	52 歲	臺北	臺北市
鋼筋工 / 幹事兼鋼筋組組長	葉○求	40 歲	臺北	臺北市
水泥工	李○林	46 歲	湖南安化	臺北市
木工	梁○圍	43 歲	苗栗	士林
木工	陳○班	37 歲	江蘇六合	基隆市
鋼筋工	王○森	36 歲	吉林桂榆	基隆市
鋼筋工 / 隊長	印○亮	41 歲	四川萬縣	基隆市
水泥工	馮○武	45 歲	四川南部	基隆市
木工 / 木工組副總領班	姜○三	45 歲	廣東廉江	臺北縣
木工	楊○渡	30 歲	廣東新會	臺北縣
木工	李○芝	55 歲	雲南大理	臺北縣
木工	黃○文	36 歲	廣東台山	臺北縣
木工	劉○照	55 歲	廣東台山	臺北縣
木工	周○昌	45 歲	廣東南海	臺北縣
木工	陳○輝	48 歲	江西豐城	臺北縣
木工	王○康	35 歲	四川資中	臺北縣
木工	陳○水	44 歲	臺中	臺北縣
木工	管○懷	40 歲	安徽當塗	臺北縣
木工	張○舉	42 歲	山東平度	臺北縣
木工	謝○服	46 歲	高雄	臺北縣
木工	葛○華	38 歲	安徽當塗	臺北縣
鋼筋工	陳○芳	39 歲	廣東平南	臺北縣
鋼筋工	王○成	33 歲	黑龍江	臺北縣
鋼筋工	周○軍	37 歲	安徽徑縣	臺北縣
鋼筋工	陳○梅	45 歲	廣西蒼吾	臺北縣

鋼筋工／幹事	鍾○於	40 歲	四川簡陽	臺北縣
水泥工	高○雲	41 歲	河北衍唐	臺北縣
水泥工	張○全	38 歲	四川內江	臺北縣
水泥工	李○壽	44 歲	湖北荊門	臺北縣
水泥工	王○洲	35 歲	四川江江	臺北縣
廚師	周○元	41 歲	四川儀龍	臺北縣
廚師	禹○雲	43 歲	四川涪陵	臺北縣
木工	彭○雲	38 歲	四川永川	臺北縣
木工	李○祥	38 歲	四川敘永	臺北縣
鋼筋工	楊○傑	36 歲	四川奉節	臺北縣
木工／木工組第 3 小組長	劉○儒	39 歲	河北天津	桃園縣
木工	傅○言	39 歲	四川遂寧	桃園縣
木工	楊○德	46 歲	桃園	桃園縣
木工	陳○財	41 歲	桃園	桃園縣
木工	周○平	41 歲	浙江樂清	桃園縣
木工	翁○順	41 歲	桃園	桃園縣
木工	曾○旺	33 歲	桃園	桃園縣
木工	郭○福	40 歲	四川納溪	桃園縣
鋼筋工	趙○普	40 歲	遼寧鐵嶺	桃園縣
鋼筋工	劉○	40 歲	遼寧錦縣	桃園縣
水泥工	王○河	38 歲	河南新鄭	桃園縣
水泥工	梁○宗	43 歲	廣西興業	桃園縣
木工／木工組第 4 小組長	楊○明	47 歲	新竹	新竹市
木工	朱○河	45 歲	新竹	新竹市
木工	黃○陣	42 歲	新竹	新竹市
木工	李○枝	45 歲	新竹	新竹市
木工	莊○南	44 歲	新竹	新竹市
木工	王○忠	42 歲	新竹	新竹市
木工	卓○壽	41 歲	新竹	新竹縣
木工	陳○	37 歲	新竹	新竹市
木工	張○文	36 歲	新竹	新竹市
木工	黃○土	57 歲	新竹	新竹縣
木工／木工組第 5 小組長	邱○勝	55 歲	新竹	新竹縣
木工	曾○貴	32 歲	新竹	新竹縣
木工	邱○勝	53 歲	新竹	新竹縣
水泥工／水泥工組組長	林○春	42 歲	新竹	新竹縣

水泥工	彭○光	33 歲	湖北隕西	南投縣
水泥工	林○技	47 歲	臺中	臺中縣
水泥工 / 幹事	詹○	44 歲	四川遼寧	臺南市
水泥工	胡○祥	40 歲	遼寧里山	屏東縣
鋼筋工	徐○生	39 歲	遼寧開源	屏東縣
鋼筋工 / 副隊長	曾○芳	41 歲	臺東	花蓮縣

資料來源：〈中琉文化經濟協會選介赴琉技術人員名冊〉，1966 年 9 月 2 日。

長仍以必須召集緊急會議為由拒絕派工，並稱：「會議必須公司方面派員列席，否則會議無法舉行，如此則星期一、星期二均不派出工人。」我詢以開會之目的，據答：「莊○南在本日清晨 3 時許酒醉後怨言，自己以木工之身分未被派任木工工作，分工不平，並聲言要自殺，而引起騷動妨害安眠，因而必須迅速召開全體會議。」又稱：「本日係星期日，休息亦無妨。」在此同時由港運部及各工地開到宿舍接載工人之車輛亦悉被隊長飭回，結果當日全體員工均被留於宿舍內。❸

不久，隊長差使葉○求幹事來找我，我就帶他到社長公館，並將事情經過予以報告，社長聞後至為不快，囑將此事立即報告中信局蕭兆綱代表。針對此事，公司的看法是，隊長對於公司究竟有何意見？該會議是否有以禁止全體工人上班來召開之必要？18 日派工決定後，翌晨竟以隊長之個人意志制止工人上班，公司認為此與罷工何異？而紛紛加以責難。如果真有問題，應事先與公司磋商，此為隊長之職務，絕無制止工人上班之理由。公司由此不愉快事件之發生，對隊長之信心因而全失。❹

---

❸〈國場組臺灣連絡員李雪峰致中琉文化經濟協會理事長方治函〉，民國 56 年 3 月 29 日。

❹〈國場組臺灣連絡員李雪峰致中琉文化經濟協會理事長方治函〉，民國 56 年 3 月 29 日。

20 日公司採取除非隊長來訪，將無視隊長之存在的態度。上午 9
時隊長由副隊長陪同到事務所。隊長沒有道歉，辯稱：「我們國
家曾指示，每月要舉行會議一次，會議時應請公司派人列席。我
是一隊之領導人，為何不接受我邀請？」公司對於隊長盛氣凌人
之態度至感莫名。**❹**

依據蕭代表之意見，今後由印隊長負責工程隊之內務管理，曾副
隊長負責工作分配。但有部分工人怨言：「在宿舍內有濃厚之被
壓迫感」。如果印隊長作風不改，到 9 月更換契約時，熟練工或
將全部返國也未可知。**❻**

中琉協會對印隊長的專斷行徑頗感訝異，函覆國場組將派救總第三組
組長李善芳赴沖了解實情。渡嘉敷勇則請中琉協會轉告李善芳來沖之
後，要與他商討工程隊隊長人選及人事問題。

　　所謂隊長人選問題，是指：1、隊長人選必須對土木建築有常識
或有濃厚興趣者，須有高度的工作熱忱與積極的實踐精神，及有寬厚
待人之德性。2、隊長要略諳日語，不必隨身攜帶翻譯，影響翻譯本
身之工作。3、隊長須兼顧工地與內務管理，創造明朗的生活環境和
勤勉的工作風氣，以公平適當的工作分配與技術分工，提高工作效
率。4、工程隊寄回本國之文書，可由隊長撰寫，似不必另設幹事。

　　人事問題包括：

　　1、工程隊現有幹事三名，實際上只需一人處理事務即可，多雇
兩名工具不僅浪費人力與經費，且因彼等工作清閒而易引起隊員之反

❹〈國場組臺灣連絡員李雪峰致中琉文化經濟協會理事長方治函〉，民國 56 年 3 月
　29 日。
❻〈國場組臺灣連絡員李雪峰致中琉文化經濟協會理事長方治函〉，民國 56 年 3 月
　29 日。

感。

2、班的編制擬作調整。技工與雜役分別編班，選拔資深人員擔任班長，負起工作指導之責任。

3、少數「搞亂分子」應做適當處理，其名單如下：

① 管○懷，人稱「淡水流氓」，常以語言脅迫他人，在公眾面前隨地吐痰，缺乏公德心，且嗜杯中物，每晚獨飲至深夜，影響安眠。

② 王○成、張○全、王○洲、楊○傑四人，懶惰不用功，對任何工作都表示不滿，囉嗦滿腹。

③ 陳○，工作能手，但囉嗦最多，常因芝麻小事而大吵大鬧。

④ 王○河，不服工作調派，大吵大鬧。❹

渡嘉敷勇指出：少數「搞亂分子」的存在，影響團體生活及工作情緒至鉅，唯有這種人才會常鬧情緒而裝病告假。曾有隊員建議他在工作時間到宿舍突擊檢查，其中問題不言可喻。又，土木建築之分工與工廠有其固定崗位之分工不同，隊長、副隊長每日致力於工作分配力求公平，但工地工作崗位之流動性很大，難免有照應不周之處，隊員不停的計較，將成何體統？如，王○河原先在國場商事會社擔任雜役，近因商事會社人手過剩而遣回隊上，王某返隊後借酒與副隊長糾纏，大肆吵鬧，似此情形究竟應該如何處理？

渡嘉敷勇希望中琉協會能授權國場組，對發生此類事情可以做停工、停薪之處分，如果工員不肯悔改，則通知中琉協會解約，以便維持團體秩序。

儘管提出不少批評，從工程隊整體觀察，渡嘉敷勇仍很肯定大部分隊員勤勉守法，值得嘉許。如，王○忠無論在任何工場都受工場負

---

❹〈國場組總務部長渡嘉敷勇致中琉文化經濟協會函〉，1967 年 4 月 6 日。

責人之稱讚。楊○明擔任第二期渡沖員工宿舍之興建，負責盡職，圓滿達成任務。渡嘉敷勇認為對於絕大多數都很善良的團體來說，若因少數搗亂分子而蒙塵，實屬得不償失。❸

1967年4月6日渡嘉敷勇委託李雪峰向中琉協會傳達工程隊改革方案，即：

> 印隊長來公司辯解：「待李組長（李善芳）來琉後，將自辭隊長職務，並望改派在機械部工作。」此語似乎含有我已對國家盡了隊長之職，絕無任何過失之意。自此以後，隊長仍舊不知振作，不但每日待在宿舍內不到工地，且對宿舍之增建工事亦不曾過問。期間紛傳隊長辭退時，或將曾副隊長一起拖下水等情。總之，依個人意見：
>
> 第一，趁李組長來琉之機會，將隊長解職，同時予以遣返臺灣，諒工程隊不致陷於混亂。現實上隊長對工作毫無關心，且與公司以背相向，雖有少數無益之徒每當分配工作時，即表示異議，並以言語威脅曾副隊長，唯大多數人每日仍忠實且認真從業。2月間隊長返臺一個月內，工程隊之秩序良好，且有宿舍內反而明朗之一說，即為一例。公司方面也認為，為了使工程隊加速融合工事，考慮將隊長及少數「不良份子」予以忍痛解約，唯這些人都是義士實感棘手，也就是因為義士，我們才希望與李組長先行協商。
>
> 第二，在9月間契約終止以前，將隊長予以置閒之議似對公司無益，且在眾多工員之前亦不順眼，對於明朗的生活將留下暗影。又將隊長降職，以普通身分予以留用至9月，則不僅有礙其面

---

❸〈國場組總務部長渡嘉敷勇致中琉文化經濟協會函〉，1967年4月6日。

子，且依其以往之行為，仍將為其他工員所顧忌，宿舍生活未必清朗，渠為彌補其失地，或將做任何策謀亦未可知。

在此附帶請教一事，即那些「不良分子」常藉故與曾副隊長及其他工員吵架，且常以威脅口氣曰：「我們是反共義士，曾為國家出生入死（乍聞起來，好像他們是受國家保護的一群），如果對咱們不起，記得歸臺後算帳。」或曰：「我們在警備司令部有熟人，歸國後不放你干休。」以致一般工員都抱著：「不得罪神明求平安」（日本俗語）之心情，縱使有任何厭惡亦緘口不語，甚至對我們也頗戒慎，因而我們對內部狀況亦無從所知，迄至 3 月 19 日之事件發生，公司與總務部對隊長之信心開始動搖，在工員中傳開後，工員們才開始放心提供消息，但是我們仍未知這些義士（含隊長）究竟與警備司令部有何關係？那些善良工員歸國後，是否會因彼等之中傷而被麻煩？實為掛念之所在，亦因而考慮採取斷然措施。李組長來琉時，希望予以請教並盼釋明，公司是不希望善良工員受災難的。

第三，工程隊組織改善方案。由公司遴選管理人（琉球人，以公司職員為宜）替代隊長，下置曾○芳（負責技術方面、現場分工與連絡）及義士 1 人（具有完備人格的德望家，且能在工地以身作則、積極工作的人），再配上葉○求，以上 3 人為幹部。或需另置能諳日語、熟悉事務性工作之人以補助幹事。

班編制以工作與生活兼顧，即工作班長同時亦為內務班長，每棟宿舍推負責人 1 名。雜役班仍舊統一設勞務班長。技術班因各人程度有別，且技工有技工特有的個性，不宜採多數人編班，似以小班制為宜，如此可兼顧班與工作之連結。此一考慮可使工程隊不得不重視技術班之活動來向公司交代，且此亦可使宿舍營運委員會能夠請較多之技術班代表參與。此一組織改善案已呈社長無

異議，自當尊重李組長之意見。希望與之協商。**❹**

針對渡嘉敷勇鉅細靡遺的改革意見，李善芳向方治提出以下修訂案：

一、隊長人選。現在隊長印○亮是由中六組推薦，印君四川人，中央軍校畢業，之前在韓國濟州島戰俘營被推任大隊長，領導反共義士奮鬥尚具功績，言談之間對領袖、對國家至為忠誠，在第二批即將赴琉工人中，尚難有勝過印君者，且印君與國場組所訂一年合約，至本（56）年8月即將屆滿，印君無重大過失，擬商由國場組仍使擔任，如難合作，則約滿使之回臺。如認為非更換不可時，則擬採選舉方式選出3人，再提交專案小組審定。

二、隊部人事。同意國場組意見，儘量減少幹事，除副隊長曾○芳（臺籍，據報曾君對內製造矛盾，經常在外與琉球親日份子接觸，及有臺獨荒謬言論，如查屬實，擬即調回）擬改為技術員，經常前往工地指導工人技術，隊部幹事擬減少為二人，一為臺籍，由精通日語者擔任翻譯、傷病患者就醫、膳食管理等工作；另一幹事負責每日記事、報表、隊員福利與安全等工作，由義士、義胞中遴任。

三、設置生活糾察小組。按現時工人宿舍增建3棟，連同第一批工人所住宿舍共有5棟，每棟選出1人，共5人為委員，組織生活糾察小組，處理工人在隊時之生活糾正事宜，並兼任伙食委員會，協助伙食、福利，幹事處理伙食及福利事宜。

四、編組分隊。第二批工人赴琉後與第一批工人混合，以免造成

---

❹〈國場組總務部長渡嘉敷勇致李雪峰轉告中琉文化經濟協會函〉，1967年4月6日。

分別。擬按工人技能性質編組：木工、鋼筋工、水泥工、雜工 4 個分隊，各設分隊長、副隊長 1 人，分隊長如為大陸籍者，副分隊長即為臺籍，以技術好、孚眾望之原則選任。分隊以下設班，每班 10 人，班以下分組，每組 5 人，每組 5 人中必有臺籍 1 人使任翻譯。工作調遣不當，實影響工人工作情緒，今後工人調遣，工程大需人手多者，以班為單位集體輪派，工程小需人手少者，由組輪派，減少派工不公之紛爭。

五、不安分工人之處理。國場組所指懶惰、生事之人，擬再予查證，情節輕者予以告誡，重大者似應使之回臺。今後對工人勤惰考核，依據隊部記事（一式三份，一份存隊，另兩份由隊分報國場組及本會）並參照國場組函告情節處理。努力表現良好者嘉獎以資鼓勵，懶惰、生事者似可授權國場組規勸、警告、停工、停薪，最後由國場組通知本會予以解約處分。

方治認為上述辦法具體可行，同意李善芳赴沖詳查實情後，予以妥善處理。❺⓿

（二）協調工程隊勞務問題

李善芳於 1967 年 5 月 3 日至 10 日訪沖期間，分別與國場組、臺灣工程隊工員做了良好溝通。有關改進幹部人選、勞務分派、工人管理、待遇調整、團體生活等問題，其協調始末詳載於李善芳提交救總、中琉協會的工作報告中，茲節錄於後。

---

❺⓿〈李善芳呈中國大陸災胞救濟總會谷正綱理事長、方治副理事長文〉，民國 56 年 4 月 19 日。

1、每日工作概要

5月3日

　　①中午赴沖。②由國場組總務部長渡嘉敷勇陪同至國場組，與社長、總支配人、工事支配人、副支配人、企劃部長、生產部長等晤談在沖工人狀況。③會同國場組人員至碼頭迎接第二批抵沖工人劉○員等103人。④慰問公傷彭○光。

5月4日

　　①上午9時到國場組參加部長以上人員會報，聆聽組方對我工人意見。②由生產部長金城盛喜陪同參觀木工廠、鐵工廠，察看我方工人王○懷等10人工作情形。③晚上國場組歡宴第二批至沖工人，我中信局駐沖代表蕭兆綱、臺灣省商聯會駐沖表徐經滿均應邀參加。④將先後兩批到沖工人混合編組。⑤按照次日各工地需要，指導派工。

5月5日

　　①赴中信局駐沖代表辦公處，參加該處所約集需在臺招聘工人之中央、大和、伊是名、亞細亞等公司負責人，報告在臺雇工各項手續。②至國場組與總務部長渡嘉敷勇、生產部長金城盛喜、人事課長花城清明、勞務課長宮城調一、安全技術者上江洲盛治等研議有關工人調派問題。③訪問各工地工作回隊工人工作狀況。④指導次日派工。⑤與管○懷等15人個別談話。

5月6日

　　①國場組商事總務部次長宮城弘安陪同，察看調派該廠工人張○培等工作情形。②渡嘉敷勇部長陪同至港灣，與國場組港運部支配人上津順道、副支配人新里眞雄等商談調派港灣工作工人有關問題。③閱看工程隊福利帳目，並研商福利、伙食改進辦法。④國場組總支配人國場幸治率小渡盛治、金城弘志來洽請增派工人問題。⑤約集至工地，領班聽工人在各工作狀況，並指導派工。⑥與曾○旺等15人個

別談話。

5月7日

　　①社長親率渡嘉敷勇、金城盛喜兩部長來隊察看各工作隊員內務。②社長親與渡嘉敷勇、金城盛喜兩部長陪同至水泥廠、碎石工廠、柏油工廠等地參觀，並察看我方工人工作狀況。③臺省商聯會駐沖商務代表徐經滿安排會見琉中協會會長宮城仁四郎、副會長與世山茂、松川久仁男及沖繩觀光協會理事新里清篤。④指導派遣次日各工地工人。⑤與工人辛○堂等15人個別談話。

5月8日

　　①慰問公傷、病患彭○光、梁○宗、劉○樹、覃○義。②渡嘉敷勇部長、花城清明課長陪同至沖建水泥磚廠、港灣、水產館察看工人工作情形。③晚上舉行生活檢討會。④指導派遣次日各工地工人。

5月9日

　　①慰問公傷鍾○於、病患辛○堂、覃○義。②至國場組與社長、大田支配人、渡嘉敷勇部長、金城部長、花城課長、宮城課長研商工程隊改組後之人事問題、工人待遇調整辦法、工人交通問題、工人管理問題，及協調生活檢討會工人所提問題。③晚上舉行座談會會同渡嘉敷勇、金城盛喜部長宣佈改組後各級人員姓名，與解答生活檢討會工人所提問題。④規定改組後各級人員職掌與生活公約、起居作息遵守事項。⑤指導派工。

5月10日

　　①至國場組與社長等有關人士交換工人之福利、安全意見。②至宮城仁四郎、蕭兆綱、徐經滿等先生處辭行。③午後3時乘日航機返臺。

2、工人編組與管理

1）編組

為消除在沖工人之地域與特殊身分觀念，予以混合編組，並定名為國場組工作隊，其編組（附名冊）：

隊長：由國場組社長國場幸太郎先生兼任。

副隊長2人：由國場組工事支配人大田良雄與總務部長渡嘉敷勇兼任。

指導員2人：生活指導員由國場組人事課長花城清明兼任，工務指導員由國場組勞務課長宮城調一兼任。

輔導員1人：由國場組駐臺連絡員李雪峰兼任。

工人代表1人：由前隊長印○亮改任，負責與公司連絡，派工並至各工地領導作工及考察工人勤怠。

技術員1人：由前副隊長曾○芳改任，至各工地任技術指導，協助代表派工及擔任通譯工作。

幹事2人：一司福利、膳食、傷病患就醫，一司工作日誌、派工、報表、宿舍及公物看管。

廚司5人。

雜工71人分為2班：第一班41人，班長劉○員負責本班工人調派及港灣工地帶班。第二班30人，班長鍾○於負責本班工人調派及將派至大東島帶班。

技術班36人（水泥班10人、鋼筋班11人、機械班15人）：班長詹○負責本班工人調派及帶班。

木工班60人：班長楊○明負責本班工人調派及帶班。

班以下分組，組以下設小組，每小組5人（其中有臺籍、義士、義胞、歸僑），組長（小組長）負責本組（小組）工人工作之調派及率領上工與率領回隊。

各工地對我方工人定名不一,有名「臺灣班」,有名「國府班」,由國場組通報各工地統一定名「工作隊」,以資劃一並資識別。

2)宿舍管理

① 每室 10 人設室長 1 人,由組長擔任處理該室秩序、內務。

② 每棟宿舍另推選 1 人,5 棟宿舍共為 5 人連同代表、技術員組成生活糾察小組,審查日常膳食、福利及維護工餘宿舍秩序及環境衛生等事宜。

3、協商重要問題

1)工人調派

以往:工人調動太快,工地工作有輕有重,不僅工人認為派工不公,情緒低落,工人對工地情況稍能了解,而次日又更調工地需再進入新情況,亦使公司方面認為工人工作效率差。

現時:工人儘量集中使用,以小組為單位,工地需人多者,加派幾個小組,人少由組長或小組長帶班,人多地區由組長帶班。

工人在工地工作採半永久性,視工地工程進度時間,定期按小組番號做次第輪調。

2)醫療問題

公傷:由公司統一辦理保險,醫藥費由保險公司全部負擔。

病患:病患醫療保險,醫藥費患者需負擔半數,沖方工人參加醫療保險者人數亦少,其原因:醫療保險,其眷屬亦可受益,以致應繳保險費亦高,如每月醫療保險費美金 3.6 元,半數為 1.8 元,現在沖工人 177 人,計算每月應繳 1.8×177 = 318.6 元,每年 318.6×12 = 3,823.2 元。以目前在沖工人病患每月僅一二人,參加醫療保險,保險公司受惠較工人受惠為大,為減省工人此項浪費支出,並解決問題起見,由工人組織互助會,每月每人出資 1 元作為互助基金。(每月 1

元 ×177 ＝ 177 元，每年 177 元 ×12 ＝ 2,124 元）基金動支由福利委員會就病患醫藥費核給半數補助，如重病者得酌情給予較大金額或營養補助，帳目每月公佈之。

3）颱風季節或雨天停工之工資問題

沖繩在颱風季節或雨天不能工作即不計工資，唯我方在沖工人情況不同，公司方面亦極為重視此一問題，經商決辦法如次：

① 中途停工：已做時間照實際時間計算，未做工之時間按時間四分之一計算。如每日 8 小時，已做 4 小時，另未做 4 小時按四分之一為 1 小時，此日按 5 小時計給工資。

② 全天停工：按應做工作時間四分之一計算，亦即 8 小時之四分之一，照 2 小時給予工資。

③ 超越三天，第四天起按每日 8 小時工資百分之五十計給。

④ 雨季停工原派室內工作，未停工者仍繼續工作，如自動停工作為事假，不得要求補助。

⑤ 以上係以惡劣氣候如颱風非人力所可抗禦之情況而言，如公司方面在惡劣氣候中，為緊急搶救防護未了工程減少災害起見，得另酌給獎金。

4）交通問題

現時：由各工地派車接送（如工地來車過晚，工作時間仍按 8 時起計算）工地加班無車可送時乘巴士回隊，車資由公司負擔。

將來：由公司調配交通車，由隊按工地遠近順序統一接送。

5）年資有給休假

洽請國場組照「勞動基準法」第 4 章第 36-38 條之規定辦法給予年資有給休假。

6）規定並通過宿舍管理規則

按琉球政府「勞動基準法」第 10 章第 90 條規定，在宿舍規定事

項應得全部工人半數以上同意方能公佈辦理，如無規定，對於勞動者之私生活不能侵犯，如有侵犯判 6 個月以下之徒刑或 15 元美金之罰款，為維護團體秩序，經照辦法規定起床、就寢、外出、外宿、安全、衛生、膳食各項規章，以及禁止酗酒、賭博等項予以訂列，經全體工人通過並報備國場組，請國場組制定工人手冊，每月舉行檢討會一次，國場組兼任隊職人員輪流列席。

7）舉辦訓練提高技術

沖繩建築業發達，水泥磚工人缺乏，為適應需要，提高工人技術，由國場組在隊舉辦水泥磚製作及壘砌訓練班，另為應在沖工人語言需要，設置日語講習班，於工餘在食堂內舉辦，在沖工人一律參加。

4、改進意見

沖繩在美方援助下各項建設日益加強，需大量勞工，且工作不重，收入較臺省工人為高，如聯繫協調得宜，實為本會輔導義士、義胞就業良好途徑之一。目前沖方在臺招僱工人簽證，在機關方面，有中信局駐沖代表辦公處、臺灣省商聯會駐沖商務代表辦公處。在私人方面，有林柏鑄、朱耀暄、林發等五處之多，且彼此不協調，造成此處不簽，那處可辦，形成派系，且有透過私人在臺聘僱造成漁利資方，或剝削勞工之人頭販之不法現象。為促進臺、沖友好，辦理勞工輸出安置失業減少社會問題，今後方式應由沖繩地方廠商將需在臺聘僱工人數報請琉球政府同意後，即向我僑委會備案，並透過本會代為選辦以杜流弊。㊿

㊿〈大陸災胞救濟總會李善芳報告〉，民國 56 年 5 月 16 日。林柏鑄，曾在印度經商，印度承認中共政權後，離印赴沖營商。朱耀暄，廣東人，原僑居菲律賓，

　　1967年國場組第一批聘僱工人將於9月上旬契約期滿，屆時全員必須一同返臺。社長國場幸太郎想留用兩名幹事，7月26日致方治一函云：

　　關於敝社第一次聘琉工人的契約期限，將於9月上旬到期，敝社意欲使該第一次工員全員返國，第一次工員中尚有一部人員希望繼續逗留在琉球，但就敝社言，有部份無需繼續雇用之必要者，又大部份人員希望返鄉，故不問個人之希望如何，預定9月上旬由那霸市泊港出發之船舶運送全員返國。請貴會見諒是禱。

　　但是為便於繼續留琉的第二次工員之生活起見，欲以2名之幹事任其事，以過去之幹事葉○求及李○皋2人請其繼續擔任。該兩君素對工作均極認真，處理事情甚為公平，且做事能力頗強，尤其葉○求善解日語，性格忠厚，為保持與公司之友好關係，及良好管理與眷顧工員之適任者。故特為推薦，務祈貴會也能予以同意。

　　第二次工員其大部分依美軍之要求，配置於港運部（港灣運搬）外，南大東島15名，又工員中有木匠，泥水匠、鋼筋工等各行之熟練工，故另考慮以精選，使此等熟練工能活用其技能。

　　關於第三次工員聘琉，當須慎重考慮各事業所此後情況而能立定

1946年應美軍之約來沖，開設「朱煊公司」、Plaza House，經營供應美軍人員一般生活所必需的汽水廠、麵包廠、餐館、百貨，為美軍特許商人之中資本最雄厚規模最大者。林發1930年代從臺灣帶數百名鳳梨栽培技術工到八重山，為八重山鳳梨栽培業之嚆矢，1959年與糖業界鉅子宮城仁四郎合資，經營「琉球殖產公司」，規模宏大。參見何墨林，《中華民國訪問琉球貿易考察團報告書》，頁4、82-84；〈琉球鳳梨事業及聘請工員報告書〉。外交部檔案，檔號019.17/0001，冊名《中琉貿易》，民國56年（中央研究院近代史研究所藏）。

有效的計劃,屆時當再請理事長之協助,請萬事拜託。❷

同年 8 月國場組向工程隊發出一份「雇用契約期滿通知」,上面記載:

一、1966 年 9 月 15 日各位來琉工作。

二、聘雇契約自 1966 年 9 月 1 日起至 1967 年 8 月 31 日止。來琉是 9 月 15 日,故以 9 月 14 日為滿期。9 月 14 日全員搭載泊港出航的那霸丸返臺。

三、再次希望簽約者,返臺後可與中琉文化經濟協會協議,預定為第三梯次工人。❸

可知國場組遵守勞務協定,依照臺方要求工程隊於合約期滿之際「團進團出」。

四、國場組留用臺灣勞工

工程隊自沖返臺後,個人可向中琉協會申請再應聘手續。中琉協會方面,則須參考國場組工員工作成績考核表、工程隊工作報告、公司來函等資料,再決定是否繼續輔導就業。

(一) 工員工作報告

1967 年國場組聘僱第二批工員,臺灣選出義士 51 名、義胞 12 名、歸僑 16 名、臺籍 24 名,共計 103 名赴沖工作一年。其中,義胞劉○億致中琉協會一函,報告勞務狀況:

---

❷〈國場組致中琉文化經濟協會方治理事長函〉,1967 年 7 月 26 日。

❸〈雇用契約期滿通知〉,1967 年 8 月 12 日。

國場組對吾等衣食住行都顧慮的極為周到，在吾個人來說的確已是心滿意足了。工作方面，因國場組所屬機構工廠工地實在太廣泛了，不下數十處之多，工作項目大不相同，故（臺灣）工程隊部所分配到各處的工作差別相當大，有的太輕鬆，有的非常笨重。賺錢多，休假也很懸殊。有的工地每天有班加，甚至每日工作達十五、六小時，有的工地沒有班加，星期日也休息。每到月終發薪金，最多可領到一百七、八十或二百餘元，最少的則只能拿到四、五十元。有些夠資格做包工的人所拿的美鈔更為可觀，一個月可賺五、六百或三、四百元之多。工程隊負責人見有利可圖，便濫用職權使用壓力，藉此機會大撈特撈，藉以肥大自己。❺❹

另一名義胞姚○飛報告勞務生活：

在港灣部，我們大都工作十六小時，每天上午六時不到起床，洗臉、刷牙、排便、早餐後，七時前須乘交通車，七時二十分到軍港，七時三十分開始工作，十二時午餐，下午一時開工，下午六時晚餐，晚上七時開工，做到十二時始返隊，洗澡、洗衣、吃飯、整理床鋪已是午夜二時。❺❺

國場組承包許多工程，工廠工地廣泛，由於經常調動工地，勞務時間過長，致使不堪負荷的工員發生工作負傷情形。如，義士劉○之報告：

---

❺❹ 劉○億，〈我在琉球工程隊一年〉，1968 年 4 月 2 日。
❺❺ 〈姚○飛致李善芳組長函〉，1967 年 5 月 20 日。

> 開春以來，港灣工作忙碌，在二月一日至二十一日的二十天中，
> 每天幾乎都有加班，同仁們有機會多賺錢固然可喜，但體力負擔
> 也相對增加，因而在本月十八日中午，姜仁智於工作中不幸從五
> 公尺高之木箱上摔下，腦部受傷，現住國場組港灣部之特約醫
> 院，情況很不樂觀。❺❻

工程隊工員除了對派工輕重、勞動時間長短、待遇福利時有怨言外，
對內部工作怠惰者也提出不少批評。

（二）劉○之等 41 名工員檢舉函

1967 年中琉協會接到 41 名工員聯署檢舉函，信中羅列破壞團體
名譽，不宜留在工程隊者名單：

劉○儒，盜竊美軍軍用香菸 8 條，被警視發現送到美軍憲兵隊轉
送沖繩警察署法辦。幸而有中信局駐沖代表強調是向美軍在港灣部工
作人員購買，並蒙港灣部總務部長幫忙，獲無罪釋放，但被吊銷港灣
部通行證，從此不許在港灣部工作。

王○森，工作懶惰，經常在勤務時間與沖繩人外出飲酒，被港灣
部主管查出，規定不得再在港灣部工作。又常藉些小事故，挑撥離間
使同仁不合作。

管○懷，性情暴躁，經常不接受調派，酗酒鬧事。

王○成，工作懶惰，專找最輕鬆的工作，稍微重一點就不肯做。

王○洲，工作懶惰，經常怠工，和團體不合作。

李○壽，工作懶惰，經常怠工，和團體不合作。身為組長不但不
以身作則，反倒唆使別人怠工。

---

❺❻〈劉○之致李善芳組長函〉，1967 年 2 月 22 日。

郭○福，工作懶惰，經常怠工，和團體不合作。

41 名工人表示，基於工程隊榮譽與全體弟兄今後工作起見，堅決反對他們繼續留在沖繩，尤其反對他們繼續留在港灣部工作。❺

（三）李雪峰檢舉劉○員買賣私貨

1967 年 10 月國場組連絡員李雪峰寄給中琉協會一篇「爲第二批員工劉○員君公司方面表示不歡迎眞相報告」，文中記載：

一、劉君自本年 5 月 3 日到琉球後，就派港灣部，即在美軍軍港口做搬運工作，該港口工作人員需要領美軍警衛隊發給通行證，申請發證時須經體格檢查，劉君檢查發現患有肺結核，據其本人希望送回臺灣療養。

二、該員在未體格檢查前一段時間，以臨時通行證進入港口工作，起初表現尚可，過一段時間就變了，而且在美軍海軍醫院檢查患有肺結核後，即以返臺療養爲由，向同仁募款帶東西返臺做買賣。

三、據聞該員往琉用意實在想當負責人，到琉未達目的後，對於工作情況就變，而且回臺時好像跑單幫一樣，帶了好多東西返臺做買賣。另聽說該員正在辦理出境再回琉。如果到琉後，公司方面爲該員病未痊癒而無法收容安排工作時，則將給公司爲難，要求違約金，本人也準備新臺幣 2 萬多元打算購買私貨返臺。

四、按照美軍軍港工作人員規則，需要醫院痊癒證明，再經美軍軍方指定醫院複檢確實痊癒方可允許回琉工作。……他曾對其他同仁說，他每天不分晝夜工作而得來的病，公司不負責。可是他

---

❺〈劉○之等 41 名聯署致李善芳組長函〉，民國 56 年 8 月 14 日。

到琉球只一個多月，不可能染上重疾，何況他是班長，只指揮監督工作而已，沒有特別的重勞動。❺❽

劉○員，河北人，是韓國來臺的反共義士。1967 年 5 月劉○員赴沖港灣部擔任搬運組領班，起初工作尚稱努力，後來檢查患有肺結核，便以返臺療養爲由，向同仁發起捐助款項，購帶貨品回臺。由於劉○員是中六組選介的工人，李善芳就向中六組請示處置辦法。❺❾ 中六組主任陳建中函覆：

查劉○員義士前因病逕向國場組請假回臺治病，至今病未痊癒，有違美軍軍港工作人員規則，同時承辦之國場組又對劉君不表歡迎，爲顧及中琉一向良好關係計，對劉君出境之行，本組同意應予勸止，但應妥爲疏導，以免發生意外。❻⓪

即謂維繫臺、沖友好關係十分重要，既然劉○員言行不被公司信任，公司不歡迎他歸隊，那麼，就應勸他勿再回沖。

其實，劉○員返臺前，曾請楊○芝等 5 名義士擔保，向國場組借支 150 美元。擔保人因國場組自 12 月起將逐月從其工資中分期扣還該款，他們本身對公司也有欠款尚未還清，因此請李善芳催促劉○員儘速設法償債。❻❶

---

❺❽〈國場組臺灣聯絡員李雪峰報告〉，民國 56 年 10 月 14 日。

❺❾（56）琉總字第 605 號〈李善芳呈中六組文〉，民國 56 年 10 月 17 日。

❻⓪ 56 中六丁 004275 號〈中六組致李善芳組長函〉，民國 56 年 10 月 21 日。

❻❶〈楊○芝致李善芳組長函〉，1967 年 11 月 30 日。

（四）楊○芝、梁○霖、呂○定檢舉函

1968 年 2 月楊○芝義士致李善芳一信，報告工程隊近況：

> 李○皋幹事近三個多月來表現良好，處理事務大公無私，現在隊
> 上和氣，再無醉酒鬧事發生，也很少有人私休賭博。義士方面，
> 只有譚○東和大家疏遠。歸僑只有羅○秋、姜○智不錯，工作上
> 也很好。除此歸僑，在港灣工作的實在太差，有的偷機、偷吃、
> 偷穿，張○在港灣偷美軍毛衣皮鞋大衣，可說是個大壞蛋，口是
> 心非，隨時唱高調維護政府，背後卻罵政府，看來他的思想有問
> 題。❷

反映工程隊中有部分工員的品德、工作表現令人不齒。此外，梁○
霖、呂○定各寄一份「聲明書」，請求中琉協會撤銷其充當許○輝保
證人之責任。「聲明書」寫道：

> 聲明人梁○霖在臺時擬往琉球工作，辦理出境手續有關連帶保證
> 對造人許○輝行為，因許到琉球後，常行為不檢，聲明人無力負
> 保證之責，請准予撤銷。
> 聲明人呂○定因許○輝行為不檢，兼及與日蓮教同行、夜間收聽
> 匪偽廣播，請准撤銷連帶保證人之責任。❸

中琉協會彙整工員來函，並參照國場組工員勤務成績評定表，請有關
單位開會討論，對工作表現優良者，繼續予以推介；反之，不再輔導

---

❷〈楊○芝致李善芳組長函〉，1968 年 2 月 15 日。
❸〈梁○霖、呂○定聲明書〉，1968 年 2 月 15 日。

就業。勞務期間如有言行不檢有失國體者，則立即調回臺灣以示懲處。[64]

值得一提的是，1960 年代琉球政府為解決當地農閒期間之剩餘勞動力，極力阻止製糖期以外導入海外勞務。勞動局為查明國場組非聘用臺灣工員不可的原因，指示國場組二十天內要在政府職業安定所募集可替代之沖繩工員，期間並於當地兩家日刊新聞社連續刊登三天募工啟事兩次。由於勞動局審議外地工人入境案延遲，臺灣第三批工人合約到 1969 年 7 月底屆滿必須全部返國，因此國場組就以西表島竹富町浦內架橋工程尚未竣工，原先在西表島工作的 4 名工人無法遣回為由，請求繼續留用，另請僑委會同意該公司從港灣部選拔 6 名工作優秀者前往西表島，准予護照延期加簽。[65]

（五）反對留琉人選檢舉函

國場組欲繼續留用的工員，西表島 4 名是指：祈○政（義胞，大連人，懂日語）、周○平（義士，浙江人）、趙○普（義士，遼寧人）、彭○雲（義士，四川人，懂英、日語）。港灣部 6 名是指：方○（義胞，安徽人）、譚○山（義胞，安徽人）、傅○言（義士，四川人）、陳○梅（義士，廣西人）、王○康（義士，四川人）、陳○（義士，四川人）。意外的是，中琉協會收到許多反對國場組留琉人選的檢舉函，如：

1、林○文密告：

---

[64] 〈琉球國場組第二批聘雇工人約滿去留問題〉，民國 57 年 4 月 1 日。

[65] 〈國場組致中琉文化經濟協會函〉，1968 年 6 月 11 日；〈國場組致中琉文化經濟協會函〉，1969 年 8 月 2 日；(58) 琉總字第 848 號〈中琉文化經濟協會呈僑務委員會文〉，民國 58 年 8 月 8 日。

236

社方續留 10 人去西表島工作，原已由勞務班派 4 人，尚缺 6 人理應由勞務班遴派，義胞（指林○文）是勞務班諒無問題，但劉○涵與方○一手遮掩，全由其港灣班方○指派 5 人（連方○本人共 6 人），不知他所指派之人是憑品德、工作效能，還是出自感情用事。❻❻

2、鄭○佑等 14 名工人聯署陳述：

據國場組社長先後在國頭村及平安座島向同仁宣佈：「公司因工作需要，將全體同仁留下繼續一年。」又，大田常務 7 月 4 日也來宿舍要求全體續約，並承諾增加工資，港運部上下同仁應工作需要，同樣歡迎全體續約等等，可見公司各部對此批工程隊留琉心切。豈料劉○涵、方○、楊○明三人向渡嘉敷勇部長商談，要求由方○自選 6 人配合西表島 4 人共計 10 人繼續留用外，其餘人員全部遣返回國。7 月 23 日公司出錢舉行餞別會，渡嘉敷勇部長當眾宣佈留用人數，此與公司社長、常務明言在前，於今反覆於後，留用人員僅憑劉○涵、方○、楊○明三人背後交易，罔顧團體尊嚴，顯見公司對同仁有厚彼薄此之分，但國場組已有一二批先例「團體不容分野，理應同進同出。」如第三批破例顯然不是公允，讓人心感不平。❻❼

3、詹○密告：

---

❻❻〈林○文致方治祕書長函〉，民國 58 年 7 月 21 日。
❻❼〈鄭○佑致中琉文化經濟協會函〉，民國 58 年 7 月 23 日。

袁〇銀潛赴日本,係劉〇涵一手導演。劉〇涵公開侮辱誹謗李善芳組長,有朱〇善、楊〇久為證。[68]

4、林〇枝等 10 人聯署檢舉:

楊〇明負責承攬與那城町之平安座島工事,行為不法,包修墓地則冒領工資。[69]

1969 年 5 月 13 日中琉協會急速召回劉〇涵、楊〇明返臺,國場組甚感不悅。5 月 23 日渡嘉敷勇委託李雪峰致中琉協會一信言:

目下第三梯次工員每日平靜各自精勤工作,現在平安座島ガルフ(GARUFU)社石油貯藏所建設現場、西表島星立之浦內橋架橋工事現場木工所、三合板工場、港運部棧橋、奧武山資材集聚所等,到 7 月 30 日為止,大家都拼命的工作。此時協會讓劉〇涵、楊〇明返國未明示理由,對會社來說,此二人各為負責人,業務上是與會社接觸最多的人,工作上可以信賴,協會叫這兩人立即歸國,事先未明示理由是不信任會社,因此不滿。工員之中各有負責人,一下子叫二人返臺讓我方甚感困惑。其後來信說了理由,我方很同情劉、楊二君。有人向協會告密陷害他們,令我方對密告者十分憤怒。密告者說他們加入「人民黨」全無根據,應該追究、糾彈那個人。我相信劉君是徹底反共者,他曾對我說,他在北京時被共軍追打,和母女分別,目擊過共產黨的殘虐。劉

---

[68] 〈詹〇致中琉文化經濟協會函〉,民國 58 年 4 月 18 日;同,民國 58 年 5 月 17 日。
[69] 〈林〇枝致中琉文化經濟協會函〉,民國 58 年 4 月 16 日。

君與沖繩人之間幾乎沒有交友關係，大概只和我、花城次長交往，會社外的友人是協會協助的大東糖業大嶺專務、松岡貿易會社松岡社長、岡常務，及最近認識的中部製糖會社比嘉常務、中山總務部次長。華僑方面有中央信託局駐琉球代表蕭兆綱、臺灣省商務聯合會駐琉球代表徐經滿，其他無人，中傷劉的人應該是工員中的人，如此破壞團體生活者一定要糾彈他。劉君蒙受汙名，5 月 23 日回國了，希望儘快再來琉，他是清廉優秀、擅長折衝處事圓滿的人。

有關楊○明，協會是以他承包平安座島ガルフ現場的宿舍工事分配工資問題指示他回臺。有關此，我方問了他，楊君回答他未向工員說明工資分配明細。此一工事是臺灣木工承包完成的，獲得佳評，現在包攬工地棧橋工事，到 6 月底一定要完成。他領導的木工比沖繩人包工效率高兩倍，楊君做木工班長很活躍，會社要表彰他，希望楊君在 6 月底前一定留在琉球。劉○涵、楊○明的護照請儘速申辦延長期限手續。關於楊君徵收的現地宿舍工事分配金內的炊事費，是為充當折衝費而徵收的，棧橋工事的木工都明白，林○等人都聯署同意。會社向下發包的工事很多，需要工事責任者做出實績，楊○明為承包下一個工事，而須到嘉手納航空隊美軍住宅工事現場和工事關係人做種種折衝。總之，臺灣木工正在為會社做重要工事，楊君問題請暫予保留，請盡力向協會聯絡讓劉、楊護照延長期限。❼⓪

反映國場組與密告者看法殊異，相當肯定劉○涵、楊○明、方○的勞務表現。有關公司因業務需要，央請臺方對留沖工人護照延期加簽

---

❼⓪〈國場組總務部長渡嘉敷勇致臺灣駐在員李雪峰函〉，1969 年 5 月 23 日。

案，渡嘉敷勇解釋：

> 一、西表島浦內架橋工事預定於 11 月底完成，卻因 7 月中追加
> 工程。
> 二、民國 57 年所派工人 4 名工作表現甚佳，因此現地負責人要
> 求加派人員，同時因當地正是農產期，很難聘請當地工人。
> 三、琉球政府勞動局已於 7 月 28 日核准 10 名延緩留琉 4 個月。
> 四、所選人員為經相當期間之實地稽核結果，評定其品德良好、
> 刻苦耐勞者，尤其班長方○來琉以來最為努力負責，各方面表現
> 合作可視為最妥當之人。舉例述之，其帶領之勞務班在港運部工
> 作，亦即於美軍兵站軍用冷凍食品倉庫之工作，其效率勝過當地
> 琉球人勞務班，而得到該兵站美軍管理員之褒揚及信任，並指定
> 要其帶領之中國勞務班來擔任該項工作，實令擔當管理者感到慶
> 幸與驕傲。
> 五、方○不僅自我謹慎，為國家榮譽照顧隊員之言行，專心為工
> 作努力，每次都如期達成任務，因此敝組更須選擇如此人員至偏
> 僻地西表島工作方為放心，亦得以如期於 11 月底以前完成該項
> 工作，更為發揚與表現我方勞工之榮譽。❼

國場組為使中琉協會支持本案，社長國場幸太郎致方治一信，陳述急
需續聘留琉工人的理由：

> 自去年（1968）貴會斡旋 71 名工員赴琉，本年 6 月末已陸續返
> 國 23 名以外，餘 48 名已於 7 月底與本社所訂合約已滿，除了留

---

❼〈國場組臺灣駐在員李雪峰報告〉，1969 年 8 月 1 日。

用 10 名，剩餘 38 名將陸續返國。目下敝社在八重山群島西表島竹富町浦內所建設的架橋工事，延續到 11 月底，但從 7 月起追加之工事有增加勞務的必要，不巧現值地方農忙時期，募集琉球工人困難，同時在該處工作之貴國工人 4 名成績良好，擬繼續留用外，另由在那霸工作的工員中選拔優秀者 6 名，計 10 名留用到 11 月底，請貴會准予延期手續，實為公便。本案 7 月 28 日琉球政府已核可，為慎重行事，除講求品行、工作表現優良、身體強健能擔負重勞動等條件外，並且該工地位處偏僻地區，須能忍受物質缺乏之困苦。經選拔結果，名單如下：祈○政、周○平、趙○普、彭○雲、方○、譚○山、傅○言、陳○梅、王○康、陳○。以上 10 名護照送呈，請辦理延期手續至本年 12 月 31 日。❼

中琉協會對國場幸太郎來信，請准申辦續留工人護照延期事，經與有關單位研議，向僑委會傳達：

國場組聘僱第三批工人中 10 名至本（1969）年 11 月底止，案經中央信託局駐琉代表處證明，當屬需要。唯查該社西表島工地我方工人已有熟諳日語之祈○政一名擔任領班與生活照料工作，同仁間相處至為合作，如另增派領班或管理人，徒滋爭端，原港灣班長方○一名本會（中琉協會）已函請國場組仍予遣回，其餘所請留用。❼

---

❼〈國場組致中琉文化經濟協會函〉，1969 年 8 月 2 日。

❼〈李善芳致中琉文化經濟協會函〉，1969 年 8 月 6 日；(58) 琉總字第 848 號〈中琉文化經濟協會呈僑務委員會文〉，民國 58 年 8 月 8 日。

說明中琉協會顧念國場組之需求，促請僑委會同意爲其續留工人辦理護照延期手續。不過，中琉協會鑑於西表島已有懂日語的祈○政擔任領班，毋須增添一名班長，況且方○被人密告，行事風格似有瑕疵，因此力主方○必須返臺，僅准留用 9 名工員。1969 年 11 月底浦內架橋工事竣工，12 月 3 日國場組致中琉協會一函，對工員在契約期限內，於極偏僻、物資缺乏的西表島，吃苦耐勞的完成公司追加工程深表謝忱。（見圖 6-10）

五、結語

1945-1950 年遠東局勢惡化，美軍爲對抗俄羅斯擴張主義，將沖繩建設成「基地之島」，故於 1950 年代開啓全面性的建設基地事業。與此同期，沖繩得到美、日政府經濟援助，各項建設蓬勃發展，由於產業振興、地方建設需要大量勞動力，當地工人不足；臺灣方面，爲聯合沖繩反共、促進雙方經濟合作、聯絡人民感情，並爲海外來臺義士、義胞、歸僑輔導就業，在中華民國與沖繩無外交關係下，便由中琉協會斡旋勞務輸出事宜，從而發展出前所未有的勞務外交關係。

沖繩著名商社國場組承包許多基地工程，有關中琉協會代理選介工人方式，大陸籍依照義士、義胞、歸僑之身分，分別由中六組、救總、僑委會遴選；臺灣籍部分由國場組駐臺連絡員遴選。根據統計，1966 至 1969 年中琉協會爲國場組選介土木建築工約有 400 餘人。

中琉協會爲防範日共、中共、臺獨分子相互勾結，以沖繩爲對臺活動之跳板，對中華民國政府帶來威脅，規定工員赴沖之前必須填寫「志願書」、「聯保保證切結書」，並參加忠黨愛國教育之講習訓練營。工程隊出發前，預先代爲編組和選定幹部，讓幹部負起工作指導與內務管理責任，並向中琉協會報告工程隊勞務狀況。

工程隊由義士、義胞、歸僑、臺胞組成，由於身分不同、語言隔

閣，不能意見交流，因此各成派系時起摩擦。1967 年以印隊長引起一場「罷工風波」爲契機，中琉協會代表與國場組、工程隊分別溝通，對工員管理、工作調派、工資、休假、醫療等問題，做了具體的改革。

國場組對工程隊的評價，除了少數分子工作怠惰、行爲不檢外，整體來論，大多認眞守法負責，值得嘉許。

工程隊赴琉工作，依照雙方協定，合約期滿必須「團進團出」。約滿工人如欲繼續應聘，抑或國場組需要工人繼續留沖，須經中琉協會蒐集工員勤務考績表、工程隊工作報告、國場組來函等情報，查明工員工作表現、品德操守後，再決定是否同意延聘。

要言之，1960、70 年代臺灣勞務輸出沖繩所產生的效益有：一、對沖繩發展地方建設貢獻顯著。二、臺灣工員工作勤勉，不僅贏得沖繩人好感，增進國民外交關係，而且生活也獲得改善。三、臺灣當局輔導義士、義胞、歸僑就業，對減少社會問題、增加國庫外滙收入及擴大臺、沖貿易，都收到良好的效果。

唯，1969 年 11 月日本首相佐藤榮作訪美，美國總統尼克森希望日本代替美國防衛遠東。1972 年美國結束佔領，將沖繩交還給日本，同年日本與中華民國斷交，臺灣援沖勞務政策受到國際情勢丕變，沖繩勞協反對導入臺勞，以及國內展開十大建設，也需使用大量勞動力等多元因素的影響，至此畫下了句點。❼❹

---

❼❹（61）臺特移 0235 號，〈僑務委員會毛松年致中央委員會海外工作會陳主任裕清同志函〉，民國 61 年 11 月 4 日；方治，《我生之旅》，頁 143；（62）琉輔字第 1249 號，〈中琉文化經濟協會致中央委員會海外工作會函〉，民國 62 年 5 月 31 日。

附錄

表 1-3　日本皇室及其代表捐贈臺灣財物與訪臺目的　　　　　　（單位：日圓）

年月日	皇室	皇室代表人	視察、捐贈對象及目的	捐贈財物摘要	頁數
M28.7.21 （1895）	天皇	中村覺（陸軍， M27.8.30-30.4.14） 侍從武官（勅使）	慰問樺山總督、在臺文武官員	頒賜　語、日本酒、卷煙草	14
M28.7.26	皇后		保護戰傷官兵	繃帶	
M28.10.30	天皇		平定臺灣	頒賜嘉尚勅語	15
M29.2.11- 同年 .2.12	天皇	廣幡忠朝（陸軍， M27.8.30-29.3.31） 侍從（勅使）	慰問文武官員、巡視臺南	酒、煙草	17
M29.4.20	天皇、皇后		基隆、澎湖要塞砲兵大隊	天皇、皇后肖像	18
M29.6.2		齋藤孝至（海軍， M28.12.15-31.5.24） 侍從武官	軍事視察	賞賜文武官員酒、煙草	19
M30.2.24	天皇		紀念皇太后崩逝開設慈善救濟金	15,000 圓	23
M30.5.21			楠瀨大佐上京為皇太子講述臺灣歷史及種族		24
M31.8.15	天皇、皇后		臺北市街暴風雨救濟金	2,000 圓	31
M32.7	天皇		在宮中詢問兒玉源太郎總督臺灣現況，賞賜銀盃等物	銀盃等物	35
M32.8.6	天皇、皇后		暴風雨救濟金	4,000 圓	35
M32.9.13	天皇、皇后		暴風雨救濟金	2,000 圓	36
M33.1.22	天皇		天皇在宮中召見後藤新平民政長官，詢問臺灣近況		38
M33.9.18	天皇、皇后		暴風雨救濟金	1,500 圓	39

M34.2.22	天皇、皇后		臺中、宜蘭火災救濟金	700 圓	42
M34.2.22	天皇、皇后		臺北縣南庄、臺南縣北勢寮庄火災救濟金	500 圓	42
M34.8.22	天皇、皇后		暴風雨救濟金	700 圓	43
M34.9.14	天皇、皇后	井上良智（海軍，M31.5.23-41.5.26）侍從武官	傳達救助暴風雨災難、巡視各地		43
M34.10.24	故北白川宮妃	宮地嚴夫（敕使）	奉納臺灣神社象徵神靈之物品		43
同 .10.26	故北白川宮妃		故北白川宮妃來臺、賞賜慈善事業基金	5,000 圓	43
M35.9.25	天皇、皇后		暴風雨救濟金	1,500 圓	47
M36.9.19	天皇、皇后		暴風雨救濟金	6,500 圓	51
M37.9.17	天皇、皇后		羅東火災救濟金	500 圓	55
M37.11.15	天皇、皇后		嘉義震災救濟金	1,500 圓	56
M37.11.22	天皇、皇后	鷹司熙通（公爵·陸軍 M35.6.12-43.2.16）侍從武官	慰問震災、傳達聖旨、視察各地暴風雨罹難者		56
M38.8.2	天皇、皇后		暴風雨罹難救濟金	3,000 圓	59
M38.8.14	天皇、皇后	大城源三郎（海軍，M36.7.11-40.2.7）侍從武官	慰問蕃界警察及隘勇	點心費	59
M38.11.3	皇后		看到報載蕃童字跡，對皇民化之普及表示滿意，為此向民政長官致意		59
M39.3.28	天皇、皇后	伊藤瀨平（陸軍，M35.9.25-39.7.11）侍從武官	嘉義震災救濟金	10,000 圓	62
M39.4.7			視察震災地及各地		62
M39.5.26	天皇、皇后		地震罹難者救濟金	4,000 圓	63
M39.7.20	天皇、皇后		羅東火災救濟金	200 圓	63
M39.9.8	天皇、皇后		暴風雨罹難者救濟金	1,200 圓	63
M40.7.7	天皇、皇后	白井二郎（陸軍，M38.4.15-40.10.22）侍從武官	傳達天皇對隘勇線前進行動的想法、視察各地		67
M41.10.22 - 同 .10.30	閑院宮載仁親王		巡視各地		71
M43.6.16- 同 .6.18	北白川宮輝久王	中村覺（41.12.29-T2.8.22）侍從武官長	巡視臺北、臺南		79

M43.7.27	天皇、皇后		慰問總督、視察隘勇線前進狀況		79
M44.7.27	皇后	奧村拓治（陸軍，M43.2.16-T3.8.22）侍從武官	向總督傳達聖旨及皇后令旨、視察各地		83
M44.10.18	天皇、皇后		風水災害救濟金	50,000 圓	83
T 元 .9.13（1912）	天皇、皇后	西義一（陸軍，T1.8-）侍從武官	罹難救濟金	48,600 圓	88
同 .11.3	天皇、皇后		暴風雨罹難救濟金	66,000 圓	88
T2.8.12-同 .8.13			慰問、視察討伐隊員		91
T2.9.1	天皇、皇后		暴風雨救濟金	4,000 圓	91
T3.5.24	天皇		紀念昭憲皇太后大喪慈善救濟基金	29,000 圓	95
T3.8.9	天皇、皇后		暴風雨罹難救濟金	7,000 圓	95
T5 .4.16-同 .4.25	閑院宮載仁親王、同妃	清水喜重（陸軍，T5.1.12-8.5.16）東宮武官	巡視各地		102
T6.1.20	天皇、皇后		傳達聖旨、中部震災救濟金	1,200 圓	106
T6.10.23-同 .11.2	北白川宮成久王、同妃		巡視各地		108
T8.8.28	天皇、皇后		臺東暴風雨罹難救濟金	1,200 圓	115
T8.9.17	天皇、皇后		暴風雨罹難救濟金	30,000 圓	116
T9.10.20-同 .11.1	久邇宮同妃		巡視各地、捐助教育基金、賜蕃界員工慰問金、賞賜謝文達紋章盃及飛機技術獎勵金	共計 2,600 圓	120
T9.11.9	天皇、皇后		暴風雨罹難救濟金	12,000 圓	120
T11.11.20	天皇、皇后		臺北州等暴風雨罹難救濟金	1,400 圓	129
T12.4.16-同 .4.27	皇太子		巡視各地	頒贈獎章、金盃、點心	134-5
T12.4.28	天皇、皇后		臺南、高雄州火災救濟金	600 圓	135
T12.5.5	天皇		贊助設立「恩賜財團臺灣濟美會」	100,000 圓	135
T13.1.26	天皇、皇后		獎勵社會事業功績	銀盃、賞賜 200圓	140

T13.8.12	天皇、皇后		暴風雨罹難者救濟金	3,700 圓	142
T13.9.19	天皇、皇后		暴風雨罹難者救濟金	10,000 圓	142
T14.5.30- 同.6.3	秩父宮		巡視各地		148
T14.9.30	天皇		暴風雨罹難者救濟金	1,000 圓	149
T15.4.2			在臺灣軍司令部舉辦攝政宮（昭和天皇）御真影奉戴典禮	攝政宮（昭和天皇）肖像	154
T15.4.5- 同.4.17	高松宮		巡視各地		154
T15.5.7	天皇		贊助設立「恩賜財團臺灣教化事業獎勵會」	50,000 圓	154
T15.10.27 同.11.1	北白川宮大妃		巡視各地		157
S2.11.1- 16（1927）	朝香宮		巡視各地		164
S3.4.2- 同.4.6	久邇宮朝融王		巡視臺北、嘉義、臺中		169
S3.4.27- 同.6.1	久邇宮邦彥王	住山德太郎（海軍，T15.12.1-S6.12.1）侍從武官	巡視各地		170
S3.7.2		甘露寺侍從武官	慰問馬公港		171
S3.10.3			總督府舉行天皇肖像奉拜禮	天皇肖像	172
S4.1.15			視察馬公、南洋		177
S4.5.12- 同.5.17	伏見宮博義王		以驅逐艦樺艦長身分抵臺，參拜臺灣神社、視察基隆、淡水		179
S4.10.23- 同.11.2	東伏見宮妃周子		以愛國婦人會總裁身分來臺視察各地		182
S5.1.15			臺北高等學校、臺中師範學校在總督府舉行捧授御真影典禮	天皇肖像	187
S5.2.4			在臺北鐵道飯店舉行高松宮結婚祝賀會		187
S5.4.16		瀨川章友（陸軍，S2.7.26-6.8.1）侍從武官	紀念皇太子訪臺在總督府舉行御沙汰書（皇太子信函）捧讀禮		189

S5.7.1- 同.11.22			慰問、視察臺灣各部隊		191
S5.7.24	天皇、皇后		暴風雨罹難者救濟金	1,500 圓	192
S5.8.24	天皇、皇后		暴風雨罹難者救濟金	1,700 圓	192
S6.4.16			紀念皇太子訪臺在總督府舉行御沙汰書（皇太子信函）捧讀禮		201
S6.6.5- 同.6.18	賀陽宮恒憲王	阿南惟幾（陸軍，S4.8.1-8.8.1）侍從武官	視察各地		202
S6.6.12- 同.6.20		桑折英三郎（海軍大佐，S6.12.1-10.12.2）侍從武官	視察各地		202
S6.11.18	皇太后		馬偕醫院長轉達皇太后捐助癩病醫療事業基金	1,000 圓	204
S7.3.5			為視察馬公、福州、廈門、汕頭、廣東等地警備狀況來台		209
S7.8.12	天皇、皇后		風水災害救濟金	3,500 圓	213
S7.8.20	天皇、皇后		殖民地救助醫療金、學術獎勵金	30 萬圓、450 萬圓	213
S7.8.23	高松宮		農村救濟更生基金	50 萬圓	213
S7.10.3	天皇、皇后		暴風雨罹難救濟金	7,000 圓	214
S7.11.10	皇太后		癩病醫療事業基金（馬偕醫院、總督府癩病療養所樂生院患者慰問費）	1,000 圓 1,000 圓	215 215
S7.12.23			在臺北舉行御真影奉戴典禮	天皇肖像 共 20 萬圓	216
S8.2.11	天皇、皇后		賞賜日本、臺灣共 700 個社會事業團體獎助金		219
S8.7.4- 同.7.13	久邇宮朝融王		視察臺北、淡水、角板山、高雄、馬公等地		221
S8.7.7- 同.7.13	伏見宮博英王		視察馬公、高雄、臺南、嘉義等地		222
S8.7.9- 同.7.13	高松宮宣仁親王		視察高雄		222
S8.10.9	天皇		中川總督向天皇報告實施「共婚法」及臺灣狀況		223

S8.11.10	天皇		社會教育獎勵基金	20 萬圓	224
S8.11.11	皇太后		癩病療養事業助成金		224
S9.4.12		小林謙五（海軍，S7.6.1-11.5.25）侍從武官	平塚長官攜帶御真影渡臺（送給基隆壽小學校、臺南糖業試驗所及日本赤十字社臺灣支部）	天皇肖像	229
S9.6.18-同.6.21		川岸文三郎（陸軍，S6.8.1-9.12.10）侍從武官	慰問海軍		230
S9.6.23			視察臺灣特種演習		231
S9.8.20	天皇		（7 月南部）風水災害救濟金	10,000 圓	232
S9.9.23-同.9.28	伏見軍司令部總長宮		參拜臺灣神社		232
S9.10.1-同.10.15	梨本宮守正王		視察臺灣軍司令部、臺灣神社、臺北帝大、中央研究所、博物館、高雄、阿里山、日月潭、臺中	賞賜武德會關係人士 81 名宴飲	233
S9.12.23	天皇		獎勵社會事業賞賜臺北護國十善會	3,000 圓	235
S10.1.31	皇太后		賞賜一萬名 90 歲以上的老人	純棉	239
S10.2.9	皇太后		賞賜臺灣癩癩預防協會	30,000 圓	239
S10.2.11	天皇		賞賜優良社會事業臺灣關係 44 個團體		239
S10.2.26-同.3.1	久邇宮朝融王、朝香宮正彥王、伏見宮博英王		參加淡水高爾夫球大會 視察馬公、視察基隆、臺北等地	高爾夫球大會優勝盃	239
S10.4.18	皇太后		賞賜成德學院 4 名職員禮品		241
S10.4.25	天皇	入江為守侍從	罹難災民救濟金	10 萬圓	241
S10.4.27-同.5.4	天皇		攜帶天皇慰問金、視察災區		241
S10.4.27	皇室各宮		罹難災民救濟金	3,000 圓	241
S10.7.18	天皇、皇后		新竹州地震救濟金	3,000 圓	244
S10.8.4	天皇、皇后		颱風罹難者救濟金	4,000 圓	244

S10.11.12	皇太后		癩病醫療事業補助金，捐贈樂生院、樂山園（連續5年每年捐款）	各 1,000 圓（共計 10,000 圓）	244 248
S11.2.11	天皇	酒井康（陸軍，S10.3.15-12.8.2）侍從武官	賞賜臺灣社會事業 46 個團體	（未記金額）	253
S11.5.23-同 .6.13			慰問軍隊（馬公、屏東、臺東、基隆）		256
S12.6.7-同 .6.17	東久邇宮稔彥王		以特命檢閱使身分搭機來臺		267
S12.11.10	皇太后		慰問不治患者、捐贈樂生院	1,000 圓	270
S12.12.20			賞賜屏東飛行聯隊拜謁	天皇肖像	271
S13.1.13	皇后		慰問戰死者家屬	點心、信函	274
S13.1.14	高松宮		獎勵農事 3 名社會功勞者		274
S13.1.15	賀陽宮恒憲王		搭機抵達臺灣		274
S13.2.11	久邇宮		獎勵教育研究論文入選者		274
S13.2.11	天皇		獎勵 42 個社會事業團體	金一封	274
S13.4.3-同 .4.11	東久邇航空本部長宮		視察隸屬部隊		275
S13.4.19	東伏見宮大妃		下賜故小川廣吉軍曹香奠費		276
S13.6.27-同 .7.10	竹田宮故恒久王妃		慰問軍事及教化團體		*
S16. 月 日不詳	閑院宮春仁王		資料缺載		*
S16. 不詳	李鍵宮		資料缺載	以上金額總計6,359,000 圓	*
S16. 不詳	高松宮		資料缺載		*

備註：M＝明治、T 元＝大正元年（1912）、S 元＝昭和元年（1926）；御真影指天皇、皇后肖像；癩病指痲瘋病。符號＊引自〈臺灣總督府專賣局公文類纂〉。

資料來源：據臺灣經世新報社編，《臺灣大年表》（東京：綠蔭書房，1992 年復刻版）；〈臺灣總督府專賣局公文類纂〉，第 3633 號，〈竹田宮故恒久王妃昌子內親王殿下奉迎自動車配車表〉；同，3997 號，〈閑院宮殿下本島御成御日程ノ件〉；同，3998 號，〈高松宮殿下奉迎關係事項〉製作。有關侍從武官履歷，參閱秦郁彥編，《日本陸海軍總合事典》（東京：東京大學出版會，1996），頁 4、45、68、75、103-104、108、189、195、203-204、274-275；福川秀樹編著，《日本陸海軍人名辭典》（東京：東京大學出版會，1999），頁 56、63、97、269、281。關於皇族簡歷，參閱內尾直昌編，《復刻版第一版人事興信錄》（東京：興信データ株式會社，2000），〈皇室〉，頁 1-3；同，〈皇族〉，頁 5-11。

表 3-4 內間○三寄留戶籍中的同居寄留人資料

No	出生別	年齡	本籍	職業	1寄留戶主	1年月	1地址	2寄留戶主	2年月	2地址	3寄留戶主	3年月	3地址	返鄉年月
1	三男	19	那霸	漁夫	內間○三	T15/10	社寮							S2/12
2	四男	17	那霸	漁夫	內間○三	T15/10	社寮							S7/7
3	庶男	19	那霸	漁夫	內間○三	T15/10	社寮							S2/12
4	長男	23	八重山	漁夫	內間○三	T15/12	社寮							S2/12
5	三男	23	國頭	漁夫	內間○三	T15/12	社寮							S4/2
6	二男	20	島尻	漁夫	內間○三	S2/1	社寮	內間○三	S5/3	社寮				S7/9
7	長女	20	鹿兒島		內間○三	S4/9	社寮							S7/8
8	二男	23	那霸	漁夫	內間○三	S5/2	社寮							S7/8
9	私生男	23	島尻	漁夫	內間○三	S5/3	社寮							S7/8
10	二男	27	島尻	漁夫	內間○三	S5/3	社寮							S7/8
11	長男	20	島尻	漁夫	內間○三	S5/3	社寮	內間○三	S12/7	社寮	內間○三	S13/6	社寮	S17/11 *
12	四男	15	宮古	裸潛漁業	內間○三	S5/9	社寮							S10/9
13	三男	13	鹿兒島	裸潛漁業	內間○三	S5/9	社寮							S7/7
14	長女	14	八重山	漁夫	內間○三	S6/5	社寮							S7/7
15	長男	47	島尻	雇人	內間○三	S7/4	社寮							S7/7
16	三女	18	島尻		內間○三	S8/5	社寮							S8/10
17	二男	14	鹿兒島		內間○三	S10/9	社寮							S14/11
18	二男	15	鹿兒島		內間○三	S10/9	社寮	青山○澤		社寮	內間○三	S15/1	社寮	S15/6
19	長男	15	鹿兒島		內間○三	S10/9	社寮							S17/4
20	二男	17	鹿兒島		內間○三	S10/9	社寮							S14/11

No.	続柄	年齢	本籍	保証人	年月	身分	年月	身分	保証人	年月	身分	備考
21	長男	13	鹿兒島		S10/11	社賓						S14/11
22	私生男	27	八重山	内間○三	S11/5	社賓						S12/7
23	五男	28	島尻	内間○三	S12/2	社賓						S12/11
24	長女	25	島尻	内間○三	S12/2	社賓						S12/11
25	庶女	7	島尻	内間○三	S12/3	社賓						S14/11
26	二男	20	島尻	内間○三	S13/1	社賓						S14/11
27	四男	33	島尻	内間○三	S13/6	社賓						S13/8
28	私生男	25	八重山	西村○一	S13/6	馬公	S13/6	社賓	内間○三	S14/11	社賓	S17/11 *
29	二男	50	八重山	内間○三	S13/7	社賓						S15/9
30	三男	37	八重山	内間○三	S13/9	社賓						S19/8
31	私生男	12	八重山	内間○三	S13/6	社賓						
32	二男	16	鹿兒島	内間○三	S15/3	社賓						S17/4
33	四男	25	八重山	内間○三	S14/11	社賓						S15/9
34	長男	41	八重山	内間○三	S16/10	社賓						
35	長男	19	八重山	内間○三	S16/10	社賓						S17/11
36	長男	30	愛媛	内間○三	S16/10	社賓						S17/4
37	長男	22	島尻	内間○三	S16/10	社賓						S17/4
38	長男	38	八重山	内間○三	S16/11	社賓						S17/11
39	二男	36	八重山	内間○三	S17/3	社賓						S17/11
40	二男	44	八重山	内間○三	S17/3	社賓						S17/4
41	二男	23	宮古	内間○三	S17/3	社賓	S17/10	社賓	不明			S17/11
42	四男	35	島尻	内間○三	S17/3	社賓						S17/10 **

				戶主	時間	類別	戶主	時間	類別	第一次寄留時間
43	長男	32	八重山	內間○三	S17/3	社賓				S17/4
44	二男	22	八重山	內間○三	S17/3	社賓				S17/11
45	長女	20	鹿兒島	內間○三	S17/4	社賓				S17/11
46	私生男	40	八重山	內間○三	S17/4	社賓				S17/11
47	四男	25	島尻	內間○三	S17/4	社賓	不明	17/10	社賓	17/10 **
48	二女	24	中頭	中村○吾		高雄	內間○三	S17/4	社賓	S19/4
49	長男	15	八重山	內間○三	S17/8	社賓				S17/11
50	長男	16	八重山	內間○三	S17/11	社賓				S19/8
51	三男	24	八重山	內間○三	S18/6	社賓				S19/4
52	二男	25	國頭	內間○三	S18/8	社賓				S19/4
53	長女	21	那霸	內間○三	S18/9	社賓				S19/4
54	二男	20	宮古	內間○三	S18/10	社賓				S19/4

備註：T＝大正年號、S＝昭和年號。1寄留戶主是指第一次寄留戶籍內的戶主，1年月是指第一次寄留時間，1地址是指第一次寄留
住址，其餘編號類推。符號＊表示寄留4回以上。符號＊＊指轉寄留。（下表同）

資料來源：據《日據時期臺灣寄留戶籍資料》製作。

表 3-5　糸數元德寄留戶籍中的同居寄留人資料

No	性別	年齡	出生別	本籍	職業	1寄留戶主	1年月	1地址	2寄留戶主	2年月	2地址	3寄留戶主	3年月	3地址	返鄉年月
1	女	25	長女	那霸	下女	金城○メ		社寮	糸數元德	T3/2	社寮	糸數元春	T3/6	社寮	T4/8
2	女	22	三女	那霸	下女	糸數元德	T3/4	社寮	糸數元春	T3/6	社寮	松田○一	T4/8	社寮	
3	女	17	私生女	中頭	下女	糸數元德	T3/11	社寮							T4/5
4	女	25	長女	那霸	下女	糸數元德	T3/11	社寮		T/4/5	社寮				
5	女	18	長女	廣島	下女	糸數元德	T3/11	社寮							T4/8 死亡
6	女	26	長女	那霸	酌婦	糸數元德	T4/4	社寮							T6/2
7	女	19	長女	八重山	下女	糸數元德	T4/4	社寮							T4/5 死亡
8	女	1	私生女	廣島	No5 女兒	糸數元德		社寮							T4/12 死亡
9	男	15	二男	中頭		糸數元春		社寮	糸數元德	T5/1	社寮	糸數元春	T5/3		
10	男	13	三男	中頭		糸數元春		社寮	糸數元德	T5/2	社寮	糸數元春	T5/4		T10/6
11	女	24	三女	那霸	下女	松田○一	T5/6	社寮	糸數元德	T5/4	社寮	普天○蒲	T9/9	社寮	T6/2
12	男	29	長男	中頭	畑作	糸數元德	T5/6	社寮							T7/3
13	男	24	長男	中頭	雇人	糸數元德	T5/6	社寮							T7/2
14	女	22	二女	中頭	雇人	上原○方	T7/3	社寮	糸數元德	T5/10	社寮				
15	男	33	二男	中頭	漁夫	糸數元德		社寮		T8/4	社寮		S9/7		T10/4
16	女	24	三女	宮古	畑作下女	糸數元德	T7/11	社寮	比嘉○仲	T8/11	蘇澳				
17	女	25	長女	中頭	畑作下女	糸數元德	T7/11	社寮							

No	性別	年齡	續柄	本籍	職業	姓名	身分	日期	姓名	日期	地		日期		姓名	日期	日期
18	女	21	長女	那霸	下女	糸數元德	社賓	T7/11	與那嶺○吉	T12/8	花蓮						
19	女	21	長女	島尻	下女	糸數元德	社賓	T7/11	西見文○郎	T8/12	花蓮						T9/9
20	男	1	私生子	島尻	No19兒子	糸數元德	社賓		西見文○郎	T8/12	花蓮						T10/4
21	女	22	私生女	中頭	下女	大城○×	社賓		糸數元德	T8/9	社賓						
22	女	24	私生女	島尻	下女	大城○×	社賓		糸數元德	T8/9	社賓						T10/5
23	男	19	二男	中頭	畑作	糸數元德	社賓	T9/9		S4/12	社賓						
24	女	23	三女	島尻	下女	糸數元德	社賓	T9/9									T11/3死亡
25	女	20	二女	那霸	下女	糸數元德	社賓	T9/9									T10/4
26	女	29	私生女	島尻	下女	糸數元德	社賓	T9/9									T11/1
27	女	16	私生女	八重山	酌婦	糸數元德	社賓	T10/8									T15/10
28	女	16	二女	國頭	酌婦	糸數元德	社賓	T2/2									T15/12
29	女	29	長女	八重山	雇人	大城○×	社賓		糸數元德	T12/2	社賓						
30	女	16	庶女	島尻	雇人	兼島○郎	社賓	T13/11	糸數元德	T12/2	社賓		T14/7		糸數元德		
31	女	21	二女	那霸	酌婦	糸數元德	社賓	T14/9	糸數元德	T13/11	社賓						S2/8
32	女	23	二女	宮古	酌婦	大城○×	社賓	T14/9									T15/3
33	男	13	長男	首里	雇人	糸數元德	社賓	T15/4									S9/6
34	女	28	四女	島尻	酌婦	糸數元德	社賓										S2/8
35	男	25	長男	宮古	漁夫	糸數兼徹	社賓	T15/12	兼島兼○	T15/10	社賓						T15/12
36	女	19	二女	那霸	下女	糸數元德	社賓	T15/12			社賓			社賓	糸數○正	S4/10	
37	女	19	長女	國頭	酌婦	糸數元德	社賓	S2/8	北島○吉	S3/12	高雄						
38	女	22	三女	那霸	雇人	糸數元德	社賓		糸數元德								S2/12

No	性別	年齡	續柄	本籍	關係	河野松○郎	日期	大沙灣	糸數元德	日期	高雄	松本○×	S2/10	社寮	
39	女	29	長女	那霸	酌婦							松本○×	S2/10		
40	女	27	長女	那霸	酌婦	糸數元德	S4/2	社寮	糸數○福	S4/12	社寮				S4/4
41	女	30	長女	那霸	酌婦	糸數元德	S4/2	社寮	糸數元德	S4/2	社寮				
42	男	23	二男	八重山	漁夫	石嶺禰○郎		社寮	糸數元德	S4/2	社寮	平良○令	S9/7	社寮	S17/3
43	女	18	長女	島尻	傭人	糸數元德	S4/9	社寮	玉城○福	S5/8	社寮				
44	女	26	長女	那霸	酌婦	糸數元德	S4/12	社寮	上江洲○業	S7/8	蘇澳				
45	女	32	四女	島尻	仲居	糸數元德	S5/5	社寮							S7/2
46	女	1	私生女	那霸	No44 女兒				上江洲○業	S7/8	蘇澳				
47	女	21	長女	八重山	女中	糸數元德	S8/5	社寮	糸數○ン	S9/1	社寮				S9/6
48	女	20	私生女	八重山	女中	糸數元德	S8/6	社寮							
49	男	23	長男	島尻	同居寄留人	糸數元德	S15/4	社寮		S15/6	社寮				
50	男	26	四男	島尻	同居寄留人	糸數元德	S15/4	社寮		S15/6	社寮				
48	女	20	私生女	八重山	女中	糸數元德	S8/6	社寮							
49	男	23	長男	島尻	同居寄留人	糸數元德	S15/4	社寮		S15/6	社寮				S9/6
50	男	26	四男	島尻	同居寄留人	糸數元德	S15/4	社寮		S15/6	社寮				

資料來源：據《日據時代臺灣戶籍資料》製作。

各章徵引文獻

第一章
一、公文書、報紙、年鑑
〈臺灣總督府專賣局公文類纂〉，第 2278 號，〈久邇宮殿下奉迎委員
　　會規程〉。

〈臺灣總督府專賣局公文類纂〉，第 2453 號，〈皇太子殿下奉迎委員
　　會規程〉。

〈臺灣總督府專賣局公文類纂〉，第 2519 號，〈皇太子殿下奉迎委員
　　會規程〉。

〈臺灣總督府專賣局公文類纂〉，第 3633 號，〈竹田宮故恒久王妃昌
　　子內親王殿下奉迎自動車配車表〉。

〈臺灣總督府專賣局公文類纂〉，第 3997 號，〈閑院宮殿下本島御成
　　御日程ノ件〉。

〈臺灣總督府專賣局公文類纂〉，第 3998 號，〈高松宮殿下奉迎關係
　　事項〉。

《八重山新報》。大正 10 年（1921）。

《先嶋新聞》。大正 10 年（1921）。

《琉球新聞》。大正 10 年（1921）。

《臺灣日日新報》。明治 42 年—昭和 15 年（1909-1940）。

《臺灣時報》。大正 8 年（1919）。

《陸海軍軍事年鑑 6》

　　　1989 東京：日本圖書センター復刻（昭和 17 年初版）。

《陸海軍軍事年鑑 7》

　　　1989 東京：日本圖書センター復刻（昭和 18 年版）。

二、專書

又吉盛清

　　　1990《日本植民地下の臺灣と沖繩》。沖繩：沖繩あき書房。

上江洲智克

　　　1996《天皇制下の沖繩》。東京：三一書房。

大田昌秀

　　　1990《檢證昭和の沖繩》。沖繩：那霸出版社。

山本信良、今野敏

　　　1986《大正・昭和教育の天皇制イデオロギー——[I] 學校行事の
　　　　　宗教的性格》。東京：新泉社。

尹章義、陳宗仁編著

　　　2000《臺灣發展史》。臺北：交通部觀光局。

內尾直昌編

　　　2000《復刻版第一版人事興信錄》。東京：興信データ株式會社。

比嘉春潮

　　　1970《新稿沖繩の歷史》。東京：三一書房。

王泰升

　　　1997《臺灣法律史的建立》。臺北：著者發行。

王耀華

　　　2000《福建傳統音樂》。福州：福建人民出版社。

田健治郎傳記編纂會

1988《田健治郎傳記》。東京：大空社。

朱德蘭

2005《臺灣總督府と慰安婦》。東京：明石書店。

朱德蘭

2010《臺灣慰安婦》。臺北：五南圖書出版股份有限公司。

西里喜行

2005《清末中琉日關係史の研究》。京都：京都大學學術出版會。

吳文星、廣瀬順皓、黃紹恆、鍾淑敏、邱純惠等主編

2001《臺灣總督田健治郎日記》上冊。臺北：中央研究院臺灣史研究所籌備處。

赤嶺守

2004《琉球王國》。東京：講談社。

沖繩縣文化振興會公文書館管理部史料編集室編

2000《概說沖繩の歷史と文化》。沖繩：沖繩縣教育委員會。

那霸市企劃部市史編集室編

1980《寫眞集 那霸百年のあゆみ 1879-1979》。那霸：那霸市企劃部市史編集室。

周婉窈

1989《日據時代的臺灣議會設置請願運動》。臺北：自立報系文化出版部。

周憲文編著

1980《臺灣經濟史》。臺北：臺灣開明書店。

波多野勝

1998《裕仁皇太子ヨーロッパ外遊記》。東京：草思社。

金城正篤等著

2005《沖繩縣の百年》。東京：山川出版社。

原武史

　　2001《可視化された帝國——近代日本の行幸啓》。東京：みす
　　　　ず書房。

秦郁彥編

　　2004《日本近現代人物履歷事典》。東京：東京大學出版會。

秦郁彥編

　　1996《日本陸海軍總合事典》。東京：東京大學出版會。

張宗漢

　　1980《光復前臺灣之工業化》。臺北：聯經出版事業公司。

笠原一男

　　1983《詳說日本史研究》。東京：山川出版社。

黃昭堂

　　1991《臺灣總督府》。東京：教育社。

游鑑明

　　1988《日據時期臺灣的女子教育》。臺北：國立臺灣師範大學歷
　　　　史研究所。

湯重南等編

　　1996《日本帝國的興亡》上卷。北京：世界知識出版社。

福川秀樹編著

　　1999《日本陸海軍人名辭典》。東京：東京大學出版會。

臺灣經世新報社編

　　1992《臺灣大年表》。昭和 13 年版，東京：綠蔭書房復刻版。

駒込武

　　1996《殖民地帝國日本の文化統合》。東京：岩波書店。

薛化元

　　1999《臺灣開發史》。臺北：三民書局。

藤井志津枝

　　1983《日本軍國主義的原型——剖析 1871~1874 年臺灣事件》。
　　　　臺北：著者發行，三民書局總經銷。

E. Patricia Tsurumi 著、林正芳譯

　　1999《日治時期臺灣教育史》。宜蘭：仰山文教基金會。

三、論文

又吉盛清

　　1991〈沖繩・臺灣に見る天皇と皇族（上）——皇太子「行啓」
　　　　と皇族「御成」〉，收入國吉永啓編，《新沖繩文學》88：
　　　　160-161、194-203。

又吉盛清

　　1991〈沖繩・臺灣に見る天皇と皇族（下）——皇太子「行啓」
　　　　と皇族「御成」〉，收入國吉永啓編，《新沖繩文學》89：
　　　　158-168。

又吉盛清

　　2000〈沖繩教育と臺灣教育〉，王智新等編，《批判植民地教育
　　　　史認識》，頁 164-176。東京：社會評論社。

仲地哲夫

　　1987〈沖繩における天皇制イデオロギーの形成〉（中），《沖繩
　　　　國際大學南島文化研究所紀要南島文化》9：49-62。

朴晉雨

　　2001〈天皇巡幸からみた天皇崇拝と民眾——福島縣郡山地域を
　　　　中心として〉，羽賀祥二編《幕末維新の文化》，頁 321-
　　　　355。東京：吉川弘文館。

林修澈

2003 〈原住民重大事件：牡丹社事件〉，行政院原住民族委員會委託計畫，頁 1-81。臺北：行政院原住民族委員會。

牧原憲夫

2004 〈巡幸と祝祭日——明治初年の天皇と民衆〉，松尾正人編，《明治維新と文明開化》，頁 165。東京：吉川弘文館。

若林正丈

1995 〈一九二三年東宮臺灣行啓と「內地延長主義」〉，大江志乃夫等編，《近代日本と植民地 2》，頁 87-119。東京：岩波書店。

許介鱗

1995 〈日據時期的政治措施〉，李國祈總纂，《臺灣近代史——政治篇》，頁 288-289。南投：臺灣省文獻委員會。

許佩賢

2004 〈殖民地臺灣的近代學校〉，若林正丈、吳密察主編，《跨界的臺灣史研究——與東亞史的交錯》，頁 185。臺北：播種者文化有限公司。

陳培豐

2001 〈重新解析殖民地臺灣的國語「同化」教育政策——以日本的近代思想史為座標〉，《臺灣史研究》7（2）：1-49。

黃富三

1995 〈臺灣近代經濟發展史的分期及其特徵〉，李國祈總纂，《臺灣近代史——經濟篇》，頁 4-7。南投：臺灣省文獻委員會。

藤井志津枝

1995 〈日據時期「理蕃」政策〉，李國祈總纂，《臺灣近代史——政治篇》，頁 319-322。南投：臺灣省文獻委員會。

四、網路資料

《臺灣日日新報》漢珍數位資料庫：

http://rrxin.hslib.sinica.edu.tw:8000/LiboPub.dll?Search1

五、其他資料

二荒芳德宮內書記編纂

    1924《皇太子殿下海外御巡遊日誌》。東京：宮內大臣官房庶務
        課發行。

高賴潮光編輯

    1937《沖繩縣人事錄》。那霸：沖繩朝日新聞社。

臺灣經世新報社編

    1992《臺灣大年表》。昭和 13 年版，東京：綠蔭書房復刻版。

第二章

一、公文書、統計書、報紙

〈臺灣總督府公文類纂〉，冊號 188，文號 9，明治 30 年（1897）1 月
    29 日，〈九州沖繩聯合共進會本島出品物概評：共進會出品物中
    土人出品物ニ對シ〉。

〈臺灣總督府公文類纂〉，冊號 188，文號 9，明治 30 年 4 月 5 日，〈共
    進會出品物品評書交附ノ件〉。

臺灣總督府編

    1908《臺灣總督府第十統計書》。臺北：臺灣總督府。

臺灣總督府編

    1918《臺灣總督府第二十統計書》。臺北：臺灣總督府。

臺灣總督府編

    1928《臺灣總督府第三十統計書》。臺北：臺灣總督府。

臺灣總督府編

　　1938《臺灣總督府第四十統計書》。臺北：臺灣總督府。

《臺灣日日新報》。明治 32 年—昭和 13 年（1899-1938）。

二、專書

又吉盛清

　　1990《日本植民地下の臺灣と沖繩》。沖繩：沖繩あき書房。

有山輝雄

　　2002《觀光旅行の誕生》。東京：吉川弘文館。

沖繩縣文化振興會公文書館管理部史料編集室編

　　2000《概說沖繩の歷史と文化》。沖繩：沖繩縣教育委員會。那
　　　　霸市企劃部市史編集室編，《寫眞集 那霸百年のあゆみ
　　　　1879-1979》。那霸：那霸市企劃部市史編集室。

首里城復元期成會、那霸出版社編集部編

　　1987《寫眞集首里城》。沖繩：那霸出版社。

基隆港務局編

　　1985《基隆港建港百年紀念文集》。基隆：基隆港務局。

張陸

　　2005《旅遊學概論》。重慶：重慶理工大學工商管理學院。

葉龍彥

　　2004《臺灣旅館史》。臺北：臺北市文獻委員會。

臺灣社會協會

　　1937《社會事業の友》105：24-39。

臺灣勸業共進會協贊會編

　　1916《臺灣勸業共進會協贊會報告書》。臺北：臺灣勸業共進會
　　　　協贊會。

緒方武歲編

　　1992《臺灣大年表》。東京：綠蔭書房復刻。

蔡龍保

　　2008《殖民統治之基礎工程：日治時期臺灣道路事業之研究
　　　　（1895-1945）》。臺北：臺灣師範大學歷史學系。

鄭政誠

　　2005《他者的天空：日治時期臺灣原住民的觀光行旅》。臺北：
　　　　博揚文化出版。

ラブ・オーシュリ、上原正稔著、照屋善彥監修、上原正稔等譯

　　1987《青い目が見た大琉球》。那霸：ニラ社。

三、論文

葉龍彥

　　2003〈日治時期臺灣觀光行程之研究〉，《臺北文獻》直字第 145
　　　　期，頁 83-110。

四、網路資料

日治時期臺灣郵政史資料庫：

　　http://blog.sina.com.tw/stampinged/artticle.php?pbgid＝1324&entryid
　　＝583329

「繪葉書に見る東京の名所・博覽會」，東京都立中央圖書館資料庫：

　　http://www.library.metro.tokyo.jp/16/post/index00.html

《臺灣日日新報》大鐸數位資料庫：

　　http://enews1.db.sinica.edu.tw/ddn/ttswork/_T1.pdf

《臺灣日日新報》漢珍數位資料庫：

　　http://rrxin.hslib.sinica.edu.tw:8000/LiboPub.dll?Search1

五、其他資料

森山昌全

　　1899〈明治 32 年臺灣修學旅行日記〉，收入《楊秀姓系圖家譜
　　　　小宗》。沖繩：國立公文書館藏。（未編頁碼）

第三章

一、戶籍資料、公文書、報紙

《日據時期臺灣戶籍資料》。

《臺灣日日新報》。明治 34 年─昭和 18 年（1901-1943）。

《臺灣時報》。昭和 7 年（1932）9 月號。

〈臺灣總督府公文類纂〉，冊號 2039，文號 5，明治 45 年（1912）7
　　月 1 日，〈訓令第百六十九號臺灣總督府民政部殖產局附屬內地
　　移出石花菜檢查所規程中改正、告示第百十四號臺灣總督府民政
　　部殖產局附屬內地移出石花菜檢查所ノ名稱位置中追加、告示第
　　百十五號明治四十一年告示第六十四號中追加內地移出石花菜檢
　　查所改正及同檢查所名稱位置等告示追加ノ件〉。

〈臺灣總督府公文類纂〉，冊號 2284，文號 7，大正 3 年（1914）4 月
　　1 日，〈石花菜檢查所規程：石花菜檢查ニ關スル訓令及告示之
　　件〉。

臺灣總督府官房調查課編

　　1935〈土地〉，《臺灣總督府第三十九統計書》，頁 1。臺北：臺
　　　　灣總督府官房調查課。

臺灣總督官房臨時戶口調查部編

　　1908〈地方及體性別內地人ノ原籍地（原籍地ト現在地）〉，收入
　　　　《明治 38 年臨時臺灣戶口調查結果表》，頁 402-407。臺北：
　　　　臺灣總督官房臨時戶口調查部。

二、專書

入江文太郎

　　1933《基隆風土記》。基隆：入江曉風發行。臺北：成文出版社，
　　　　1985 複製本。

又吉盛清著、魏廷朝譯

　　1990《日本植民地下の臺灣と沖繩》。沖繩：沖繩あき書房。

中楯興編著

　　1989《日本に於ける海洋民の総合研究──糸満系漁民を中心と
　　　　して》下卷。福岡：九州大學出版會。

木村金太郎編著

　　1917《寒天關調查報告》。東京：水產同窗會。

王孟英原著、吳海峯評註

　　2002《評註飲食譜》。臺北：知音出版社。

吉見義明

　　1995《從軍慰安婦》。東京：岩波書店。

沖繩大百科事典刊行事務局編

　　1983《沖繩大百科事典》上卷、中卷、下卷。那霸：沖繩タイム
　　　　ス社。

武內貞義

　　1927《臺灣》。臺北：新高堂書店。

長瀨貞一、周東英雄（共著）

　　1933《漁業政策》。東京：厚生閣。

高桑守史

　　1994《日本漁民社會論考──民俗學的研究》。東京：未來社。

基隆市文獻委員會編

　　1956《基隆市志沿革篇》。基隆市：文獻委員會。

基隆市文獻委員會編

　　1957《基隆市志水產篇》。基隆：基隆市文獻委員會。

基隆市文獻委員會編

　　1958《基隆市志人口篇》。基隆：基隆市文獻委員會。

基隆年鑑編輯委員會

　　1947《基隆年鑑》。基隆：基隆市政府。

臺灣經濟研究室編

　　1957《臺灣漁業史》。臺北：臺灣銀行經濟研究室。

臺灣總督府殖產局水產課編

　　1935《熱帶產業調查會──水產業調查書》上冊。臺北：臺灣總
　　　　督府殖產局水產課。

三、論文

呂青華

　　2005〈基隆社寮島に於ける沖繩人の調查報告〉,《東方學報》
　　　　第 25 期，頁 146-155。高雄：東方技術學院。

朱德蘭

　　2010〈基隆社寮島の沖繩人集落（1895-1945）〉,上里賢一、高
　　　　良倉吉、平良妙子編,《東アジアの文化と琉球・沖繩
　　　　──琉球/沖繩・日本・中國・越南》,頁 49-77。東京：
　　　　彩流社。

朱德蘭

　　2013〈基隆社寮島の沖繩人ネットワーク（1895-1945）〉,我部
　　　　政明、石原昌英、山里勝己編,《人の移動、融合、變容の
　　　　人類史：沖繩の經驗と 21 世紀への提言》,頁 53-74。東
　　　　京：彩流社。

辛德蘭（朱德蘭）

　　2008〈基隆社寮島的石花菜與琉球人村落（1895-1945）〉，琉球
　　　　中國關係國際學術會議編集委員會編，《第 11 回琉中歷史
　　　　關係國際學術會議論文集》，頁 217-248。沖繩：琉球中國
　　　　關係國際學術會議編集委員會。

李燦然、許君復

　　1974〈臺灣之近海漁業〉，臺灣銀行經濟研究室編，《臺灣漁業
　　　　之研究》，臺灣研究叢刊第 112 種，頁 66、78、84、92、
　　　　104、107、115。臺北：臺灣銀行經濟研究室。

張一鳴

　　〈臺灣之沿岸漁業〉，《臺灣銀行季刊》25:1，頁 126。

陳凱雯

　　2005〈帝國玄關──日治時期基隆的都市化與地方社會〉。中壢：
　　　　國立中央大學歷史研究所碩士論文。

楊景勻

　　2006〈基隆市和平島發展生態旅遊現況調查及推動策略之研
　　　　究〉。基隆：國立臺灣海洋大學應用經濟研究所碩士論文。

潘江衛

　　2005〈和平島觀光導覽圖〉。基隆：天后宮。

四、網路資料

〈海女學〉資料庫：

　　http：//www2.ocn.ne.jp/~amagaku/amagaku2.htm。http：//www2.
　　ocn.ne.jp/~amagaku/amagaku6.htm

《臺灣日日新報》大鐸數位資料庫：

　　http://enews1.db.sinica.edu.tw/ddn/ttswork/_T1.pdf

《臺灣日日新報》漢珍數位資料庫：

　　http://rrxin.hslib.sinica.edu.tw:8000/LiboPub.dll?Search1

《臺灣時報》資料庫：

　　http://140.109.13.125:8080/twjihoapp/start.htm

〈臺灣總督府公文類纂〉資料庫：

　　http://sotokufu.sinica.edu.tw/img.php

五、其他資料

許梅貞等編

　　2002《洞窺和平島之美導覽手冊》。基隆：基隆市立文化中心。

許雪姬策劃

　　2004《臺灣歷史辭典》。臺北：行政院文化建設委員會。

第四章

一、報紙

《臺南新報》第 462 號。明治 34 年（1901）。

《臺灣日日新報》。明治 29 年—大正 15 年（1896-1926）。

二、專書

又吉盛清

　　1990《日本植民地下の臺灣と沖繩》。沖繩：沖繩あき書房。

大豆生田稔

　　1993《お米と食の近代史》。京都：ミネルヴァ書房。

三和良一

　　2012《概說日本經濟史近現代》。東京：東京大學出版會。

川野重任

1941《臺灣米穀經濟論》。東京：有斐閣。

外務省編

　　1990《外地法制誌》第 4 卷。東京：文生書院。

伊地知貞馨

　　1982《沖繩志（琉球志）》。熊本：青潮社，1982。

西里喜行

　　1993《近代沖繩の寄留商人》。沖繩：ひるぎ社。

江夏英藏

　　1930《臺灣米研究》。臺北：臺灣米研究會，1930。

李力庸

　　2009《米穀流通與臺灣社會（1895-1945）》。板橋市：稻鄉出版
　　　　社。

松田良孝

　　2004《八重山の臺灣人》。沖繩：南山舍。

前花哲雄

　　1976《八重山の畜產風土記》。沖繩：沖繩コロニー。

凃照彥

　　1975《日本帝國主義下の臺灣》。東京：東京大學出版會。

琉球政府編

　　1967《沖繩縣史》第 16 卷《新聞集成》。沖繩：琉球政府。

琉球政府編

　　1967《沖繩縣史》第 20 卷資料編 10。沖繩：琉球政府。

琉球政府編

　　1972《沖繩縣史》第 3 卷。沖繩：琉球政府。

高橋龜吉

　　1937《現代臺灣經濟論》。東京：千倉書房。

高嶺朝光編輯

  1937《沖繩縣人事錄》。那霸：沖繩朝日出版社。

當山眞秀

  1979《沖繩縣畜產史》。那霸：那霸出版社。

當間嗣合

  1930《沖繩の經濟難局との對策》。東京：新極東社。

臺灣畜產興業株式會社編

  1942《臺灣畜產興業株式會社要覽》。臺北：臺灣畜產興業株式會社。

ラブ・オーシュリ、上原正稔著、照屋善彦監修、上原正稔等譯

  1987《青い目が見た大琉球》。那霸：ニラ社。

三、論文

水田憲志

  1998〈沖繩縣から臺灣への移住──第二次世界大戰前における八重山郡出身者を中心として〉，關西大學文學部地理學教室編，《地理 學の諸相──實證の地平》，頁 380-397。東京：大明堂。

水田憲志

  2003〈日本植民地下の臺北における沖繩出身「女中」〉，《史泉》第 98 號，頁 36-55。

戈福江

  1952〈臺灣之豬〉，臺灣銀行經濟研究室編，《臺灣之畜產資源》，臺灣研究叢刊第 17 種，頁 50-66。臺北：臺灣銀行經濟研究室。

卞鳳奎

2009 〈日本臺灣統治時代における臺灣人の八重山諸島への移民活動〉,《南島史學》第 74 號,頁 15-31。

吉田茂

1983 〈廣域流通環境下における豚の地域內自給流通構造に關する經濟的研究〉,《琉球大學農學部學術報告》第 30 號,頁 20。沖 ：琉球大學農學部。

朱德蘭

2010 〈基隆社寮島の沖繩人集落（1895-1945）〉,上里賢一、高良倉吉、平良妙子共編,《東アジアの文化と琉球・沖繩─琉球／沖繩・日本・中國‧‧越南》,頁 49-77。東京：彩流社。

武上耕一

1931 〈在來種豚存廢問題を中心として〉,《臺灣農事報》第 27 年第 8 號,頁 21-25、30。臺北：臺灣農友會。

松浦章

2010 〈清國產豚の日本統治臺灣への搬出〉,同氏著,《近世東アジア海域の文化交渉》,頁 373-393。京都：思文閣。

松田ヒロ子

2008 〈沖繩縣八重山地方から植民地下臺灣への人的移動〉,蘭信三編著,《日本帝國をめぐる人口移動の國際社會學》,頁 529-558。東京：不二出版。

眞榮平房昭

2010 〈近代の臺灣航路と沖繩──外來・在來をめぐる東アジア海運史の一視葇〉,《史學研究》第 268 號,頁 14-31。

野入直美

2008 〈生活史から見る沖繩・臺灣間の雙方向的移動〉,蘭信三

編著,《日本帝國をめぐる人口移動の國際社會學》,頁559-592。東京：不二出版。

堀內義隆

2001 〈日本植民地期臺灣の米穀產業と工業化——籾摺・精米業の發展を中心に〉,《社會經濟史學》第 67 卷第 1 號,頁 37。

當山眞秀

1986 〈第 5 部　豚〉,沖繩縣農林水產行政史編集委員會,《沖繩縣農林水產行政史　第 5 卷畜產篇・蠶業篇》,頁 238-239。東京：農林統計協會。

蔡承豪

2009 〈天工開物——臺灣稻作技術變遷之研究〉。臺北：國立臺灣師範大學歷史研究所博士論文。

四、網路資料

行政院農業委員會畜產試驗所資料庫：http://www.tlri.gov.tw/

〈臺灣人物誌〉漢珍數位資料庫：

　　tbmc.ncl.edu.tw:8080/whos2app/servlet/whois?simplegenso

《臺灣日日新報》大鐸數位資料庫：

　　http://enews1.db.sinica.edu.tw/ddn/ttswork/_T1.pdf

《臺灣日日新報》漢珍數位資料庫：

　　http://rrxin.hslib.sinica.edu.tw:8000/LiboPub.dll?Search1

第五章

一、檔案、史料彙編、報紙

俞寬賜、陳鴻瑜主編

1995 《外交部南海諸島檔案彙編》。臺北：外交部研究設計委員

會。

張中華主編

　　2005《日本侵略廣東檔案史料選編》。北京：中國檔案出版社。

《臺灣日日新報》，昭和 13 年（1938）、昭和 15 年（1940）。

〈臺灣拓殖株式會社文書〉，第 1432 號，〈榆林送リ人夫關係書類　昭和 17 年〉。

〈臺灣拓殖株式會社文書〉，第 2590 號，〈現地施設ニ關スル件　昭和 15 年 -17 年〉。

〈臺灣拓殖株式會社文書〉，第 2658 號，〈鑛石代金精算ノ件　昭和 16 年〉。

〈臺灣拓殖株式會社文書〉，第 2676 號，〈パラセル現地事業ニ關スル件　昭和 16 年 -17 年〉。

〈臺灣拓殖株式會社文書〉，第 2678 號，〈現地物資設備ニ關スル件　昭和 17 年〉。

臺灣拓殖株式會社

　　1939《事業要覽》。臺北：臺灣拓殖株式會社。

臺灣拓殖株式會社

　　1941《事業要覽》。臺北：臺灣拓殖株式會社。

臺灣新民報社編

　　1937《臺灣人士鑑》。臺北：臺灣新民報社。

臺灣總督府外事部編

　　1943《南支那綜覽》。臺北：南方資料館。

臺灣總督府官房調查課編

　　1926《パラセル群島燐礦調查報告》。臺北：臺灣總督府官房調查課。

興南新聞社編

1943《臺灣人士鑑》。臺北：興南新聞社。

〈瓊崖全屬公民大會代電一件：何瑞年等勾結日本人承墾西沙群島實
　　業公司一案〉

　　中華民國 11 年 12 月 28 日霜字第 1121 號，中央研究院近代史研
　　究所檔案館數位典藏，館藏號 03-20-042-02-001。

〈瓊崖僑港公民維持會會長邢文芳呈：日籍民何瑞年前與日商合資承
　　墾西沙群島實業公司經陳省長任內將該公司撤銷，詎政局變更該
　　公司死灰復燃恢復銷案〉

　　中華民國 12 年 4 月 30 日水字第 1296 號，中央研究院近代史研
　　究所檔案館數位典藏，館藏號 03-20-042-02-004。

二、專書

石川一郎

　　1937《現代日本工業全集 12 化學肥料》。東京：日本評論社。

阿曾八和太

　　1940《燐礦》。東京：丸善株式會社。

俞寬賜

　　2000《南海諸島領土爭端之經緯與法理：兼論東海釣魚臺列嶼之
　　　　主權問題》。臺北：國立編譯館。

陳天錫、鄭資約、楊秀靖編

　　2004《南海諸島三種》。海口：海南出版社。

陳鴻瑜

　　1997《南海諸島之發現、開發與國際衝突》。臺北：國立編譯館。

三、論文

朱德蘭

2005 〈臺灣拓殖株式會社的政商網絡關係（1936-1945）〉，《臺灣史研究》第 12 卷第 2 期，頁 75-119。

宋燕輝

2000 〈東協與中共協商南海區域行為準則及對我可能影響〉，《問題與研究》第 39 卷：第 4 期，頁 17-26。

徐水泉

1950 〈臺灣之肥料問題〉，臺灣銀行金融研究室編，《臺灣之肥料問題》，臺灣特產叢刊第 5 種，頁 1-5、46。臺北：臺灣銀行金融研究室。

劉復國

2000 〈國家安全定位、海事安全與臺灣南海政策方案之研究〉，《問題與研究》第 39 卷：第 4 期，頁 1-14。

四、網路資料

〈臺灣人物誌〉漢珍數位資料庫：

tbmc.ncl.edu.tw:8080/whos2app/servlet/whois?simplegenso

第六章
一、公私文書

《中琉文化經濟協會關係文書》。民國 55 年－民國 61 年（1966-1972）。

沖繩縣統計協會編集

2014 復刻《琉球統計年鑑》第 14 卷第 17 回昭和 47 年版。東京：不二出版。

琉球政府編集

2013 復刻《琉球要覽》第 4 卷 1961 年版。東京：不二出版。

琉球政府編集

　　2014 復刻《琉球要覽》第 8 卷 1965 年版、第 11 卷 1968 年版、
　　　　第 12 卷 1969 年版、第 13 卷 1970 年版。東京：不二出版。

〈琉球鳳梨事業及聘請工員報告書〉。外交部檔案，檔號
　　019.17/0001，冊名《中琉貿易》，民國 56 年（中央研究院近代史
　　研究所藏）。

《徵信新聞》。民國 39 年－民國 53 年（1950-1964）。

二、專書

方治

　　1986《我生之旅》。臺北：東大圖書股份有限公司。

中央信託局編

　　1985《中央信託局五十年》。臺北：中央信託局。

中琉文化經濟協會編

　　1970〈輔導琉球就業義士、義胞、歸僑統計表〉。臺北：中琉文
　　　　化經濟協會。

中琉文化經濟協會

　　1998《中琉四十年交流紀要》。臺北：中琉文化經濟協會。

汪詠黛主編

　　2010《救總六十：中華救助總會成立 60 周年專輯》。臺北：中
　　　　華救助總會。

何墨林

　　1957《中華民國訪問琉球貿易考察團報告書》。臺北：中央信託
　　　　局（未出版）。

沖繩縣文化振興會公文書館管理部史料編集室編

　　2000《概說沖繩の歷史と文化》。沖繩：沖繩縣教育委員會。

陳紀瀅

　　1971《瞭解琉球》。臺北：臺灣商務印書館。

國場組社史編纂委員會編纂

　　1984《國場組社史——創立 50 周年記念　第 1 部國場幸太郎略傳》。那霸：株式會社國場組。

國場組社史編纂委員會編纂

　　1984《國場組社史——創立 50 周年記念　第 2 部國場組社史》。那霸：株式會社國場組。

三、論文

伊志嶺惠徹

　　1983〈琉球政府〉，沖繩大百科事典刊行事務局編，《沖繩大百科事典》下卷，頁 890。那霸：沖繩タイムス社。

周琇環

　　2011〈接運韓戰反共義士來臺之研究（1950-1954）〉，《國史館館刊》第 28 期（2011 年 6 月），頁 125、129-130、146。臺北：國史館。

四、網路資料

沖繩縣公文書館資料庫：

　　http://www.archives.pref.okinawa.jp/publication/2012/12/uscar.html

五、其他資料

高賴潮光編輯

　　1937《沖繩縣人事錄》。那霸：沖繩朝日新聞社。

索引

人名

事項

V4902 殖民地臺灣的近代學校
許佩賢◎著　定價◎ 380 元

我們現在習以為常的學校，是日本統治臺灣以後，隨著殖民地統治被引進來的西方式近代學校。日本殖民政府透過學校教育塑造兵士型及產業型的新人種，其特徵是順從、勤勞、規律、且能有效生產。另一方面，對當時的臺灣人來說，近代學校是一個充滿魅力、新鮮的媒體樂園。這個樂園的入口雖然吸引人，裡面卻有二重、三重的迷宮。向學心旺盛的臺灣人，被吸引進入後，卻在迷宮中嘗到挫折，甚至引起認同危機。本書透過殖民地時代的教育，思考「教育」與「國家」、「社會」之間的關係，也思考殖民地教育下臺灣人的心性。

V4903 臺灣的山海經驗
陳國棟◎著　定價◎ 450 元

臺灣四面環海，幾乎所有居民的先人都曾渡海而來；臺灣平地面積有限，半數以上的土地皆為丘陵與山地。然而亙古以來，直到百餘年前，居民與山、海的接觸卻不多。雖然不多，臺灣的歷史與臺灣人的山海經驗卻有著糾結不開的關係。探索這種關係，有助於深層理解臺灣的歷史。

作者陳國棟的主要研究領域為經濟史與海洋史，但因機緣所致，也時而從事臺灣的歷史研究，而這些研究所處理的問題又湊巧和山及海密切相關。本書選錄其以往二十多年間，針對臺灣歷史所發表的十八篇作品，分為「總論」、「臺灣交通」、「淡水」、「十七世紀」、「清代臺灣」五大區塊。內容包括對臺灣歷史的深入分析與通論性的看法。作者自認為臺灣史研究非其專精，但亦因其非其專精，故能別出心裁。書中所收文章，分別在議題、論點及資料的發掘與應用上，有其創新的看法，期能為臺灣史研究注入另類的思惟。

V4914 東亞海域一千年（增訂新版）
陳國棟◎著　定價◎ 500 元

亞洲海域的周邊孕育著幾個世界上最古老的文明。藉諸大海的聯繫，千百年來，沿海的居民斷斷續續地進行著種種形式的交往。

作者陳國棟的研究，在議題上側重於經濟與貿易；在時間軸上先以清代前期的十七、八世紀為重心，再往上、下延伸，嘗試在較寬廣的時空架構下，尋找中國人參與海事活動的軌跡。

本書共收錄論文十五篇，依內容的時間先後排序。有考證，有分析；在經濟、貿易之外，更擴及人員的互訪與文化的交流。有些議題，如鄭和下西洋，讀者可能早已耳熟能詳；另一些議題，如清代海洋貿易政策的形成與貿易所衍生的問題，則稍微需要費點精神才能掌握。翻開目錄，打開書頁，將可窺知過去一千年間發生在東亞海域的大小故事。增訂新版將原本收錄於初版的三篇英文文章全數改寫為中文，其他各篇則作了些微訂正。

V4905 福爾摩沙如何變成臺灣府？
歐陽泰（Tonio Andrade）◎著　定價 480 元

十七世紀伊始，臺灣是個海盜出沒，獵首者橫行的島嶼。約百年之後，此地成為大清帝國所管轄的一個府，數以萬計的漢人移民以此為家。是什麼因素造成了這樣的變化？

《福爾摩沙如何變成臺灣府？》這本書，帶領我們追尋一六二三年起到一六六二年止，這段臺灣歷史上的關鍵時代──西班牙、荷蘭人治理時期的史事。我們瞭解了海盜如何對荷蘭殖民體系見縫插針、胡攪蠻纏的故事；日本武士又如何帶領原住民赴日，企圖說服幕府將軍發兵攻擊荷蘭人；原住民殺退漢人獵戶的經過；哭嚎著「殺！殺！殺！殺死紅毛狗」的草地農民；還有關於國姓爺，也是海商鄭成功率軍掃除荷蘭人，建立漢人王國等等事蹟。

荷據時期的臺灣人事物，就在這裡，讓我們回溯彼時的福爾摩沙歷史。

V4906 殖民地的邊區
林玉茹◎著　定價 400 元

年鑑史學大師布勞岱（Fernand Braudel）曾經指出，歷史學家必須優先考慮空間因素，並提出「地理的歷史」的研究取徑。這種以地理空間為出發點的研究取向，卻是歷史學傳統中較少重視的。事實上，不同區域由於地理環境和天然資源的差異，使得發生於自然界和歷史上的事件對於各區域的影響不一。區域差異及其形構的動態過程，是值得討論的課題。本書即以東臺灣地區此一特定地理空間及其歷史遭遇的獨特性作為研究對象，試圖釐清該地域的特色與內涵以及其在臺灣史研究上的意義。

臺灣東部在自然環境、族群以及歷史經驗與發展上，與西部有相當大的差異，邊陲性格相當顯著。這種特質也使得國家對該地政治和經濟的發展具有強大的支配性，國家政策與治理形態影響該地的發展。自十七世紀至今，臺灣歷經荷西、鄭氏、清朝、日本以及中華民國各政權的統治。這些政權有各自的統治基礎和目的，對臺灣島上各地域也有不同的認知和政策。本書即透過國家對東部行政空間的規劃、賦稅制度的施行、漁業移民的移入以及近代化企業的改造等實證研究，論證不同形態的國家治理對於東部政治、經濟發展上的影響。特別著力於日本殖民統治時期，殖民帝國如何面對殖民地的邊區，亦即如何制訂位於政治、經濟版圖邊緣的東臺灣的發展策略及其演變。

V4907 台灣人的抵抗與認同：一九二〇～一九五〇
陳翠蓮◎著　定價 400 元

　　台灣這塊土地上的人們，何時出現全台灣為規模的集體意識？何時開始以「台灣人」自我命名？又如何思考群體的處境與未來？以近代國家的概念來看，即是國族主義與國族認同問題，這在任何國家的政治史上都是最核心的議題之一。

　　一九二〇年代日治中期以來，知識份子以「台灣是台灣人的台灣」為號召，對抗日本殖民帝國統治；二次大戰結束，迎來了祖國政府，卻在短短時間內爆發全面性抵抗，台灣人國族認同受到劇烈衝擊。從一九二〇年代至一九五〇年代，是台灣政治史上國族主義初始形成的重要階段，本書從政治與文化、情感與理性兩大主軸，分析此期間台灣人的國族主義與認同傾向，並探討菁英與群眾的、平時與戰時的、正式與非正式的反殖民抵抗行動。

V4908 六堆客家與清代屏東平原
林正慧◎著　定價 420 元

　　目前臺灣史對於南部客家移民的研仍顯不足，本書嘗試對清代屏東平原的客家移民作一全面性的概觀與了解：包含客家人墾拓背屏東平原的背景、過程、所發展的組織及拓墾成果，六堆組織形成的原因與演變，以及當地客家人與官方及其他族群間的關係。

　　全書概分為五個部分：一、說明客家人離鄉渡臺的背景及其可能的渡臺路線；二、客家移民在屏東平原形成聚落的過程與特色；三、試圖了解六堆形成的原因，其建構的過程，及該組織的內容；四、分析清代屏東平原六堆客家與官方關係演變的過程；五、探討清代屏東平原六堆客家與其他漢人移民關係演變的過程。

V4909 臺灣經濟史中的臺灣總督府
黃紹恆◎著　定價 450 元

　　日本在甲午戰後雖取得殖民地臺灣，卻沒有相應的經濟實力立即改變臺灣的經濟結構，致使臺灣總督府的經濟施政受到各種主客觀的限制；第一次世界大戰以降，發生在日本的歷次經濟恐慌，也由於臺灣總督府受限於所處權力結構的位階，連帶使臺灣受到影響。

　　然而臺灣總督府的施政對島內還是有決定性的影響，此點可證諸於臺北帝大的辦學方針，以及臺灣年輕學子的負笈日本。而在保存臺灣總督府公文文書方面，則因缺乏周延的保存計畫，而造成文件四處散佚。故研究者在運用臺灣總督府史料時，必須特別留意被視為次要的周邊相關資料。

　　本書就上述各點分成：一、臺灣總督府的經濟施政權限；二、臺灣總督府與臺灣的經濟學；三、臺灣總督府與史料等三大部分，描述臺灣總督府於臺灣經濟史中所扮演的角色。

V4910 近代臺灣造船業的技術轉移與學習
洪紹洋◎著　定價 350 元

　　從經濟發展的歷史觀點而言，身為後進國家的臺灣，如何以殖民地時期的遺產為基礎，在戰後如何受到中國經驗的影響，再藉由引入先進國家的技術和政府產業政策的協助來發展工業，以逐步脫離對先進國家在技術上的依賴等，是值得研究的課題。

　　本書對臺灣造船業中，規模最大的「臺灣造船公司」進行實證研究，以了解該產業的發展過程：自日治時期建造小型船舶滿足地區性的需求，到戰後以修船業務為開端，經由技術引進，開始建造小型、乃至大型船舶。

V4913 臺灣日治時代的租佃制度
葉淑貞◎著　定價 450 元

　　過去研究臺灣租佃制度的學者，絕大多數都主張日治時代租佃制度有口頭租約、租期不定、租期太短等諸多不良慣行，致使佃農缺乏投資意願；且地租過高，降低佃農的投資能力，造成佃農的生產效率不如自耕農，最終導致佃農所得的低落。

　　然而，本書的研究卻發現，日治時代佃耕農場的經營效率並未低於自耕農場，而地租也未高於合理水準……前人主張土地改革提升了佃農的耕作意願，這個說法可能有待商榷。

　　本書應用經濟理論建構分析方法，然後透過統計方法處理實際資料，並對所整理的資料進行嚴謹的分析。過去少有人如此研究臺灣日治時代的租佃制度，作者因此得到不同於前人的結論：從效率的原則來看，日治時代租佃制度運行良好。

V4915 近代中國商人的經營與帳簿：
　　　長崎華商經營史的研究
許紫芬◎著　定價 420 元

　　二次大戰後，以美國為中心展開的廣義的經營史學，引用經濟學、經營學、社會學等各領域的研究方法，推展企業經營歷史的綜合性研究，以「跨領域」的學門而展開的。

　　在中國，經營史學研究的方向，首先是以洋務運動期展開的新興產業為對象，對促進其工業化的企業家的評價開始的。

　　本書使用在日本長崎的福建商人經營史料，對「生泰號」和「泰益號」兩商社的經營歷史，詳細嚴謹地說明和分析。特別是將研究重點放在其經營帳簿，論述帳簿的體系和其所反映出的經營實態的經營史研究，可說是作者獨創性的研究。

V4911 利邦上尉東印度航海歷險記：一位傭兵的日誌 1617-1627

艾利‧利邦（Elie Ripon）◎著

賴慧芸◎譯

包樂史（Leonard Blusse）、鄭維中、蔡香玉◎校注　定價◎ 750 元

　　一八六五年，瑞士格魯耶區布爾市一幢房子的閣樓中發現了一部厚厚的法文手稿，不知通過何種神秘的管道流落至此。這是十七世紀中葉，有人以非常工整的字體抄寫下了一位傭兵的海上冒險回憶錄，書中真實呈現大航海時代記述者所見的亞洲各國風土人情，精采刺激。利邦是荷蘭東印度公司的傭兵，親眼見證並寫下當時修築澎湖風櫃尾紅毛城及大員沙洲上小型防禦工事（熱蘭遮城前身）的珍貴第一手史料，這是可靠文獻紀錄下，外來者在臺灣最早的築城嘗試。

　　利邦筆下有十七世紀臺灣麻豆原住民的速寫，還有當時的鹿皮貿易盛況。隨著他的腳步，我們走在荷蘭人在東亞海域發展初期篳路藍縷的歷史中，每個商站的設立過程都一樣，而相同的劇本也不斷重演：登陸新據點，通常是找一個有生產利益或戰略價值的島嶼，快速建立堡壘，保障安全的退路，保護船隻，然後控制當地原住民，並擊退西班牙、葡萄牙、英國等競爭對手，再開始通商。在這份記述中，不僅看到令人血脈賁張的患難歷險，窺見十七世紀亞洲各國的原始面貌，也幫助我們理解十七世紀的臺灣。

　　★中文版獨家收錄澎湖與臺灣三章原始手稿
　　★附贈利邦上尉航行路線圖彩色海報

V4912 近世臺灣鹿皮貿易考：青年曹永和的學術啓航

曹永和◎著 陳宗仁◎校注

定價 890 元

　　1947 年二二八事件後，臺北實施戒嚴，一位二十七歲的年輕人走入有軍警駐守的臺灣大學，前往圖書館報到，成為一位館員。爾後，這位毫無史學訓練的年輕人，就在圖書館的一個小角落裡，慢慢地耕耘出他的學術天地，並意外成為臺灣早期歷史研究承先啓後的先行者。他就是曹永和先生，未來的中央研究院院士、著名的東亞海域史專家、一位自學成功的典範。

　　曹永和憑藉著辛勤的自學，閱讀臺北帝大圖書館的龐大書籍，五年後寫出戰後臺灣人的第一篇長篇臺灣史學論文〈近世臺灣鹿皮貿易考〉。這份手稿是曹永和學術生涯的起點，雖因故未能及時發表，但六十年後，由中央研究院臺灣史研究所研究人員協助重編、補校，以新的面貌出版為這本《近世臺灣鹿皮貿易考：青年曹永和的學術啓航》。

　　書中包括曹永和原作手稿復刻（包括黏貼、刪補等均以原貌呈現）、珍貴史料圖片與老照片、手稿打字、現代注釋與補充等。既是一本從鹿皮貿易切入荷蘭時期臺灣史學的論述，也是一本具有典藏意義的手稿復刻本。

國家圖書館出版品預行編目 (CIP) 資料

臺灣沖繩交流史論集 / 朱德蘭著 . -- 初版 . -- 臺北市：
遠流，曹永和文教基金會，2016.03
　　面；　　公分 . -- (臺灣史與海洋史；14)
ISBN 978-957-32-7772-9（精裝）

1. 臺灣史 2. 中日關係 3. 日據時期

733.28　　　　　　　　　　　　　　104029202

臺灣史與海洋史 14

臺灣沖繩交流史論集

作　　　者 ／朱德蘭
策　　　劃 ／財團法人曹永和文教基金會
總 編 輯 ／黃靜宜
主　　編 ／張詩薇
執 行 編 輯 ／黃嬿羽
企　　劃 ／叢昌瑜、葉玫玉
封 面 設 計 ／翁翁

合 作 出 版 ／財團法人曹永和文教基金會
　　　　　　　臺北市 106 羅斯福路三段 283 巷 19 弄 6 號 1 樓（02）2363-9720
　　　　　　　遠流出版事業股份有限公司
　　　　　　　臺北市 100 南昌路二段 81 號 6 樓

發 行 人 ／王榮文
發 行 單 位 ／遠流出版事業股份有限公司
地　　　址 ／臺北市 100 南昌路 2 段 81 號 6 樓
電　　　話 ／ (02)2392-6899　傳真：(02)2392-6658　劃撥帳號：0189456-1
著作權顧問 ／蕭雄淋律師
排 版 印 刷 ／中原造像股份有限公司
一 版 一 刷 ／ 2016 年 4 月 1 日

訂價：新台幣 420 元

YL*ib* 遠流博識網
http：//www.ylib.com　E-mail：ylib@ ylib.com